기질과 인간이해

너와 나

우리가

通

하는 길

추천사

E. M. 그레이 교수가 「성공의 공통분모」(The Common Denominator of Success)라 하는 책을 썼다. 성공적으로 산 사람들의 생애와 그 삶의 철학, 업적들을 자세하게 분석한 책이다. 그는 성공한 사람들의 성공비결에 공통점을 이렇게 보았다.

첫째, 성공한 사람들은 열심히 일한다는 것이다. 그 일을 통해서 뭘 얻겠다고 하기 전에 그 일 자체를 즐기고, 그리고 거기에 정열을 쏟더라는 것이다. 두 번째는 아무래도 인간의 힘만 가지고는 되지 않음을 알고 있더라는 것이다. 거기에 돕는 자가 있었고, 형통케 하는 역사가 있었다는 것이다. 세 번째는 성공한 사람들은 소중한 것을 먼저 하는 습관을 가지고 있었다는 것이다. 내가 얼마나 버느냐 못 버느냐, 여기에 집착하지 않고 그 일이 얼마나 소중한 일이냐, 모두를 위해서 얼마나 중요한 일이냐가 늘 우선이었다고 한다. 그리고 네 번째는 인간관계가 좋았다고 한다. 누구를 미워하고, 누구하고 원수지고, 누구를 비방하고… 하는 이런 사람에게는 없었고, 성공하는 사람들은 하나같이 인간관계가 원만하고 좋았다는 것이다.

인간은 관계적인 존재다. 그렇다면 삶은 곧 '관계'를 의미하는 것이다. 신앙생활이란 하나님과 나와의 관계를 의미하고, 또 교회생활이란 결국

성도와 성도들과의 관계 속에서 이루어진다. '관계'란 참으로 중요하다. 사람은 의미 있는 관계를 통해서 기쁨을 얻는다. 의미 있는 관계를 맺지 못하면 그 사람의 심령은 황폐해진다.

그러나 관계에서 참으로 중요하게 작용하는 것이 상대방에 대한 이해이다. 그 상대에 대한 깊은 이해가 없으면 깊은 관계를 맺기는 어렵다. 물론 모든 관계의 근본은 예수 그리스도와의 관계에서 비롯된다. 이 기초 위에서 사람에 대한 이해와 사랑의 관계가 우리 그리스도인의 사역 속에 꼭 필요한 일이다.

이번에 신진 박사가 쓴 '기질'에 대한 이론은 우리 사역자들에게 참 유익한 책이라는 생각이 든다. 인간의 행동을 원리적으로 통찰할 수 있도록 하면서 서로를 이해할 수 있게 하였기에 사역자들에게는 큰 지혜를 얻게 한다. 아무쪼록 귀한 책이 발간되어 참으로 기쁘고 감사하다. 이 귀한 책이 우리의 사역에 큰 도움이 되기를 기대해 본다.

2010. 7.

교회사역연구소장, 연합교회 담임 김원동 목사

추천사

한 인간으로써 세상을 살아간다는 것은 그리 녹녹치 않습니다. 사랑은 미움으로부터 위협으로 받고, 평화는 분쟁으로 인해 살얼음판을 걷기도 하고, 때로는 이것으로부터 반전을 맛보기도 합니다. 살아있는 한 온갖 선한 것과 악함이라는 극과 극의 대치점을 안고 인간은 늘 긴장하며 살아가고 있습니다.

사람에 대한 이해를 하려는 노력은 평생의 작업이 되어야 한다고 봅니다. 그리고 단편적이고 획일적인 시각보다는 다양한 관점에서 인간에 대한 이해와 더불어 시대적인 환경과 조류 입장에서 전개되는 것이 바람직하다고 봅니다. 이러한 입장에서 신진박사님은 인간에 대한 기질론에 대한 많은 연구와 고민을 해 온 분이라 생각됩니다. 기질론의 연구에만 그치지 않고 기독교인으로서 이 연구가 어떻게 모든 사람에게 적용될 수 있을지에 대한 연구를 하였습니다. 그리고 이러한 기질에 대한 연구를 오랜 임상 경험을 통해 적용에 대한 긍정적 결과를 가지고 있는 분입니다.

그래서 이 책은 신 박사님이 가진 인간에 대한 고심과 그 고민에 대한 이론적인 탐구가 담겨있고, 기독교적 신앙에 입각한 통찰과 오랜 임상에 함께 어우러져 있는 저서라고 할 수 있습니다. 아무쪼록 이 책을 접하는 모든 분들에게 도움이 되고 신박사님의 학문과 신앙의 여정에 많은 수확이 있기를 바랍니다.

2010. 7.

계명대학교 인문대학 기독교학과 임경수 교수

책을 펴내면서

우리는 지금 자기사랑이 팽배한 시대에 살고 있다. 특히 요즘 아이들은 부모로부터 지나치게 많은 사랑을 받으며 자란다. 그래서 다른 사람을 배려하거나 이해하는 면이 많이 부족하다. 이 아이들이 성인이 되면 과연 사회에서 그리고 교회에서 형제자매들과 잘 조화를 이루며 살아갈 수 있을까? 예전에는 사랑과 관심의 결핍 가운데 자라서 이로 인해 인간관계에서 갈등하는 경우가 많았다. 그러나 앞으로는 지나친 개인주의와 이기주의로 인해 갈등이 생길 것이다. 이미 우리나라 이혼율이 세계 최고라는 사실에서 나타나고 있다. 이혼사유 중에서 '성격차이'가 가장 많다고 한다. 즉 다른 사람을 이해하지 못하는 것이다. 자기만 사랑하며 성장했고, 부모도 자녀에게 일방적으로 맞추어주며 양육했기 때문에 어쩌면 자연스러운 현상일 것이다. 나 아닌 다른 사람의 독특성과 성격차이를 이해하지 못하면 엄청난 갈등이 부부관계로부터 시작하여 교회와 사회전체에 만연해질 것이다. 이런 점에서 본서는 나와 다른 기질을 가진 사람의 내면세계를 이해하는 데에 도움이 될 것이다.

나는 나를 이해하고 싶어서 늦은 나이에 하나님의 인도하심으로 성경적 상담을 공부하게 되었다. 그러면서 기질이나 성격이론에 관심을 가지게 되었고 몇몇 이론들을 접해보았다. 모두 나를 이해하는데 조금씩 도움이 되었다. 그러던 가운데 십여 년 전에 NCCA 기질론을 접하게 되어 기독교상담자격증을 취득하게 되었다. 이 기질론은 다른 성격이론들과는 달리 성격의 드러나지 않은 면을 볼 수 있게 해주었다. 인간의 행동을 원리적으로 통찰할 수 있게 되면서 나를 이해할 수 있게 되었고, 주변 사람들의 행동이 눈에 들어오기 시작했다. 그리고 상담과 교육에 심도가 더해지게 되었다. 그 후 주변 사람들이 인간관계에서 갈등하는 것이 안타까워서 기질론을 조금씩 정리하기 시작했다. 인간관계의 갈등이 모두 기질차이로 해석될 수 있는 것은 물론 아니다. 그러나 기질을 이해하게 되면 갈등이 많이 줄어들게 된다. 그리고 영적으로 성숙한 사람들을 보면, 많은 변화와 성숙을 거듭해오는 가운데 마지막으로는 기질적인 면을 가지고 고심하는 것을 많이 보았다. 그러면서 또한 하나님과 깊이 교제하고 동행하는 사람들은 타고난 기질이 아름답게 드러나면서 하나님께 영광 돌리며 사는 모습도 많이 본다. 나는 이런 사실들 속에서 기질의 중요성을 본다. 앞서 말한 요즘 어린이들의 팽배한 자기사랑도 타고난 기질대로 살아간다는 것과 기질적 욕구(본서에서 새롭게 정리된 것)를 충족시키려 한다는 말과 상당히 통하는 것이다. 그러므로 본서는 여러 계층의 사람들이 자기와 다른 사람을 이해함으로써 서로 화합하고 하나 됨을 이루어 가는

데 도움이 될 것이라고 생각한다. 따라서 가능하면 쉽게 그리고 심도 있게 기질을 이해할 수 있도록 남편과 함께 하나님의 인도하심에 따라 체계화 시켜 나갔다.

그 후 기질 강의를 자주 요청받았고 그 때마다 조금씩 기질론을 수정하고 정리하였다. 교회사역연구소의 성경적 상담 모임과 각 교회의 청장년부 수련회 그리고 목사님들의 연구모임들, 창조과학회 대구지부, 주일학교 교사수련회 등 여러 교회에서 '기질과 인간이해'라는 제목으로 오십여 차례 강의를 해왔다. 그러는 동안 사람들의 피드백을 통하여 기질에 대한 확신이 서게 되었다.

몇 년 전부터 조심스러운 마음으로 책을 출판해야겠다고 준비하면서 깨닫게 된 것은 무엇보다도 기질을 균형 있게 설명하는 것이 중요하다는 것이었다. 그래서 나의 기질로 다른 기질을 바라봄으로써 기질을 왜곡되게 설명하여 독자들로 하여금 기질에 대한 잘못된 인식을 심어주게 될까봐 조심 또 조심하였다. 그리고 본서가 하나의 성격이론인 만큼 다섯 가지 기질을 균형 있게 그리고 객관적으로 표현해야했다. 이것은 매우 중요한 것이었고 또한 어려운 것이기도 했다. 내가 가진 여러 심리적 문제와 편견으로부터 벗어나고, 기질적 약점과 갈등에서 벗어나야만 가능한 것이었다. 하나님께서는 내가 이런 문제들로부터 벗어나서 체험적으로 본서를 집필할 수 있도록 기질상의 여러 가지 문제를 깊이 고민하게 하셨다. 그리고 하나님과의 관계에서 어떻게 이 문제들을 다루어야 하는지를 조금씩 깨닫게 하셨다. 이 과정은 많은 아픔의 시간이었다. 이 과정을 지나온 지금은 참으로 값지고 하나님의 특별하신 은혜와 계획 속에 있었음을 안다. 본서의 내용은 아직 우리나라에 없는 것이어서 부족한 부분이 있을 것이라고 생각한다. 그런 만큼 책을 낸 후 몇 년 뒤에 수정판을 내겠다는 마음으로 위로를 삼으며 떨리는 마음으로 출간한다.

또한 본서에 따뜻한 분위기를 더하면서 자기변화의 이미지를 전달하기 위해 미운 오리새끼를 등장시켰다. 독자들이 미운 오리새끼와 함께 자기를 찾아 여행하기를 바라는 마음이다. 넘치는 재치로 미운 오리새끼 삽화를 그려준 미국에 있는 신문섭 화백에게 심심한 감사의 마음을 전합니다.

그동안 이것을 정리하는데 많은 도움을 준 사랑하는 교회사역연구소 사람들, 그리고 항상 지원과 격려를 아끼지 않으시는 김원동 목사님께 감사를 드립니다. 특별히 늘 뵙고 싶은 미국에 계신 사랑하는 부모님께 깊은 존경과 감사를 드립니다. 무엇보다도 본서를 집필하는 동안 한 문장 한 문장 간섭하시며 세밀하게 인도하신 하나님께 감사드립니다.

끝으로 이 책이 세상에 나올 수 있도록 물심양면으로 전폭적인 지원을 해주신 계명대학교 출판부의 김명애선생님과 관계자 여러분께 진심으로 감사드립니다.

2010년 7월

신진

기질과 인간이해

너와 나 우리가 통하는 길

목 차

들어가면서

사람을 일률적으로 섬기는 방식은 이제 별로 감동을 주지 못한다. 각 사람의 개성을 살피고 그것에 맞추어주는 개별화 시대이다. 커피숍에서 차를 한잔시켜도 각 사람이 다 다르게 주문하는 것을 당연하게 생각한다. 학교에서도 개인 맞춤형 교육이 요구되고 있으며, 교회 안에서도 다양한 사역과 교육이 활발해지면서 각 개인에 대한 보다 심층적인 이해가 절실해지고 있다. 뿐만 아니라 부부와 부모자녀 사이도 민감해져서 서로에 대한 요구가 까다로워지고 따라서 불만족도 커지고 있다. 사람들은 자기에게 맞추어 주기를 원한다. 개성화된 민감한 요구들은 더욱 많은 갈등을 일으키기도 하지만, 사람들을 더욱 잘 섬기도록 해준다. 섬세하게 잘 맞추어진 섬김은 사람들에게 만족감과 편안함을 줄 것이다. 그러므로 서로를 잘 이해하지 못해서 사랑하면서도 갈등이 깊어지는 사람들이 적지 않고, 비전을 공유하면서도 신경전으로 에너지가 소진되어 서로 갈라지게 되는 사역자들을 주변에서 많이 본다. 인간이해는 가까운 관계일수록 더욱 필요로 한다.

그리스도인은 인간이 하나님 형상을 따라 지음 받은 존재임을 믿는다. 그리고 그리스도를 따라 살아가고자 하는 열망이 있다. 그래서 사람을 존중하고 섬기는 것은 모든 그리스도인이 갖추고 싶어 하는 품성이다. 교회사역에 있어서 이것은 필수적이기 때문이다. 따라서 각 개인의 기질을 잘 이해하는 것은 관계를 보다 더 친밀하게 해 줄 것이며, 나아가서 효과적인 사역에 도움이 된다. 이런 점에서 본서는 인간이해의 한 접근으로 성격적 측면에서 기질을 깊이 살펴보려고 한다.

특히 본서에서는 기질 설문지를 사용하지 않고 기질을 볼 수 있도록 하려고 한다. 기질을 체계적으로 분류하여 인간 행동을 이해할 수 있는 통찰력을 갖도록 할 것이다. 기질은 인간의 행동에 영향을 주는 여러 가지 요인들 중 한 가지인 '타고난 성향'이라는 측면에서 인간을 이해하는 것이다. 기존의 기질과는 달리 본서에서는 특정행동을 하도록 만드는 기질 욕구를 통하여 각 기질의 행동특성을 살펴보았다.

인간의 행동을 체계적으로 이해하려면 어떤 욕구에서 행동이 나오는지를 아는 것이 중요하다. 그 욕구가 삶의 목적과 가치관에 어떻게 영향을 주는지를 안다면 보다 쉽게 인간을 이해할 수 있다. 그 욕구는 개인의 독특한 은사와 재능으로 연결되는 것이며, 사람들이 어떤 갈등과 고민을 하는가 하는 부분과도 관계가 많다. 뿐만 아니라 주변 사람들과 관계를 맺는 방식에도 영향을 주기 때문에 다른 사람들과의 갈등이 어디서부터 나오는지도 알 수 있다. 이렇듯 기질 욕구, 즉 타고난 욕구는 각 개인의 삶에 전반적인 영향을 준다. 본서에서 인간 갈등에 대한 해결책을 제시하려는 것은 아니다. 그러나 갈등의 원인, 그 보이지 않는 것을 통찰함으로 갈등을 해결하는데 한걸음 다가가려고 한다.

각 개인의 환경과 성장배경을 알지 못해도 기질을 볼 수 있는 통찰력을 갖게 되면 관계는 한층 부드러워질 수 있다. 그리고 상대방을 어떻게 도와줄 수 있는지를 알 수 있게 된다. 따라서 본서는 각 기질의 고유한 행동을 하도록 만드는 내적 욕구를 밝히고, 그 욕구를 중심으로 기질 행동 및 특성을 설명하였다. 인간의 행동을 이해하기 위한 접근방법은 매우 광범위하고 다양한 바, 본서의 접근방법은 인간 행동을 총체적으로 이해하는 데에는 무리가 있음을 미리 밝힌다. 기질은 개인의 성격을 형성하는 여러 가지 요인들 중 한가지이다.

기질은 우리에게 잘 알려진 바와 같이 그리스의 의학자인 히포크라테스가 처음으로 밝혔다. 그는 인간의 행동을 네 가지 유형으로 분류하여 기질이라는 용어를 사용했다. 그는 인간체액의 색깔에 의해 사람의 성격이 결정된다고 보고 흑색 담즙은 우울질, 황색 담즙은 담즙질, 붉은 담즙은 다혈질 그리고 담이 많은 사람을 점액질이라고 명명하였다. 사전적인 의미로 우울질(melancholy)은 우울하고 상심에 잠겨 있으며 슬프고 침울한 성격을 뜻한다. 그리고 담즙질(choleric)은 성을 잘 내는 성격을 의미한다. 다혈질(sanguine)은 혈색이 좋고 쾌활하며 낙관적인 성격을 뜻한다. 점액질(phlegmatic)은 냉담하고 느릿하며 냉정한 성격을 의미한다.

기질에 대한 이론은 이렇다 할 체계성이 없고 학문적 뒷받침이 될 만한 자료도 찾기가 쉽지 않다. 그럼에도 불구하고 기질은 자신과 주변 사람들과의 관계를 이해하는 간편한 성격이해의 도구로서 널리 사용되어 왔다. 특히 교회 안에서는 서로를 이해하는 방법으로 자주 사용되어 와서 우울질, 담즙질, 다혈질, 점액질 등은 비교적 친숙한 용어가 되어 있다.

1984년 NCCA(National Christian Counselors Association)에서는 기질을 연구하여 약간의 체계를 세웠다. 그들은 '기질 격자판'을 통해서 기존의 네 가지 기질에 '수줍음질(supine)'을 추가하여, 다섯 가지의 기본기질과 강성기질 및 융합기질로 분류하였다. 수줍음질은 NCCA가 개발한 기질 격자판에 의해서 발견된 기질이다. 수줍음질은 우울질과도 비슷해 보이고 때로는 점액질과도 비슷해 보인다. 그러나 이들은 우울질이나 점액질과는 확연히 구별되는 욕구와 행동을 가지고 있다. 기질을 성향으로 표현한 것에 보면, 우울질을 신중형으로 점액질을 안정형으로 표현하는데, 여기에 수줍음질을 넣는다면 순응형이라고 말할 수 있다. 본서를 통해서 그 차이점을 분명하게 이해하게 될 것이다.

본서는 Richard G. Arno의 교재 'Temperament Theory Psy-603'의 기질 분류방식과 주요내용을 기본 골격으로 삼았다. 그리고 기질 격자판에서 나타나는 각 기질의 기본적인 성향을 정리하고, 각 기질의 주된 욕구를 밝혀서 체계성을 더하였다. 또한 각 기질 욕구를 행동 특성과 연관성 있게 설명하여, 기질설문지를 사용하지 않고도 기질에 대한 통찰력을 갖도록 하였다. 기질설문지를 사용하여 상대방을 이해하는 것은 특별한 목적을 가진 관계에서는 유용하지만 일상적인 관계에서는 사실 좀 어색한 일이다. 그러나 기질에 대한 통찰력을 가지면 자연스럽게 상대방을 이해할 수 있다. 본서는 인간이해와 인간관계에 유익하게 적용될 수 있다. 늘 가까이 대하는 직장 동료와 교회와 사랑하는 가족을 이해하고 섬기는데 있어서 많은 도움이 될 것이다.

1장 기질

기질이란 무엇이며 어떤 의미인지, 그리고 기질이 성격형성이나 인격형성에 어떤 영향을 미치는지를 살펴본다.

1. 기질이란?

사람은 태어날 때부터 신체적으로나 성격적으로 서로 다르게 타고난다. 태어날 때부터 신체적으로 골격이 굵은 사람과 약한 사람, 키가 큰 사람과 작은 사람, 피부색이 검은 사람과 흰 사람이 있다. 이와 같이 갓 태어난 아기의 성격도 예민한 아기가 있고 순한 아기가 있으며 먹고 자는 시간이 규칙적인 아기가 있는가 하면 불규칙적인 아기가 있다. 일반적인 이런 사실에서 '사람은 태어날 때부터 하나님으로부터 부여받은 고유의 성향이 있다'는 것을 자연스럽게 알 수 있다.

일찍부터 기질에 관심을 가졌던 사람들은 잘 변하지 않고 조절되지 않는 타고난 성격이 있다고 보았다. 그들은 사람들의 행동에서 어떤 심리적 경향과 행동유형의 공통점을 발견하고 그것을 유형별로 분류해 보고자하는 시도를 했다.

기질(temperament)은 사전에서 개인이나 집단 특유의 성질을 말하고, 한사람의 두드러지는 기분이나 기분의 유형을 가리킨다고 정리되어 있다. 그리고 체질, 성질, 성미, 성품, 천성 등과 동의어로 사용된다. 또한 기질은 감정적인 성향이나 반응과 연관이 있다고 보고 있다. 성격에 있어서 감정은 상당히 표면적인 부분이다. 그래서 감정의 표현 방식은 한사람의 성격이나 개성으로 가장 쉽게 사람들에게 이미지화된다. 'temperamental'은 개성이 강한, 타고난, 신경질적인, 변덕스러운, 등을 의미하는데 이것은 상당히 감정적인 색채를 띠고 있다. 또한 'temper'는 부드럽게 하다, 조화시키다, 조절하다, 진정시키다, 등을 의미하는데 이것 역시 감정을 잘 다루는 상태를 나타낸다. 이렇게 기질은 감정과 관련된 타고난 성격을 의미한다. 그리고 기질에 대한 고전적인 표현도 대부분 감정과 관련하여 설명하였다.

기질은 타고난 성격으로 자주 표현된다. '타고난'이라는 말은 모태에서 하나님으로부터 부여받은 고유의 것임을 의미한다. 따라서 기질은 태어날 때부터 가지고 있어서 자연스럽게 저절로 나타나는 행동이다. 이 행동은 마치 신체의 일부와 같다. 영과 혼이 신체에 들어 있다는 것을 우리는 잘 알고 있다. 기질은 신체속의 혼의 모양이라고 볼 수 있다. 그러므로 타고난 기질에서 나타나는 행동을 바꾸려 하면 매우 힘들다. 바꾸어주려고 하는 사람과 바꾸어야하는 본인과는 많은 갈등을 하게 된다. 예를 들어 기질이 느린 아이를 성격이 급한 어머니가 계속 '빨리 하라'고 다그치게 되면 아이는 많은 심리적 압박을 받게 된다. 자기가 아닌 다른 사람이 되어야하는 것과 같다. 그러나 만약에 기질이 빠른 아이라면 '빨리 하라'는 어머니의 다그침에 잘 적응할 것이다.

또한 기질은 두드러진 성격이다. '두드러진'이란 한 사람에게 다양한 성향이 있지만 어떤 특정 성향을 더 많이 가지고 있어서 그것이 나타난다는 뜻이다. 이 때 그 두드러진 성향을 특정기질로 부른다. 예를 들어 우울질인 사람은 다른 기질의 성향도 조금씩 가지고 있지만 우울질 성향을 더 많이 가지고 있다는 뜻이다. 또한 '우울질은 냉정하게 보인다.'라고 표현했을 때, 이것은 우울질은 다른 기질에 비해서 더 자주 냉정하게 보인다는 것을 의미한다.

그러므로 기질은 유연성 있게 접근해야 한다. 사람의 기질이나 성격과 같은 내면적인 것은 그리 단순한 것이 아니어서 명백하게 구분할 수 있거나 단정 지을 수 있는 것이 아니다.

정리하면

기질은 선천적으로 타고난 성향으로 심리적 경향과 행동 유형을 표현하는 말이다. 그리고 한 개인의 성격형성에 있어서 결정적인 영향을 주는 요인이다. 따라서 기질은 개인의 '타고난 고유의 행동유형이나 심리적 경향' 또는 '두드러진 성격적 특성'이라고 필자는 정리한다. 또 간략하게는 기질을 '타고난 고유의 행동성향'이라고 정의할 수 있다.

2. 기질과 성격 형성

기질 외에 사람의 행동성향을 나타내는 것으로 성격이나 인격이라는 말이 쓰인다. 기질과 성격과 인격이라는 말은 사람마다 나름대로 그 의미를 정의하여 사용하기도 하고, 무질서하게 혼용하여 사용하기도 한다. 필자는 위에서 기질을 타고난 고유의 행동 성향이라고 정의했기 때문에 기질과 성격과 인격의 차이점을 보고, 기질이 성격과 인격에 어떤 영향을 끼치는지를 본다.

기질은 부모의 양육태도와 사회문화적 환경 및 교육 등 성장과정의 여러 가지 복합적인 영향을 받으면서 다른 행동으로 나타난다. 기질이 환경의 영향을 받아 하나의 변화된 행동양식을 이루었을 때 이것을 성격(character)이라고 한다. 이 성격은 어렸을 때부터 강도 높은 훈련을 받으면 기질과 구별할 수 없을 만큼 체질화될 수 있다. 그러나 이것은 타고난 기질과는 다른 것이다. 기질이나 성격과 다른 또 하나의 행동 성향으로 인격이 있다. 인격은 'personality'라는 단어에서 의미하는 바와 같이 인간의 행동성향 중 가장 표면에 있는 부분이다. 기질에서 변화된 성격이 자신의 가치관이나 선택에 의해 하나의 사회적 성품을 이루었을 때 이것을 인격이라고 부른다. 따라서 인격은 기질이나 성격과 함께 복합적으로 어우러진 행동성향이다.

타고난 기질이 낙천적인 어떤 사람의 예를 들어보자. 그는 부모의 훈련에 의해 부지런한 성격이 되었다. 그리고 성실하게 공부해서 교사가 되었고, 권위적으로 학생들을 가르치고 있다. 이 때 학교에서 나타나는 그의 권위적인 모습은 인격이고, 가족들이 보는 부지런한 모습은 그의 성격이다. 그리고 기질은 낙천적이다. 여기서 그의 기질은 잘 드러나지 않는 행동이 되어있다. 그럼에도 불구하고 그의 낙천적인 기질은 가정생활과 직장생활에서 여러 모양으로 나타날 것이다. 겉으로 보이는 부지런함과 권위적인 모습 뒤에 때때로 느슨한 편안함이 나타날 것이다. 휴일 오후 아무도 없을 때, 그는 아마도 잠옷 바람에 씻지 않은 얼굴로 과자 부스러기를 흘려놓은 채 텔레비전 앞에서 맘껏 늘어질 것이다. 이렇게 타고난 기질은 환경의 영향으로 성격이 되며, 여기에 사회적 또는 직업적 선택에 의해 인격이 형성된다. 그러므로 기질은 기초적인 의미를 가지고 있고, 성격과 인격은 기질보다 복합적이고 넓은 의미를 가진다.

기질이 이처럼 성격과 인격 속에 묻혀서 잘 드러나지 않는 것에는 여러 가지 원인이 있다. 위의 사례는 부모의 교육과 훈련에 의해서, 그리고 본인의 선택에 의해서 기질이 감추어진 경우이다. 이 외에도 기질은 성장 과정의 심리적 충격으로 인해 감추어지기도 한다. 이 때 기질은 잘 드러나지 않으면서 지속적인 갈등과 결핍감을 주기 때문에 성격에 부정적인 영향을 준다. 예를 들어, 무대 체질의 어떤 소년이 발표회 때 크게 실수를 했고 이로 인해서 꾸중을 들었다면 그는 성인이 되어서도 무대에 서는 것을 기피할 것이다. 그러나 그는 타고난 무대 체질이기 때문에 늘 마음속에는 '나도 남들처럼 앞에 서서 멋지게 발표하고 싶다'는 생각이 떠나지 않는다. 만약에 그 소년이 발표를 잘해서 많은 박수갈채를 받았다면 그는 성인이 되어서도 거리낌 없이 사람들 앞에 나설 수 있을 것이다. 이렇게 기질이 수용 받지 못하면 채워지지 않은 욕구로 남아 있게 되고, 지지적인 환경에서 수용 받게 되면 잘 드러난다. 이 두 경우에 겉으로 드러나는 행동은 다르지만 그 기질은 같다. 그래서 소년이 무대에 서 보고 싶은 좌절된 욕구는 사라지지 않는다.

이 외에도 여러 가지 이유로 기질은 억압되고 감추어진 성향이 되어 겉으로 쉽게 나타나지 않는 경우가 많다. 부모의 엄격한 양육방식과 사회적 체면 그리고 타인의 비난과 징벌 등은 타고난 성향을 자연스럽게 드러내지 못하게 하는 요인이다. 뿐만 아니라 대부분의 사람들은 상황과 대상에 따라 다르게 행동하며, 또 그때그때 본인이 선호하는 행동을 선택하기 때문에 자신의 기질과 다른 행동을 하는 사람들이 많다. 그럼에도 불구하고 기질은 한 개인의 성격형성과 인격형성의 기초를 이룬다. 그리고 어떤 환경에 있든지 그의 행동에 지속적인 영향을 준다.

2장 기질의 분류

기질을 어떻게 분류하는가? 기질은 NCCA가 개발한 기질 격자판으로 분류된다. 기질 격자판을 어떻게 만들고 각 기질은 기질 격자판의 어디에 위치하며, 또 그 위치가 무엇을 의미하는지를 살펴본다.

1. 기질 분류의 원리

NCCA에서는 인간을 관계적 존재라는 측면에서 바라보고 '인간이 관계 속에서 어떤 행동을 하는가?'에 따라 기질을 분류하였다.

인간은 관계 속에서 어떤 행동을 할 때에 관계를 갖는 방식을 선택한다. 능동적으로 관계를 갖는 사람이 있는가 하면 수동적으로 관계를 갖는 사람이 있다. 그리고 소수의 사람과 깊은 관계를 형성하는 사람이 있는가 하면 많은 사람들과 표면적인 관계를 갖는 사람도 있다. 또한 주도적으로 관계를 갖는 사람이 있는가 하면 의존적으로 관계를 갖는 사람도 있다. 이렇게 관계에서 나타나는 다양한 행동을 '능동적 표현'과 '수동적 반응'으로 분류하고, 이것을 기질을 분류하는 기본개념으로 삼는다.

능동적 표현이란 인간관계에서 자신의 생각과 감정을 자발적으로 표현하는 것이다. 그리고 수동적 반응이란 타인의 요구에 의해서 자신의 생각과 감정을 반응하는 것이다. 이 두 가지 개념이 의미하는 것을 살펴본다.

능동적 표현

능동적 표현이란 인간관계에서 자발적으로 표현하는 것이다. 즉 다른 사람에게 자신의 생각, 감정, 의견, 행동 등을 자발적으로 얼마나 잘 표출하는가 하는 것이다. 능동적 표현에서는 사회생활에 자발적으로 얼마나 잘 참여하는가, 그리고 자신의 생각과 의견을 자발적으로 얼마나 잘 표현하는가, 또한 자신의 깊은 감정이나 고민들을 자발적으로 얼마나 잘 표현하는가, 등을 나타낸다.

예를 들어 A가 B에게 자발적으로 자신에게 있었던 일을 잘 이야기하고 필요한 것을 잘 요구하며 또 생각과 의견을 잘 표현한다면, A는 능동적 표현이 큰사람이다. 반면에 B가 A에게 이런 것을 자발적으로 잘 표현하지 않는다면, B는 능동적 표현이 작은 사람이다.

그러면 인간관계에서 능동적 표현이 큰 것과 작은 것은 무엇을 의미하는가?

첫째, 능동적 표현이 큰 사람은 인간관계에서 자신을 잘 개방하는 외향적인 사람이다. 반면에 능동적 표현이 작은 사람은 자신을 잘 개방하지 않는 내성적인 사람이다.

둘째, 능동적 표현이 큰 사람은 사교적이다. 반면에 능동적 표현이 작은 사람은 비사교적이고 고립적인 사람들로서 개인적이다.

셋째, 능동적 표현이 큰 사람은 사회참여를 잘하는 적극적인 성향이다. 반면에 능동적 표현이 작은 사람들은 사회참여를 잘 하지 않는 소극적인 사람들이다.

넷째, 능동적 표현이 큰 사람은 행동 에너지가 많아서 실천적이고 활동적이다. 반면에 능동적 표현이 작은 사람은 생각이 깊어서 정적이며 사고적이고 회의적이다.

다섯째, 능동적 표현이 큰 사람은 자기생각을 주장하며, 다른 사람은 따라와 주기를 바라는 지배적인 사람들이다. 반면에 능동적 표현이 작은 사람은 자기생각을 주장하지 않으며, 지배하는 것도 지배받는 것도 싫어하는 인격적인 사람들이다.

이제 능동적 표현의 경향을 도표로 정리하면 다음과 같다.

능동적 표현의 의미

작다································ 중간································ 크다

−5　−4　−3　−2　−1　+1　+2　+3　+4　+5

내성적·· 외향적

개인적·· 사교적

소극적·· 적극적

정적, 사고적, 회의적 ································· 실천적, 활동적

인격적·· 지배적

수동적 반응

수동적 반응이란 타인의 요구에 의하여 반응하는 것이다. 즉 다른 사람으로부터 어떤 요구를 받을 때 여기에 어떻게 반응하는가 하는 것이

다. 수동적 반응에서는 다른 사람으로부터 모임에 참여하라고 권유받을 때 어떻게 반응하는가, 그리고 다른 사람이 그들의 생각을 주장할 때 나는 그들의 주장에 어떻게 반응하는가, 또한 다른 사람으로부터 깊은 감정이나 고민을 표현하라고 요구받을 때 여기에 어떻게 반응하는가, 등을 나타낸다.

예를 들어 A가 B로부터 어떤 요구를 받을 때 A가 그 요구를 잘 들어준다면, A는 수동적 반응이 큰 사람이다. 반면에 B가 A로부터 어떤 요구를 받아도 B가 잘 반응하지 않는다면, B는 수동적 반응이 작은 사람이다.

그러면 인간관계에서 수동적 반응이 큰 것과 작은 것은 무엇을 의미하는가?

첫째, 수동적 반응이 큰 사람은 타인의 요구를 잘 수용하고 맞춰주는 순응적인 사람들이다. 반면에 수동적 반응이 작은 사람은 자기생각에 행동하는 주도적인 사람들이다.

둘째, 수동적 반응이 큰 사람은 다른 사람의 요구에 따라 행동하는 의존적인 사람들이다. 반면에 수동적 반응이 작은 사람은 독자적으로 행동하는 독립적인 사람들이다.

셋째, 수동적 반응이 큰 사람은 다른 사람의 생각을 잘 받아들이는 수용적인 사람들이다. 반면에 수동적 반응이 작은 사람들은 신중하게 행동하는 비판적인 사람들이다.

넷째, 수동적 반응이 큰 사람은 관계지향적이다. 이들은 일을 결정할 때, 그 일을 부탁하는 사람이 누구인가에 따라 선택한다. 반면에 수동적 반응이 작은 사람은 과업지향적이다. 이들은 일을 결정할 때, 그 일의 가치와 목적에 따라 선택한다.

이제 수동적 반응의 경향을 도표로 정리하면 다음과 같다.

수동적 반응의 의미

작다……………………중간……………………크다

−5 −4 −3 −2 −1 +1 +2 +3 +4 +5

주도적……………………………………순응적

독립적……………………………………의존적

비판적……………………………………수용적

과업지향적………………………………관계지향적

지금까지 기질을 분류하는 두 개념, 능동적 표현과 수동적 반응의 의미를 살펴보았다. 그리고 그 행동이 클 때와 작을 때 각각 무엇을 의미하는지 생각해 보았다. 이제 이 두 개념으로 기질 격자판을 만든다. 그리고 기질 격자판을 통해서 각 기질의 기본적인 성향을 정리한다.

2. 기질 격자판

기본기질 격자판

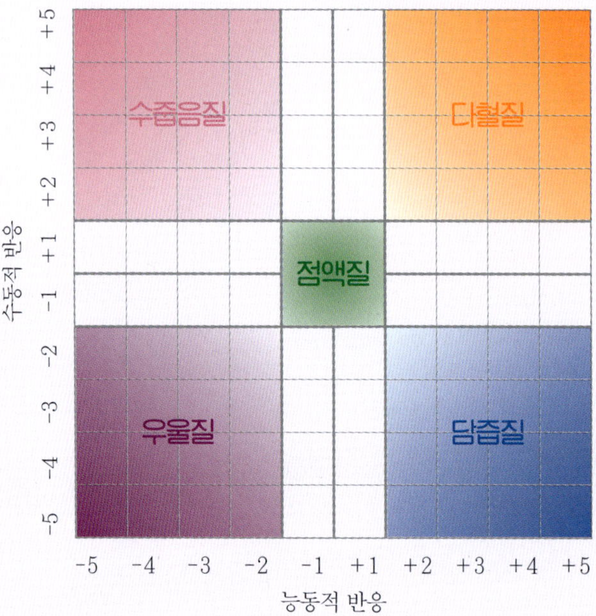

기질 격자판이란 능동적 표현과 수동적 반응을 가로 세로축으로 하여 기질을 분류하는 표이다. 능동적 표현과 수동적 반응은 각각 열 단계로 나눈다. 능동적 표현의 정도가 중간보다 클 때 +1에서 +5까지, 중간보다 작을 때 -1에서 -5까지 열 단계로 나눈다. 같은 방식으로 수동적 반응도 열 단계로 나눈다. 이제 능동적 표현을 가로축으로, 수동적 반응을 세로축으로 하여 기질 격자판을 만들고, 이것으로 다섯 가지 기본기질을 분류한다.

각 기질은 기질 설문지를 통해서 기질 격자판의 수치로 표현할 수 있고 정확한 위치를 볼 수 있다.

기질 설문지

필자는 총 120문항의 기질 설문지를 만들었다. 기질 설문지는 삶의 세 영역 즉 일반관계 영역, 특별관계 영역, 일 영역으로 나누어져 있고, 각 영역별로 능동적 표현을 측정하는 문항 20개, 그리고 수동적 반응을 측정하는 문항 20개로 구성되어 있다. 설문내용은 본서를 바탕으로 하였고, 기질을 삶의 영역별로 볼 수 있도록 구성했다.

기질 격자판

본서의 기질 격자판과 기질분류방식은 Richard G. Arno박사가 개발하여 NCCA에서 사용하는 것을 도입하였다. 그러나 능동적 표현과 수동적 반응의 개념은 NCCA의 개념과는 조금 다르다. NCCA에서는 기질 격자판을 '표현적 행동(expressed behavior)과 반응적 행동(responsive (wanted) behavior)으로 나누었지만 필자는 이 용어가 적절치 않아서 능동적 표현과 수동적 반응이라 하였고, 그 개념을 새로 정리하였다.

기질 격자판 표기방법

기질을 격자판으로 표기할 때는 먼저 능동적 표현의 수치를, 다음에 수동적 반응의 수치를 표기한다. 예를 들어 기질 설문지 결과, 능동적 표현에서 +3, 수동적 반응에서 -2일 때 (+3, -2)라고 표기한다.

기질 격자판으로 보는 다섯 가지 기본기질은 우울질, 담즙질, 다혈질, 수줍음질, 점액질이며, 그 성향은 다음과 같다.

기질격자판 수치

기 질	기질격자판 수치
우울질	(-5, -5), (-5, -4), (-5, -3), (-5, -2), (-4, -5), (-4, -4), (-4, -3), (-4, -2), (-3, -5), (-3, -4), (-3, -3), (-3, -2), (-2, -5), (-2, -4), (-2, -3), (-2, -2)
담즙질	(+5, -5), (+5, -4), (+5, -3), (+5, -2), (+4, -5), (+4, -4), (+4, -3), (+4, -2), (+3, -5), (+3, -4), (+3, -3), (+3, -2), (+2, -5), (+2, -4), (+2, -3), (+2, -2)
다혈질	(+5, +5), (+5, +4), (+5, +3), (+5, +2), (+4, +5), (+4, +4), (+4, +3), (+4, +2), (+3, +5), (+3, +4), (+3, +3), (+3, +2), (+2, +5), (+2, +4), (+2, +3), (+2, +2)
수줍음질	(-5, +5), (-5, +4), (-5, +3), (-5, +2), (-4, +5), (-4, +4), (-4, +3), (-4, +2), (-3, +5), (-3, +4), (-3, +3), (-3, +2), (-2, +5), (-2, +4), (-2, +3), (-2, +2)
점액질	(-1, +1), (-1, -1), (+1, +1), (+1, -1)

우울질(melancholy)

우울질은 능동적 표현이 적고 수동적 반응도 적은 사람들이며, 기본성향은 내성적, 개인적, 소극적, 정적, 회의적, 사교적, 인격적, 주도적, 독립적, 비판적, 과업지향적이다.

담즙질(choleric)

담즙질은 능동적 표현이 크고 수동적 반응은 적은 사람들이며, 기본성향은 외향적, 사교적, 적극적, 활동적, 실천적, 지배적, 주도적, 독립적, 비판적, 과업지향적이다.

다혈질(sanguine)

다혈질은 능동적 표현이 크고 수동적 반응도 큰 사람들이며, 기본성향은 외향적, 사교적, 적극적, 활동적, 실천적, 지배적, 순응적, 의존적, 수용적, 관계지향적이다.

수줍음질(supine)

수줍음질은 능동적 표현이 작고 수동적 반응은 큰 사람들이며, 기본성향은 내성적, 개인적, 소극적, 정적, 사고적, 회의적, 인격적, 순응적, 의존적, 수용적, 관계지향적이다.

점액질(phlegmatic)

점액질은 능동적 표현과 수동적 반응이 중간 위치에 있는 사람들이며, 기본성향은 외향적이면서 내성적, 사교적이면서 개인적, 적극적이면서 소극적, 활동적이면서 정적, 지배적이면서 인격적, 순응적이면서 의존적, 수용적이면서 비판적, 그리고 관계지향적이면서 동시에 과업지향적인 중간형의 사람들이다

이 다섯 가지의 기본기질은 서로 섞여서 융합기질이 되고, 기질 특성을 매우 강하게 갖는 강성기질이 있다. 그리고 삶의 영역에 따라 서로 다른 기질이 섞여서 혼합되기도 한다.

적 용

1. 다른 사람들에게 자신의 생각이나 의견을 자발적으로 표현하는 정도를 해당하는 수치에 표시하십시오. (능동적 표현)

−5 −4 −3 −2 −1 +1 +2 +3 +4 +5

2. 다른 사람들의 요구나 의견에 반응하고 따르는 정도를 해당하는 수치에 표시하십시오. (수동적 반응)

−5 −4 −3 −2 −1 +1 +2 +3 +4 +5

3. 1과 2에 표시한 수치를 위의 기질 격자판 또는 6장의 기질 격자판 종합에 표시하여 참고하세요.

3장 다섯 가지 기본기질

기질 격자판에서 살펴본 각 기질의 기본성향은 어디에서 흘러나온 것일까? 그들은 왜 그렇게 행동하게 되었을까? 본 장에서는 각 기질의 기본성향이 흘러나오는 핵심 욕구를 살펴본다.

1. 우울질

우울질은 능동적 표현과 수동적 반응이 모두 작은 기질이다. 이것은 표현과 반응에 있어서 신중하고 독립적이며 인간관계가 활발하지 않다는 것을 보여준다. 우울질 사람(이하 '우울질'로 표기)에 대한 기존의 표현들을 보면 우울하고 울적하며 고립적이고, 또한 상심에 잠겨 있으며 침울하고 사색적인 사람들이라고 하였다. 그리고 표정이 슬프고 열등감이 많으며 장애를 극복하기 어렵다고 표현하였다. 우울질에 대하여 왜 이렇게 표현했을까? 이들은 왜 혼자 있기를 좋아하고 자신을 고립시킬까? 우울질이 인간관계에서 표현도 반응도 작은 이유는 무엇인가?

이들의 이러한 행동은 '진리 추구'라는 우울질의 핵심적인 욕구에서 나온다. 진리 추구의 욕구는 우울질의 여러 가지 행동을 이해하게 해 준다. 진리 추구의 욕구란 올바른 삶의 목적을 발견하고 그것을 이루며 살아가는 것이다. 즉 진정으로 가치 있는 삶을 살아가려는 것이다. 따라서 이들은 올바른 삶을 살기 위하여 스스로 자신을 통제하며 진리를 따라 살기 위해 쉬지 않고 생각한다.

그리고 진리 추구의 욕구에서 부수적으로 나오는 몇 가지 욕구와 행동들이 우울질의 기질적 특성을 만들어 낸다. 이들은 진리가 무엇인지 알기 위해서, 그리고 어떻게 살아야 정말 가치 있게 사는 것인지 알기 위해서 왕성한 탐구욕과 지식욕을 갖는다. 이들이 추구하는 진리는 인간관계에서 얻어지는 것이 아니고 스스로 탐구하며 발견하는 것이다. 이로 인해 혼자 있는 것을 좋아하며 비사교적인 사람이 된다. 또한 진리에 도달하기 위해 이들은 완전주의를 갖는다. 완벽해야만 진리에 도달할 수 있다고 믿으며, 완전히 알고 빈틈없이 분석하고 비판해 봄으로 그것이 진리인지 분별한다.

이들은 진리대로 살아가려 하지만 그것은 뜻대로 되지 않기 때문에 늘 상심과 우울에 잠겨 있다. 이로 인해 이들은 어린 시절부터 고민하는 사람들이 많고, 성장하면서는 그 고민이 점점 더 심해진다. 진리란 그 자체가 비현실적인 요소가 많아서 비타협적일 수밖에 없다. 또한 현실적으로 결과가 쉽게 드러나는 것도 아니기 때문에 성취감을 느끼기는 더더욱 어렵다. 이로 인해 이들은 고민에 빠질 수밖에 없으며 비현실적인 사람들이 되는 경우가 많다. 따라서 이들은 좌절감과 열등감 등 부정적 감정들을 많이 가지게 된다.

우울질의 문제는 이들이 추구하는 진리와 무능력한 자아와의 엄청난 괴리감으로 인한 고민들, 그리고 완전주의로 인한 부정적 성향이다. 이것이 우울질을 침울한 사람으로 만들며, 약점과 내적인 갈등, 타인과의 갈등도 여기에서 출발한다. 뿐만 아니라 우울질은 진리를 발견하고 생각하고 분석하기 위해 많은 시간과 에너지를 소모하기 때문에 인간관계에서는 활동이 적은 고립적인 사람이 된다. 우울질의 강점과 능력은 진리를 발견하고 지키려는 것과 관련이 있다. 그리고 이들의 신앙생활도 진리를 발견하고 탐구하는 방식으로 한다.

2. 담즙질

담즙질은 능동적 표현이 크고 수동적 반응은 작은 기질이다. 이것은 자기주장이 강하고 자신의 의견을 다른 사람에게 관철시키려 하는 반면에 다른 사람의 의견은 잘 받아들이지 않는다는 것을 의미한다. 또한 다른 사람을 지배하려고 하며 자신은 다른 사람의 지배를 받지 않으려 한다는 것을 뜻한다.

담즙질사람(이하 '담즙질'로 표기)에 대한 기존의 표현들을 보면 능동적이고 성미가 급하고 반응이 빠르며, 화를 잘 내고 공격적이며, 적극적이고 의지가 강하며 정상을 향해 노력하는 사람이라고 표현하였다. 무엇이 이들로 하여금 자기주장을 잘하는 적극적인 사람들로 만드는 것일까? 이들의 능동적인 행동과 강한 의지력은 어디서 나오는 것인가? 왜 자기주장은 관철시키려 하면서 다른 사람의 의견은 따르지 않는 것일까?

이러한 담즙질의 행동은 목표성취 욕구를 중심으로 이해할 수 있다. 담즙질이 가지고 있는 목표성취욕구란 명예, 성공, 권력, 소유 등과 같이 현실적이고 실현할 수 있는 목표이다. 따라서 이들의 행동은 목표가 분명하고 목표를 이루기 위해 모든 에너지를 집중하며 자기주장이 강하다. 그러므로 자발적 행동은 크고 수동적 반응은 작다. 이들은 어린 시절부터 한번 목표를 세운 것은 이루어내고야 말겠다는 생각으로 집요하게 노력해왔기 때문에 성취감이 많고, 일에 대하여 긍정적이고 적극적인 사고방식을 가진다. 이들은 자기의 능력을 신뢰하고 책임감과 결단력을 발달시키면서 과업지향적인 삶을 살아간다.

이들은 목표를 설정하고 계획과 전략을 세우는 데에 있어서 독립적이다. 그러므로 타인의 간섭을 허락하지 않는다. 목표와 전략이 세워지면 필요한 사람들을 선택하여 동기를 부여한다. 그리고 그들의 숨겨진 자원을 훈련시키고 모임을 조직화하며 목표를 향해 매진한다. 또한 함께 목표를 향해가는 사람들의 삶을 지배하고 통제하며 살아간다. 이들은 다른 사람들에게 비전과 전략을 제시하며 힘을 불어넣어주며 목표를 이루도록 이끈다. 이 과정에서 담즙질은 주변 사람들의 의견에 별로 신경을 쓰지 않는다. 그렇게 하는 것이 목표를 이룰 수 있는 것이기 때문이다.

이들은 자신이 그 목표를 성취할 수 있는 사람이라고 확신하는 자부심이 강하다. 그리고 대부분 자아상이 매우 높고 명예욕이 강하고 최고가 되려고 한다. 따라서 높은 찬사를 듣기 원하고 이를 당연하게 생각한다. 그러나 다른 사람이 자신의 삶을 통제하려할 때에는 목표가 흔들리게 되기 때문에 반항적이 된다. 이들은 다른 사람을 지배 · 통제하려 하면서 자신은 다른 사람의 지배 · 통제를 받지 않는다. 심지어 하나님과도 목표성취에 대한 주도권 싸움을 한다.

이런 지배적 성향들로 인해 담즙질은 일에 대한 추진력과 지도력을 갖게 된다. 그리고 이들의 강점과 능력은 목표 성취와 관련되어 나타난다. 그러나 무리하게 목표를 성취하려 하면서 주변 사람들과 많은 갈등들을 갖는다. 따라서 담즙질의 문제점은 주로 인간관계와 관련된다.

3. 다혈질

다혈질은 능동적 표현과 수동적 반응이 모두 다 크다. 이것은 적극적이고 외향적이며 인간관계를 좋아한다는 것을 보여준다. 가장 활동 에너지가 많은 다혈질 사람(이하 '다혈질'이라고 표기)은 끊임없이 움직인다. 기존의 학자들은 다혈질에 대하여 쾌활하고 기분의 변화가 큰 사람이라고 하였다. 그리고 온화하고 따뜻한 사람, 또한 사람들을 좋아하고 밝고 행복하게 살아가며 단순한 사람들이라고 하였다. 다혈질이 능동적 표현과 수동적 반응이 크다는 것은 무엇을 의미하는가? 그 큰 행동 에너지는 어디서 나오는 것일까? 왜 외향적, 적극적, 지배적이면서 또한 순응적, 의존적, 수용적일까? 다혈질은 다른 사람들이 이해하기 힘든 양면성을 가지고 있다.

이러한 다혈질의 행동은 인정받으려는 욕구가 다른 사람보다 강하기 때문이다. 그러면 어떤 인정을 받고 싶어 하는 것일까? 이들은 자신의 의견이나 생각에 대하여는 지지와 공감을 받고 해낸 일에 대하여 칭찬을 들으며 능력 있는 사람으로, 매력적인 사람으로, 그리고 사랑스러운 사람으로 평가받기를 원한다. 이들은 다른 사람이 자신의 모든 것에 대하여 관심을 표현하고 인정해 주기를 원한다. 다혈질은 이런 것을 통해서 사랑받는 존재라고 느낀다. 이들은 때때로 열정적으로 일한다. 그러나 일보다는 인정받는 것에 더 많은 관심이 있다. 다혈질은 일이나 성취에 삶의 목적을 두지 않는다. 다른 사람의 인정을 받는 것에 목적을 둔다.

다혈질은 인정받기 위해 자기를 나타내며 다른 사람의 관심과 주목을 끈다. 그리고 이런 것들은 모두 인간관계를 통해서 이루어지는 것이므로 이들은 교제를 매우 좋아한다. 이러한 욕구가 다혈질을 모든 기질 중에서 가장 활동 에너지가 높은 사람으로 만든다. 때문에 현재 그리고 여기에서 어떻게 인정과 관심을 받을 것인가에 초점을 둔다. 이것은 이들을 현재중심적인 사람들로 만든다. 이들은 인생을 재미있고 흥미진진한 경험들이 가득 찬 것으로 생각한다. 그리고 그런 눈으로 세상으로 바라보고 그것을 즐기면서 살아간다. 이들은 변화를 좋아하고 새로운 것에 흥미를 보이며 새로운 환경을 즐기고 새로운 사람에게 호기심을 갖는다. 변화가 없는 삶은 견디지 못한다. 지루해 하고 흥미와 의욕을 잃는다. 따라서 다혈질이 집안에만 있는 것은 감옥과 같다. 그리고 이들은 지나간 과거를 깊이 생각하지 않는다. 별로 후회하지도 않는다. 과거의 실수를 교훈으로 마음에 새기지도 않는다. 또한 미래도 크게 걱정하지 않는다. 다가올 일들을 대비하지도 계획을 세우지도 않는다. 이들은 현재에 충실하며 밝고 쾌활하고 긍정적으로 살아간다.

따라서 다혈질의 강점은 인정받기 위한 자기표출과 적극적이고 긍정적 성향 등과 관련이 많다. 반면에 이로 인해 안정적이지 못한 점과 사고력과 성실성이 부족한 점은 이들의 약점이며 또한 문제점이다. 신앙에 있어서도 이들은 크게 발전하는 듯 하다가 크게 퇴보하는 불안정을 보인다.

이렇게 다혈질은 인정받고 싶은 욕구와 그 욕구의 표출로 인하여 능동적 표현도 수동적 반응도 모두 크다. 이들은 인정받기 위해 활동적이고 적극적인 삶의 양식을 가지며, 다른 사람들의 요구에 대하여도 적극적인 반응을 나타내는 관계지향적인 사람들이다.

4. 수줍음질

수줍음질은 능동적 표현은 작은 반면에 수동적 반응은 큰 사람들이다. 이들은 유순하고 의존적이며, 자기주장을 하지 않으면서 상대방의 의견에 순응적으로 반응한다. 수줍음질이란 자기 마음을 잘 나타내지 않고 숨기거나 억누르는 사람을 표현한 말이다. 이 기질은 NCCA에서 기질 격자판을 통해 새로이 발견된 기질이다. 이들은 왜 자기표현을 하지 않는 것일까? 왜 독립적으로는 행동하지 못하는 것일까?

수줍음질 사람(이하 '수줍음질'로 표기)은 인정받고자 하는 욕구를 가지고 있으나 이를 표현하지 못하는 사람들이다. 이들이 욕구를 표현하지 못하는 것은 수줍음질의 전체 행동을 이해하는 중요한 특성이다. 외향적인 다혈질은 인정받고 싶은 욕구를 잘 표현함으로써 인정을 받아내는 반면에, 내성적인 수줍음질은 표현하지 않기 때문에 인정받지 못한다. 이로 인해 이들은 인정을 받을 수 있는 상황에서도 인정받지 못할 것을 스스로 예상한다. 따라서 수줍음질은 인정받는 방법에 있어서 소극적인 방식으로 접근하는데, 이것은 헌신과 봉사라고 하는 독특한 행동양식을 만들어낸다. 이것은 매우 안전하게 인정받는 방법이며 사람들과 돈독한 신뢰관계를 만들어 주는 것이다.

따라서 이들은 모임이나 어떤 능력 있는 사람에게 소속되기를 원한다. 그것은 사람들 속에서 인정을 받을 수 있고 헌신과 봉사를 할 수 있기 때문이다. 그러나 이들은 소속되고 싶은 마음을 표현하지도 못하고 스스로 찾아가지도 못한다. 이것이 이들의 고민이다. 그러면서 상대방이 자신의 이런 마음을 알아주고 모임 안으로 이끌어주기를 원한다. 따라서 이들은 일이나 관계에 있어서 매우 의존적이고 수동적이다. 그러므로 수줍음질은 비활동적이고 무관심해 보이고 고립적으로 보인다. 그러나 이들은 타인이 자신의 마음을 알아주고 다가와주기를 기다리고 있다.

또한 이들은 여러 사람들과 많은 관계를 갖는 다혈질과 달리 소수의 사람들과 깊은 관계를 형성한다. 따라서 한번 관계를 형성하면 관계를 오랫동안 유지한다. 그리고 상대방의 필요를 충족시켜 주면서 관계를 유지한다. 또한 이들은 주어진 규칙을 충실하게 지키는 사람들이다. 이것은 신뢰관계를 형성하려는 성향에서 나온다. 이것은 이들에게 매우 중요한 능력을 준다. 그 능력은 규칙을 준수하는 것과 성실성과 책임감이다. 이것은 이들 특유의 순종심과 함께 움직이며 이들로 하여금 꾸준히 목표를 향해 전진하도록 만든다. 혼자서는 할 수 없지만 누군가와의 관계 속에서 그것은 이루어진다. 수줍음질은 스스로는 약하지만 누군가와 함께 있음으로 강한 사람이 된다. 따라서 이들은 누구와 관계를 맺고 살아가는가하는 것이 매우 중요하다.

이들의 강점은 순종적이고 충성스러운 행동과 관련이 있고, 약점은 자기생각을 표현하지 못하는 것과 관련이 있다. 이것은 수줍음질의 일생 동안 여러 가지 심각한 문제를 야기 시킨다. 그리고 이들의 갈등은 이것과 연관되어 지나치게 다른 사람을 의존하는 것에서 나온다. 신앙적인 면에서 수줍음질은 하나님을 잘 의존하고 충성스럽게 생활을 한다. 이것은 이들의 순종심에서 나오는 유익이다. 이들은 이 특유의 순종심으로 인해 신앙이 빨리 성장한다.

이렇게 수줍음질은 인정받고 싶지만 표현하지는 못하고 의존성이 많아서 다른 사람과의 관계 속에서 살아가는 사람들이다. 이들은 다혈질보다도 더 많이 관계에 의존한다. 그러나 표현하지 않기 때문에 그렇게 보이지 않을 뿐이다.

5. 점액질

기질 격자판에서 정 중앙에 위치하는 점액질, 이 기질은 알맞게 내성적이고 알맞게 외향적이다. 그리고 관계지향적이며 동시에 과업지향적이다. 이들은 왜 인간관계에서 치우치지 않는 중간 행동을 선택하는가? 점액질사람(이하 '점액질'이라고 표기)에 대한 기존의 표현들을 보면 움직임이 느리고 활기가 없으며 무기력하다고 되어 있다. 그리고 냉정하고 감정의 동요와 변화가 적고 무표정하며 끈기 있고 주변 사람들이나 환경의 영향을 받지 않는 사람들이라고 하였다. 점액질의 이런 행동은 무엇을 의미하는 것이며, 어디에서 나오는 것일까?

인간관계에서 치우치지 않게 표현하고 반응한다는 것은 외적인 자극이나 요구에 별로 영향을 받지 않는 것을 의미한다. 또한 내면의 변화나 동요도 별로 없다는 것을 뜻한다. 따라서 이들은 안전을 매우 원하는 사람들로 이해된다. 이것은 곧 활동 에너지가 적다는 것과 연결되고, 또한 에너지가 적다는 것과도 통한다. 따라서 점액질은 다른 기질과는 달리 움직임이 적고, 무엇을 성취하거나 다른 사람으로부터 채우고 싶은 욕구도 별로 없다는 독특한 점을 가지고 있다. 이것은 점액질을 이해하는데 있어서 매우 중요한 면이다.

점액질은 외부로부터 채울 수 있는 독특한 기질상의 욕구가 없다. 다른 기질들은 그들만의 특정 욕구를 충족시키기 위해 움직이면서 에너지가 나온다. 그러나 점액질은 그런 욕구가 없다. 그래서 대부분의 점액질들은 자신이 에너지가 적다는 것을 스스로 인지한다. 그리고 얼마 되지 않은 에너지가 고갈될까봐 걱정하면서 지나치게 안전에 집착한다. 자신의 적은 에너지를 보호하기 위해서 안전한 삶을 유지하려는 것이다. 정신적으로 고민하지 않으며 육체적으로는 편안하려고 한다. 따라서 이들은 적당한 휴식과 의식주를 매우 중요하게 생각한다. 휴식과 의식주를 통해서 에너지를 만들어가기 때문이다.

이들은 자신의 안전을 위해 주변의 평화를 원한다. 주변의 평화를 유지함으로 안전을 지키려는 것이다. 그리고 자신에게 일이 맡겨지는 것을 싫어한다. 뿐만 아니라 관계가 지나치게 친밀해지는것도 좋아하지 않는다. 또한 느리게 행동하며 변화를 기피하면서 에너지를 보호한다. 이렇게 이들은 적절하게 반응하고 적절하게 표현하면서 안정적인 인간관계를 유지하며 살아간다. 점액질은 이렇게 안정적인 위치에 서서 필요에 따라 내성적으로 때로는 외향적으로 행동한다. 그리고 관계를 유지하면서 과업을 동시에 수행한다. 이것은 이들에게 다른 기질에서 볼 수 없는 유연한 융통성을 준다. 점액질은 어느 한 쪽에 치우치지 않기 때문에 객관적이고 냉정한 분별력과 판단력을 가지고 있다. 이들은 이 성향으로 일과 관계에서 균형을 유지하며 중도적 위치에 서서 관계에 조화를 가져다준다. 이렇게 점액질은 능동적 표현과 수동적 반응을 적절히 조절하며 살아간다.

이들의 강점은 안전을 위해 일과 관계를 조절하면서 발달되고, 약점 또한 안전을 위해 방어적이 되고 이기적이 되면서 생긴다. 그리고 이들의 갈등은 어떻게 하면 안전을 유지하고 편안하게 살아가며 에너지를 적게 쓸 것인가를 고심함으로 인해서 생긴다. 이들은 신앙생활도 최대한 안전한 방법으로 발전시킨다. 따라서 하나님과의 관계 발전이 더디고 사역에 헌신도 매우 신중하다. 그리고 혹시나 잘못된 길로 빠지지 않을까 조심 또 조심하며 신앙생활을 한다.

4장 삶의 영역에 따른 기질

z z z

사람들은 어디서나 같은 스타일로 행동할까? 기질, 성격, 인격의 차이에서 살펴보았듯이 사람들은 대부분 삶의 여러 영역에서 다르게 행동한다. 그러므로 본장에서는 삶의 영역을 나누어서 영역별로 각 기질을 하나씩 자세히 살펴본다.

1. 삶의 세 영역

사람들은 대부분 관계를 갖는 대상이나 목적에 따라 다르게 행동한다. 사람들은 보통 일반적인 사회생활에서의 행동과 사적인 관계에서의 행동이 서로 다르고 또한 목적 있는 일을 할 때의 행동이 다르다. 어떤 사람이 모임에서 A라는 사람을 알게 되었다고 가정해 보자. 그는 A가 사람들과 대화하고 교제하는 겉모습을 보면서 그의 어떤 행동 스타일을 보게 된다. 그러나 그가 A와 친밀해져서 사랑하는 관계가 되면 그는 A에게서 다른 면을 보게 될 것이다. 또한 그가 A와 함께 일을 하게 되면 A의 또 다른 면을 만나게 된다. 이렇게 보통 사람들은 일반적인 사회생활에서의 행동과 사적인 관계에서의 행동, 그리고 목적 있는 일을 할 때의 행동이 서로 다른 경우가 많다. 그러므로 필자는 삶의 영역을 일반관계 영역과 특별관계 영역 그리고 일 영역으로 나눈다.

1) 일반관계 영역

일반관계 영역이란 표면적인 사회생활에서 나타나는 인간관계의 한 영역이다. 이 영역은 그가 주변 사람들을 얼마나 넓게 많이 포함시키고 살아가는가 하는 것을 보여준다. 그리고 주변 사람들과 관계를 맺어가는 방법이 어떤가를 말해준다. 한 사람이 다른 사람들과 교제하는 양이나 수 그리고 태도나 방법을 보여주고 지식을 접하는 태도나 취미생활을 하는 방식도 나타내 준다. 즉 얼마나 많은 사람들과 교제하고 있는가, 그리고 사람들과 얼마나 자주 만나는가, 인간관계가 얼마나 주도적인가 아니면 수동적인가를 보여준다. 그리고 사람들에게 다가갈 때 자발적인가 아니면 고립적인가, 지식탐구나 취미생활에 있어서도 얼마나 많은 주제에 관심을 갖는가, 또한 그런 취미나 지식들을 스스로 찾아가는가 아니면 누군가에 의해 인도 되는가 등을 잘 보여주는 영역이다. 따라서 일반관계 영역에서는 표면적인 인간관계에서의 행동과 대화 및 교제하는 스타일에 대한 기질적 경향을 다룬다.

2) 특별관계 영역

특별관계 영역이란 사랑과 정을 주고받는 깊은 인간관계 영역이다. 이 영역은 매우 정서적인 교류를 요구한다. 따라서 가까운 친구나 사랑하는 관계 그리고 가족관계에서 나타나는 정서적인 부분을 다룬다. 즉 어떤 방식으로 사랑과 우정을 주고받는가 하는 것이다. 이 영역에서는 특별한 의미를 가진 사람들과 내면의 깊은 감정을 나누는 스타일을 보여준다. 즉 정서적 자질을 요하는 관계에서 행동하는 스타일이다. 사랑을 얼마나 잘 표현하고 어떤 방식으로 반응하는가, 그리고 사랑하는 사람들의 내면을 얼마나 잘 수용하는가, 또한 사랑하는 사람들과 친밀감이나 감정적인 결속감을 얼마나 느끼는가, 자신의 깊은 마음을 얼마나 잘 내어보이는가, 사랑하는 사람의 깊은 마음을 얼마나 잘 공감하는가, 얼마나 오랫동안 사랑이나 우정을 유지하는가, 등이 나타나는 영역이다. 따라서 특별관계 영역에서는 사랑하는 사람들과의 관계에서 나누는 정서적 스타일에 대한 기질적 경향을 다룬다.

3) 일 영역

일 영역이란 일과 책임에서 나타나는 인간관계 영역이다. 즉 목적을 가지고 일하는 삶의 영역이다. 이 영역은 일에 대한 태도, 일을 이루어내는 방법, 그리고 일과 관련하여 사람들에 대한 태도가 어떠한가를 나타내준다. 즉 일을 할 때 사람들을 얼마나 지배하고 통제하는가, 얼마나 주도권을 갖고 영향력을 행사하는가, 또한 일에 있어서 얼마나 성실하고 책임감이 있는가, 얼마나 결단력과 성취력이 있는가, 등이 나타나는 영역이다. 따라서 일 영역에서는 일하는 스타일에 대한 기질적 경향을 다룬다.

일반관계 영역 : 표면적인 사회생활에서 나타나는 인간관계
특별관계 영역 : 사랑과 정을 주고받는 깊은 인간관계
일 영역 : 일과 책임에서 나타나는 인간관계

위의 세 가지 삶의 영역이 한 사람에게 어떤 방식으로 드러나는가 보자. 예를 들어 한 회사에 A라는 남자가 있다. A는 회사의 모든 사람과 두루 넓게 사귄다. B라는 여자에게 A는 이야기도 잘 하고 사교적인 사람으로 보였다. (이 때 B는 A의 일반관계 영역을 본 것이다.) B는 A와 가까워졌다. 그들은 회사 퇴근 후에 따로 만나 교제하는 사적인 관계가 되었다. 이제 B가 A와 가까이 사귀고 보니 A는 내성적인 사람이었다. 회사에서 다른 사람을 대할 때와는 달리 둘이 있을 때에는 말수가 적고 마음을 잘 나타내지 않는 사람이다. 자신을 분명히 사랑하고 있다는 것을 알지만 A는 별로 사랑한다는 표현이 없다. (이제 B는 A의 특별관계 영역을 보게 된 것이다.) 이제 이 두 사람은 결혼하게 되었다. 같이 결혼을 준비하면서 B는 A의 또 다른 면을 보게 되었다. A는 결혼에 관한 모든 일에 자기 주관이 뚜렷하여 자기 생각대로 결혼식을 진행했다. 결혼 후에도 A는 이사를 하게 되거나, 중대사를 결정할 때에는 거의 자기신념대로 일을 처리했다. (이것은 B가 A의 일 영역을 본 것이다.)

위의 예에서 A는 일반관계 영역과 특별관계 영역 그리고 일 영역에서

서로 다른 행동 스타일을 보여주고 있다는 것을 알 수 있다. 삶의 세 영역에서 동일한 행동을 보여주는 사람은 드물다. 대부분의 사람들은 이 세 영역에서 다소간의 다른 행동을 한다. 그러므로 이제 각 기질의 행동 특성을 살펴볼 때, 위에서 분류한 삶의 세 영역으로 나누어 살펴본다.

2. 삶의 영역별로 보는 기질 특성

이제 다섯 가지 기본기질에 대한 주된 욕구를 정리하고, 일반관계 영역과 특별관계 영역 그리고 일 영역으로 나누어 기질 특성을 살펴본다. 그리고 기질 이해에 도움이 되는 몇 가지 사례를 들어 본다.

1) 우울질

기질 격자판으로 본 우울질의 기본성향은 다음과 같다.

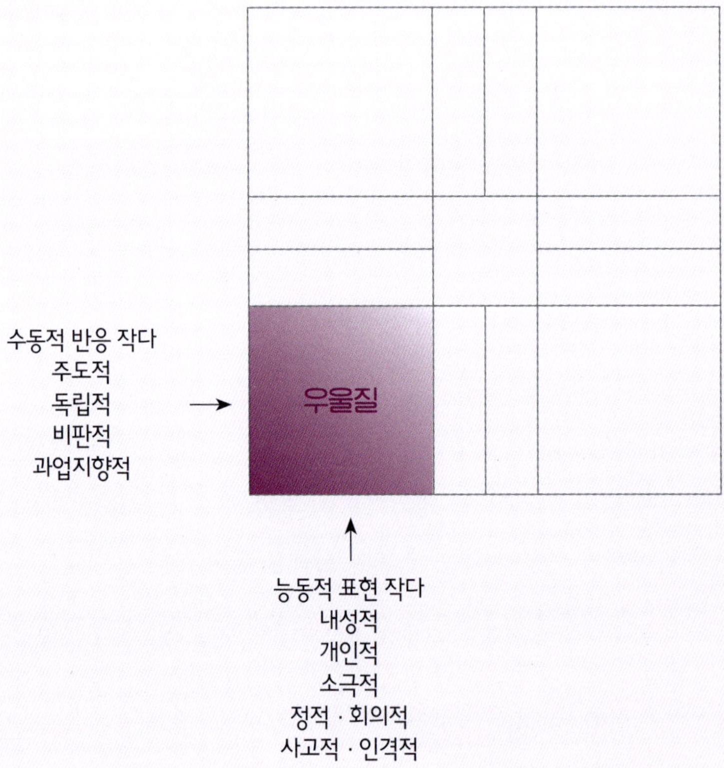

(1) 우울질의 주된 욕구

진리 추구의 욕구

우울질은 진리를 추구하는 욕구가 강해서 이들의 모든 특성은 진리추구를 중심으로 움직인다. 진리 추구란 올바르고 선한 삶을 살고 싶어 하는 것이다. 이들의 삶의 방향과 가치관은 선, 의, 완전함, 도덕적 가치 및 목적이 올바른 것들과 관련되어 있다. 그러므로 이들은 일생동안 올바른 삶을 살아가려고 노력한다. 이 때문에 어떤 행동이 바르고 선한지, 어떤 일이 가치 있는 것인지 알기 위하여 분석하고 비판한다. 이로 인해 이들은 생각에 깊이 몰두하며 늘 진지하고 심각하다. 그러므로 우울질은 대부분 고지식하며 융통성이 없고 사회에 잘 적응하지 못한다. 그리고 마음에 없는 말이나 농담과 거짓말을 못하고 과장하지 않는다. 또한 이들은 인간이 가져야 할 바른 태도가 몸에 배어 있어서 성실하고 진실하며 도덕적으로 살아가고 예의바르게 행동한다. 뿐만 아니라 인격적인 관계를 매우 중시해서 자신도 인격적으로 존중받기를 원하고 다른 사람도 존중한다. 이것이 인간이 마땅히 가져야할 진실한 태도라고 생각한다. 그러므로 우울질이 삶을 바칠 만한 진리를 만나지 못하면 일생동안 진리를 찾아 방황하는 경우가 많다.

지식욕과 탐구욕

두 번째 우울질의 욕구는 지식욕과 탐구욕이다. 이것은 진리 추구에서 나온 것이다. 진리추구는 강한 지식욕과 탐구욕을 불러일으킨다. 이들은 자신이 추구하며 살아가야 할 올바른 그 무엇을 찾기 위해 여러 가지 학문, 예술, 종교 등을 접한다. 그리고 끊임없이 왜? 라는 질문을 퍼부으며 탐구한다. 이들은 여러 가지 주제와 지식을 논리적으로 생각하며 원리적으로 파헤친다. 그러면서 그 근원을 알고자 한다. 그러므로 우울질은 생각에 깊이 잠기게 되며 하루 종일 책에 파묻혀 지내기도 한다. 이들은 사과가 왜 반드시 아래로 떨어지는가를 궁금해 하고, 주전자에 물이 끓으면 왜 뚜껑이 딸깍거리는가를 알려고 한다. 그리고 꽃의 아름다움을 보면서 꽃이 피는 생물학적 원리를 알고 싶어 한다.

완전주의

세 번째 우울질의 욕구는 완전을 추구하는 것이다. 완전해야만 진리를 발견하고 도달할 수 있다고 생각하기 때문이다. 이들은 완전히 선한 삶을 추구하고 완전한 사랑을 원하며, 지식적 측면에서도 완전하게 알려고 한다. 또한 완전한 인격을 갖추려하고 완전한 종교를 찾는 등 모든 면에서 완전을 추구한다. 이들이 요구하는 완전은 진리의 수준만큼이나 매우 높아서 도달할 수 없다. 따라서 자신의 삶에 여간해서 만족하지 못한다.

그리고 이들은 완전하기 위해서 빈틈없고 꼼꼼한 비판과 분석과 자기 성찰이 필요하다고 생각한다. 이로 인해 대부분의 우울질은 예민하고 까다로운 성격을 가지고 있다. 따라서 모든 일에 신중하며 조심스럽고 긴장된 태도로 삶을 살아간다. 그러나 언제든지 완전하지 못한 자신을 발견한다. 이것은 이들의 큰 고통이며 이로 인해 부정적 사고가 발달한다. 그러므로 이들은 비관적이고 염세적인 눈으로 인생을 바라보며 힘들게 삶을 살아간다. 뿐만 아니라 우울질이 가지고 있는 많은 재능과 천재적 성향들이 부정적 사고방식으로 인하여 사장된다. 이들은 많은 재능을 가졌음에도 불구하고 고민에 빠져 오히려 무기력하고 힘든 삶을 살아간다.

(2) 우울질의 일반관계 영역

조용하고 차분하며 단호하다

우울질이 일반관계에서 다른 사람들과 잘 구별되는 태도는 조용하고 차분하면서도 단호함이다. 이들의 말씨는 부드러우면서도 분명하다. 또한 이들의 표정은 진지하고 신중해서 감정을 잘 드러내지 않으며, 거의 일관된 태도로 사람들을 대한다. 그리고 농담을 잘 못하고 장난기가 없으며, 의미 없는 대화는 하지 않는다. 이런 면은 다른 기질과 잘 구별되는 점이다. 이들은 다른 사람에게 먼저 말을 건네는 일이 잘 없고, 다른 사람의 대화에 끼어들지 않는다. 그리고 자신의 의견을 표현할 때에도 말을 아끼며 미사여구를 잘 사용하지 않는다.

교제를 별로 원치 않는다

일반관계 영역에서 이들은 다른 사람들과의 교제를 별로 원치 않는다. 진리를 추구하는 성향으로 인해 생각하고 탐구하는 것에 주로 시간을 보낸다. 이런 성향은 대인관계에 여러 가지 어려움을 가져다준다. 이들은 혼자 지내는 시간이 많아서 대인관계의 경험이 부족하고 대인관계의 기술은 더욱 발달하지 못한다. 따라서 이들의 대인관계는 상당히 방어적으로 보이기 쉽다. 실제로 이들은 진실한 관계를 갖기 원하고 사람을 깊이 사랑한다. 그러나 이것은 일반 관계 영역에서는 잘 드러나지 않는다. 이들은 경직되고 냉정한 사람으로 보인다.

대화가 유연하지 못하다

이들은 사람들과 대화를 유연하게 풀어가지 못한다. 이들은 매우 직선적이어서 문제점을 지적하여 다른 사람에게 상처를 주는 경우가 많다. 우울질은 비판적이어서 문제점이 눈에 먼저 들어온다. 그리고 상대방을 위해서 그것을 고쳐주려고 한다. 분석적이고 예리한 이들은 다른 사람들이 자주 간과해 버리는 문제점들을 찾아내어 정곡을 찌른다. 이 때 이들이 이것을 부드럽게 표현하는 것은 거의 불가능하다. 표현력이 부족하고 융통성이 없으며 이들 자신도 말하는 순간 경직되어 버리기 때문이다. 이것은 상대방의 마음을 매우 불편하게 한다. 마음이 여리고 예민한 이들은 자신이 상처를 주었다는 생각에 힘들어한다. 이러한 직선적인 표현은 다른 사람의 의욕을 떨어뜨리며 기분을 불쾌하게 만든다. 이로 인해 관계는 껄끄러워지고 주위로부터 비판적이고 불평주의자란 말을 듣는다. 그러나 우울질은 진리에 도달하려면 잘못을 고쳐 나가야 한다고 생각한다.

신중하게 말한다

우울질은 대화에서 유연하지 못하지만, 한편으로는 신중하게 깊이 생각해서 말한다. 따라서 언행에 실수가 적고 신뢰감을 준다. 이들은 합리적으로 생각하고 논리적으로 말하며, 이성적이고 지적인 대화를 원한다. 그리고 자신의 말과 행동이 주변에 어떤 영향을 줄 것인가를 깊이 생각하며 말한다. 이로 인해서 우울질은 결정이 느리고 신중하다. 또한 주관적 감정을 억제하고, 객관성 있고 합리적인 말을 하려고 노력한다. 또한 과장하는 법이 없고 섣불리 확신하지 않는다. 뿐만 아니라 단정적으로 말하지 않고, 늘 여지를 남겨두어 실수를 줄이려한다. 그리고 자신이 뱉은 말에는 반드시 책임을 지려고 한다. 따라서 이들의 말은 주변 사람들에게 신뢰감을 주고 영향력이 크다. 그러므로 주변 사람들은 이들의 말을 무게 있게 받아들이며 귀를 기울인다.

마음을 잘 드러내지 않는다

우울질은 마음을 잘 드러내지 않는다. 이들은 진실한 마음을 가지고 있지만 그것은 잘 전달되지 않을 때가 많다. 이들이 자신의 마음을 잘 표현하지 못하기 때문이다. 이들은 다른 사람이 미치지 못하는 생각을 가지고 있다. 그러나 이들의 생각은 사람들에게 잘 받아들여지지 않을 때가 많아서 자신의 생각을 잘 표현하지 않는다. 또한 이들은 사람들이 수용하기 힘든 사실을 말하거나, 숨겨진 동기와 감추어진 문제들을 지적하기도 한다. 이런 것들은 다른 사람들이 수용하기 힘든 것들이다. 이들은 이런 상대방의 거북한 마음을 재빨리 읽는다. 그리고 자신의 올바른 생각과 진실한 마음이 전달되지 못하고 오히려 짓밟히게 될까봐 염려한다. 그래서 이들은 상처받지 않기 위해서 솔직한 마음을 드러내지 않게 된다. 이외에도 이들은 자신의 실수나 실패가 드러나서 무시당할까봐 경계한다. 또한 자신의 여린 마음을 내보여 이용당할까봐 염려한다. 이런 여러 가지 이유로 마음을 잘 드러내지 않는다. 이들은 부드러운 마음을 감추고 사람들을 경계하며 자기를 보호한다. 우울질의 이런 방어적인 태도와 경계심은 여린 마음에서 나온다. 그러나 다른 사람에게는 거만하고 독선적인 사람으로 비춰진다.

진리 추구와 자아의 나약함에 대한 괴리감이 크다

우울질은 진리를 추구하는 자신과 무능하고 탐욕적인 자신의 실체와의 괴리감으로 인해 많은 내적 갈등을 가지고 있다. 이 괴리감은 아무리 노력해도 진리에 도달할 수 없다는 사실과 끊임없이 진리를 추구하는 자신의 기질적 성향으로 인한 것이다. 그리고 진리는 완전하고 실현 불가능한 것인 반면에 자신은 너무나 나약하고 불완전한 인간이라는 것에서 온다. 즉 자신이 실현 불가능한 목표를 추구하며 살고 있다고 절망감이다. 그러나 이것은 우울질의 기질적 특성이어서 멈출 수 없다. 이들은 크게는 삶의 올바른 목표라는 진리를 추구하지만 작게는 종이 한 장도 아껴야한다는 실천정신에 이르기까지 삶의 모든 면, 모든 영역에서 바르게 살아가기 위해 노력한다. 그러나 진리가 도달할 수 없는 것처럼 이들은 스스로의 노력으로는 헤어날 수 없는 갈등을 하고 있는 사람들이다. 따라서 이들은 자신이 무능하고 이기적이며 탐욕과 한계가 있음을 직면하는 것을 매우 고통스러워한다. 그러나 이들은 자신의 모습을 잘 알고 있다. 이것이 이들을 매우 심각하게 한다. 그리고 이것을 극복하지 못하는 이들의 삶은 무기력해진다. 삶의 진정한 목표와 가치대로 살아갈 수 없을 때 이들은 방황하고 표류한다. 그러나 주변 사람들의 눈에는 이들이 무책임하게 보이고 비생산적이며 현실을 외면한 듯이 보인다. 이들은 주변 사람으로부터 이러한 오해를 받지만 이것이 삶에 대한 진정한 책임이라고 생각하므로 포기하지 못한다. 따라서 일생동안 외로움을 많이 느끼고 진리를 찾아 방황하며 살아가는 사람들이 많다. 우울질의 이러한 헤어날 수 없는 방황은 하나님을 만나면 안정될 수 있다. 인간의 노력으로는 진리를 찾을 수도 도달할 수 없음을 뼈저리게 느끼며 절망하고 있는 이들에게 그리스도는 생명이 되고 소망이 된다. 진리와 자아의 괴리감은 하나님의 은혜가 아니면 해결될 수 없다. 숨겨진 탐욕과 죄악은 예수그리스도를 만나야만 자유 해진다. 또한 마음의 깊은 외로움은 성령의 내주하심으로 사라질 수 있다. 지나친 조심성으로 인해 두려워서 아무것도 할 수 없는 겁 많은 이들을 성령의 인도하심을 통해 비로소 한 걸음씩 걸어 갈 수 있다. 나약한 우울질이 하나님과 동행하는 것은 든든한 후원자와 함께 진리를 따라 여행하는 것과 같다. 이 때 이들은 삶의 무기력감에서 벗어날 수 있고 진정한 삶을 맛보게 된다. 그리고 흔들리지 않는 삶의 목표를 가지게 되면서 힘 있는 삶을 살아가게 된다. 그러나 신앙 안에서도 진리를 향한 이들의 걸음걸이는 여전히 조용하면서도 조심스럽고 신중하다. 우울질이 가지고 있는 감정이입능력은 이들을 깊은 영성의 세계로 인도하며 하나님의 마음을 잘 알도록 해준다. 이때부터 우울질의 깊은 인간애와 진실성은 빛을 발하게 된다.

비현실적이고 이상적인 삶의 철학을 가지고 있다

진리를 추구하는 이들은 비현실적이고 이상적인 삶의 철학을 가지고 있다. 이것은 그들에게 사회생활에 많은 부적응적 요소들을 만들어 낸다. 이들은 비판적인 눈으로 사회의 비리와 모순을 바라보면서 자신과 사회를 분리시킨다. 그리고 권위적인 사회구조와 비리가 난무하는 속에서 양심적으로 올바르게 살아가려고 고군분투한다. 따라서 대부분의 우울질은 안정적으로 직장생활하지 못한다. 또 한편으로는 사회와 타협하며 올바르게 살아가기를 포기하는 자신을 자책하면서 권위적인 지배와 사회적 통제로부터 벗어나기를 원한다.

부정적 사고방식이 많다

이들은 삶을 염세적, 비관적으로 바라보며 절망감, 무가치감, 열등감 등 부정적 사고를 발달시킨다. 우울질의 부정적 사고는 삶의 전반에 걸쳐 있다. 말과 생각이 부정적이고 주변 세계와 자신의 삶을 바라보는 방식도 부정적이다. 이들의 부정적 사고는 진리와 자아의 괴리감에서 나온다. 그리고 완전주의와 실패에 대한 예상과 미래의 불확실성 등이 이를 가중시킨다. 이 부정적 사고로 인해 이들은 우울감에 깊이 빠지고 한 번 빠지면 헤어 나오기 힘들다. 또한 이로 인해 자신의 능력을 잘 계발하지 못하고 새로운 일을 잘 시도하지도 못한다. 그리고 문제가 발생하면 자기에게 원인을 두고 자기를 분석하며 자신의 잘못을 찾아낸다. 뿐만 아니라 무능한 자신과 최선을 다하지 못한 것과 실수한 것에 초점을 맞추며 죄책감에 깊이 시달리면서 자기를 처벌하고 학대한다. 이로 인해 이들은 자살충동을 자주 느낀다. 그리고 다른 기질에 비해서 여러 가지 중독증(알코올, 성, 컴퓨터 게임, 약물 등)에 빠질 염려가 많다.

열등감이 많고 동시에 자존심이 강하다

이들은 열등감을 가지고 있으면서 동시에 강한 자존심을 가지고 있다. 진리를 추구하며 올바르게 살려고 노력하기 때문에 양보할 수 없는 자존심을 가진다. 반면에 진리와는 너무나 거리가 멀게 살아가고 있는 자신의 실체에 심한 열등감을 느끼며, 완전한 수준의 삶을 살아가지 못하는 자신을 무능하게 여긴다. 이들은 자신이 추구하는 높은 기준 만큼 자신의 나약함과 문제점에 초점을 맞추며 자책한다. 그러면서도 진리를 추구하며 사는 자신의 삶을 가치 있게 여기면서 자존감을 높이고, 그렇지 않은 사람들을 속으로 무시한다.

근검절약하며 모범적으로 살아간다

우울질은 인간이 지켜야할 기본적인 태도들이 몸에 배어 있다. 그것은 성실한 생활습관과 도덕적이고 양심적인 사회생활 그리고 자연을 소중히 여기고 사랑하는 것이다. 뿐만 아니라 어렵고 힘든 사람들을 돕는 것은 인간으로서 마땅히 해야 할 일이라고 생각한다. 이를 위해서 근검절약하며 저축도 한다. 이들이 볼 때 이것은 기본이다. 그리고 매우 당연하다. 따라서 이들은 검소한 생활이 몸에 배어 있다. 사치와 낭비는 이들과 거리가 멀다. 우울질은 올바른 삶을 살아야 한다는 양심의 소리와 이기적으로 살고 싶은 욕심의 갈등을 항상 느낀다. 그러나 언제나 바른생활을 선택한다.

(3) 우울질의 특별관계 영역

완전한 사랑을 원한다

우울질은 특별관계 영역에서 내면세계를 서로 나누며 공감하는 완전한 사랑을 원한다. 그것은 인격적으로 서로 존중하면서 이해하는 깊은 교감이다. 또한 서로에게 진정한 관심을 갖는 것이다. 이들은 사랑하는 사람과 함께 있기를 원하며, 자신이 고민하는 본질적인 문제에 대하여 함께 대화하고 싶어 한다. 그러나 우울질의 가족들은 이들의 마음을 잘 이해할 수가 없다. 뿐만 아니라 우울질 자신도 이것을 표현하지 않기 때문에 가족들은 이들의 깊은 욕구를 알지 못한다. 따라서 이들은 사랑하는 사람과의 관계에서 깊고 완전한 사랑을 갈구하면서도 또한 그 사랑을 채우지 못해서 외로움을 느낀다. 이들의 외로움은 깊고 크다.

인격적 관계를 잘 갖는다

이들은 사랑하는 사람들과 인격적 관계를 잘 갖는다. 이들은 일반관계 영역에서는 냉정하게 보이지만 특별관계 영역으로 깊이 들어갈수록 관계가 풍성해진다. 이들은 사랑하는 사람을 있는 모습 그대로 존중하며 그들의 필요에 민감하다. 그리고 그들의 말을 경청하며 마음을 읽어 준다. 또한 사랑하는 사람의 삶을 지배하거나 통제하지 않는다. 그리고 자신도 사랑하는 사람으로부터 통제받기를 원치 않는다. 우울질은 서로 존중하는 인격적인 관계를 원한다. 이런 능력은 우울질의 깊은 인간애에서 나온다. 이들은 무능력함과 열등감으로 고민하면서도 자신의 삶을 무척 사랑한다. 그리고 사랑하는 사람의 삶도 사랑한다. 따라서 사랑하는 사람들의 삶을 향상시키려고 무척 애를 쓴다. 그러나 그들의 삶을 지배하거나 통제하면서 이루어가지는 않는다. 인격적인 관계에서 자발적인 마음으로 발전하기를 원한다. 이들은 이것이 진정한 사랑이라고 생각한다. 따라서 우울질은 겉으로는 차갑게 보이지만 관계가 가까워질수록 사람을 깊이 사랑하는 것을 주변 사람들은 느낀다. 이 강점은 다른 기질에서는 잘 볼 수 없는 면이다. 우울질은 기본적으로 인간을 존중하는 마음에서 관계를 출발한다.

깊고 여리고 부드러운 마음을 가지고 있다

우울질은 깊고 여리고 부드러운 마음이 있다. 그 마음은 사랑하는 사람들의 고통을 잘 읽어주고 공감하는 민감한 감수성으로 나타난다. 그리고 감정이입능력으로도 나타난다. 이들은 미처 표현하지 못하는 사랑하는 사람의 마음을 읽어낸다. 그리고 그 아픔 속으로 들어가서 고통을 함께 나눈다. 이들은 모든 기질 중에서 가장 여린 마음을 가지고 있다. 작은 일에도 죄책감을 많게 느끼고 동정심과 연민도 많다. 그러면서도 상처받을까봐 그런 여린 마음을 잘 드러내지는 않는다. 이들은 다른 기질에 비해서 사랑하는 사람과의 이별이나 상실의 고통이 매우 크다. 배우자 사별의 충격에서 잘 벗어나지 못한다. 여린 마음을 가지고 있는 우울질은 사랑과 우정을 오래도록 간직하기 때문이다.

깊사랑하는 사람에게 성실하다

우울질은 사랑하는 사람들과 가족들에게 성실하다. 이들은 사랑한다는 말보다는 행동이 중요하다고 생각한다. 따라서 사랑하는 사람들에게 성실하게 봉사한다. 이들은 사랑한다고 하면서 헌신이 없으면 거짓이라고 생각한다. 이런 점에서 성실하지 못한 배우자와 크게 갈등한다. (특히 다혈질의 배우자가 사랑한다는 말은 쉽게 하면서 자신에 대하여 불성실할 때 우울질에게는 심각한 갈등이 되는 경우가 많다. 다혈질은 성실성과 책임감이 부족한 기질이다.) 이들의 성실성은 깊은 사랑과 함께 고통 속에서 더욱 빛난다. 이들은 사랑하는 사람에게 어떤 어려움이 닥쳐도 외면하거나 떠나지 않는다. 고통을 함께 나누며 같이 견딘다. 그래서 오랫동안 병석에 누워있는 배우자를 헌신적으로 돌보는 우울질이 많다. 이렇게 돌보는 가운데 아무리 힘들어도 이들은 표현하지 않는다. 이것이 우울질의 깊은 사랑이다.

칭찬과 인정을 하지 않는다

이들은 배우자와 자녀들에게 칭찬과 인정을 하지 않는다. 이들에게는 칭찬할 거리가 보이지 않고 고칠 점만이 눈에 들어온다. 완전을 추구하며 부정적인 성향이 많아서 칭찬할 것이 눈에 들어오지 않는다. 그리고 때로 칭찬할 것을 찾아내어도 칭찬하지 못한다. 칭찬하면 배우자와 자녀가 나태해져서 더 이상 발전하지 않을까봐 염려하기 때문이다. 이로 인해 칭찬과 인정을 받고 싶어 하는 배우자와 자녀와의 갈등이 많다. 우울질의 가족은 칭찬과 인정을 받지 못함으로 인해 사랑 받지 못한다고 생각하며 불만족스러워 한다. 칭찬은 우울질이 가장 못하는 것 중의 하나이다. (특히 다혈질은 칭찬과 인정을 많이 원하기 때문에 갈등이 많다.)

혼자 있고 싶어 한다

우울질은 특별관계 영역에서도 혼자 있는 시간을 필요로 한다. 지식을 탐구하기 위하여, 올바르고 가치 있는 삶을 살기 위하여, 그리고 주어진 일과 미래를 생각하고 계획하기 위하여, 또한 하루의 일과를 되돌아보고 반성하기 위하여 혼자 있고 싶어 한다. 자신의 삶의 방향을 '진리'로 조절해 나가기 위해 혼자 있는 시간을 필요로 하는 것이다. 이로 인해 대화가 부족해지기 쉽고 사랑하는 사람들은 외로워하는 경향이 있지만, 이들은 혼자 있고 싶어 한다.

(4) 우울질의 일 영역

인생을 일로 본다

우울질은 인생을 일로 보는 과업지향적인 사람이다. 이들에게 있어서 인생이란 진리를 성취하고 진리대로 살아가야만 하는 무거운 짐이요 과업이다. 그래서 이들의 삶의 태도는 진지하고 심각하고 무겁다. 따라서 살아가면서 배우게 되는 선한 가치관과 도덕은 이들에게 있어서는 모두가 실천해야 하는 책임이다. 따라서 사회적 지위가 높아지고 관계의 폭이 넓어지면 오히려 마음의 부담이 커진다. 그에 따라 해야 할 일도 많아지기 때문이다. 이들은 인생을 여유롭게 살지 못한다. 우울질에게는 인생 자체가 성취해야 할 과제요 짐인 것이다.

올바른 가치를 가지고 일한다

우울질은 올바른 가치관을 가지고 있다. 따라서 올바른 가치에 입각하여 일을 한다. 그리고 올바른 가치에서 나오는 예리한 분별력으로 일에 대한 옳고 그름을 분별한다. 또한 이들은 어떤 단체나 사람이 처음 세웠던 선한 목표를 잃어버리거나 이기적으로 변질될 때 그것을 잘 알아차린다. 이들은 일반적인 사고방식이나 군중심리에 좌우되지 않으면서 중심을 지킬 수 있는 사람이다. 완전한 진리를 성취할 수는 없으나 최소한 자신이 깨달은 진리에 대하여는 '옳은 자리'를 지킬 수 있다. 그리고 주변 사람들이 이 '옳은 자리'에서 벗어날 때 그것을 말해 주고 싶어 한다. 그러나 사람들이 받아들이지 않아서 이들은 괴로워한다. 이들의 이러한 능력은 눈에 잘 보이는 것이 아니다. 그러나 그 영향력은 매우 크고 실로 중요하다. 세상의 많은 일들은 이들의 올바른 생각에 의해서 조절되어가고 그 중심을 지켜나가고 있다. 따라서 이들은 관심 있는 분야에서 올바르고 중요한 일을 만나게 되면 삶을 바친다. 이때 이들은 열정적이다. 그러나 이들의 열정은 깊고 조용하다.

근원적, 종합적으로 검토하며 일한다

우울질은 정확한 분별력과 예리한 분석력으로 일의 모든 과정을 검토한다. 이 능력으로 이들은 일이 진행되면서 다가올 수 있는 숨겨진 문제점을 정확하게 예측한다. 이들은 그 일의 목적과 가치 그리고 일하는 원리와 방법 등을 종합적으로 바라보며 분석하고 비판한다. 그러면서 다른 사람이 예상하지 못하는 문제점을 발견하는 것이다. 뿐만 아니라 이들은 일하면서 따라오는 인간관계의 갈등을 예상한다. 그리고 그 갈등이 일에 어떤 영향을 미칠 것인지를 바라본다. 이들은 일하면서 생기는 모든 문제들과 그 주변상황과 일의 과정을 종합적으로 바라보면서 그 일을 이룰 수 있는지를 예측한다. 그러므로 이들은 일과 목적이 잘 부합하는지, 인적 자원은 잘 확보되어 있는지, 그들의 관계는 어떠한지 등을 세밀하게 살피면서 검토한다. 이들은 이러한 종합적인 통찰력을 가지고 그 일이 되어 가는 과정을 지켜본다. 그러면서 무엇이 필요한지 그리고 어떤 어려움을 겪을지를 말해주고 싶어 한다. 완전주의가 강한 이들이 분석하고 예측하는 문제점은 비교적 정확하다. 그러나 이것은 다른 사람이 쉽게 공감할 수 있는 것은 아니다. 따라서 이것은 우울질의 고독한 싸움이 될 때가 많다. 그래서 이들은 잘 말하지 않는다.

신중하게 일한다

우울질은 많은 것들을 내다보기 때문에 일을 할 때 매우 신중하다. 그리고 맡겨진 일을 제대로 해내지 못할 까봐 두려워한다. 일의 본래 목적에서 어긋나게 될까봐 염려하기도 한다. 또한 우울질이 가진 부정적 성향은 일하는 데에 많은 어려움을 준다. 자신의 능력으로 그 일을 잘 감당할 수 없다고 생각하며 어려운 점에만 시선을 고정시킨다. 이것은 이들은 더욱 심사숙고하게 만드는 요인이다. 그러므로 이들은 자청해서 일을 맡는 경우가 잘 없다. 일을 맡을 때 매우 오랫동안 심사숙고하며 신중하게 생각한다. 잘 아는 영역에서조차도 가능하면 일을 맡지 않으려고 한다. 우울질은 이렇게 지나치게 심사숙고하는 가운데 귀중한 시간을 허비하는 경우가 많다. 그러나 일단 결단하여 일을 맡게 되면 매우 꼼꼼하게 일한다. 작은 일에도 세심한 주의를 기울이며 완전주의로 일한다. 책임감 있고 성실하게 신뢰감을 주며 헌신적으로 일한다. 그리고 좋은 결단을 내리고 예리한 조언도 한다. 우울질은 일 영역에서 조심스러우면서도 큰 능력을 발휘하는 사람들이다. 이들은 완벽하게 해야만 본래의 목적에 도달할 수 있다고 생각한다. 만약에 그 일에 최고의 가치를 부여할 수 있으면 자신의 모든 기량을 쏟아 부으며 삶을 불태운다.

원리 원칙에 따라 일한다

이들은 일에 대한 높은 기준을 가지고 있어서 원칙을 세우고 원리에 따라 일한다. 그리고 규칙을 잘 지키며 일한다. 이로 인해 고지식하게 보이고 융통성이 없게 일하는 사람으로 평가받는다. 그러나 이들은 타협하고 양보하면 일의 본래 목적에 잘 도달할 수 없다고 생각한다. 이들은 자신의 부족함을 알고 있어서 조심하고 또 조심한다. 자신의 판단력도 믿지 않는다. 그래서 점검 또 점검한다. 일의 본래 목적에서 벗어나지 않으려고 조심하는 것이다. 이런 것으로 인해 이들은 원칙주의가 된다. 그러나 그 원칙 안에서는 유연성이 있다. 경직되어 있지는 않다. 또한 이들은 철저한 자기 통제가 필요하다고 생각하는 사람들이다. 자신의 감정에 치우쳐 일을 그르칠까봐 염려한다. 그래서 개인적인 생각이나 선입견 또는 편견에 치우

칠까봐 스스로 자신의 생각을 견제한다. 따라서 이들은 합리적이고 이성적이며 논리적인 사고방식으로 자기를 통제하며 일한다. 그리고 완전하게 일하려고 한다. 그렇게 함으로써 일의 본래 목적을 이루기 위해 힘쓴다.

부담감을 많이 가지고 일을 한다

우울질은 일을 할 때 부담감을 많이 가지고 있어서 힘들어한다. 이들이 부담감을 가지는 이유는 일의 부정적인 측면을 보기 때문이다. 자신에 대한 무능함과 예측되는 실패 그리고 여러 가지 부정적 상황들이 이들의 결단을 지연시키고 책임을 거부하게 한다. 그리고 실패와 문제점을 예측하면서 이들의 부담감은 더욱 커진다. 또한 일을 하면서 발생하는 인간관계에 대한 갈등도 신중하게 고려하는 부분이다. 이런 여러 가지 부담으로 인해 다른 사람들은 쉽게 시작하는 일도 이들은 결코 그렇지 않다. 더구나 새로운 일을 생각하고 결단하는 데에는 다른 기질에 비해서 몇 배의 시간과 노력이 필요하다. 여기에 새로운 일에 대한 모험까지 요구되기 때문이다. 그래서 오랜 동안 생각하고 또 생각한다. 따라서 이들의 대답을 기다리는 사람들은 거절 받았다고 생각하지만 우울질은 아직도 생각 중이다. 어떤 일은 몇 달씩 혹은 몇 년씩 생각하기도 한다. 그러므로 이들은 지나치게 신중하다가 때를 놓치며 인생의 중요한 기회를 놓쳐 버리기도 한다. 이로 인해 우울질은 능력을 사용하지 못한다. 그리고 젊은 날을 허송하는 경우가 많다. 이들은 생각하다가 능력을 사장시키며 세월을 흘려보내는 사람들이다.

독립적인 환경에서 일하기를 원한다

우울질은 독립적인 환경에서 일하고 싶어 한다. 이들은 작은 일도 세심하게 신경 쓰며 느리고 신중하게 자기방식대로 일하는 사람이다. 따라서 주어진 시간 내에 일을 해야 하는 환경이나 권위에 무조건 복종해야 하는 상황에서는 일하지 못한다. 또한 일에 대한 자기철학이 뚜렷하여 자기가 옳다고 생각하는 방식으로 일하기 때문에 더욱 독립적인 환경을 원한다. 우울질의 어린이를 예를 들면, 과제를 할 때 우울질인 아이는 원칙대로 차근차근 하나씩 완전히 알려하므로 다른 아이들의 몇 배의 시간이 걸려서 과제를 한다. 그런데 이것을 이해하지 못하는 어머니가 자녀가 늑장 부린다고 질책을 하면, 우울질인 아이는 오히려 어머니의 질책을 속으로 비판한다. 아이는 자신이 바르게 하고 있다고 믿기 때문이다. 따라서 성과위주로 자신을 재촉하는 부모를 불신하게 된다. 그리고 성장하면서 진실하게 살아가고자하는 자신을 받아들이지 않는 사람들에게 분노를 느끼며 마음을 닫는다. 이렇게 되면 우울질은 주변세계와 담을 쌓아 폐쇄적이 된다. 이런 경험은 가진 우울질이 성인이 되면 권위적 위치에 있는 사람들이 일을 강요할 때 쉽게 마음을 닫아 버린다. 특히 직장생활에서 사회의 일반적인 가치관을 따라 가는 것은 매우 힘들다. 사회의 일반적인 가치관이란 대부분 현실적 이익을 위해 타협하는 것이 많아서 우울질은 잘 받아들이지 못한다. 이런 문제로 직장생활을 포기하고 자신의 무능함을 자책하며 평생을 혼자만의 세계 속에서 살아가는 우울질이 많다.

질서 있는 환경에서 일하기를 원한다

우울질은 질서 있고 체계적인 환경에서 일하고 싶어 한다. 그리고 정리정돈이 잘 되어있고 안정적인 환경 속에서 일하고 싶어 한다. 완전주의인 이들은 일 뿐만 아니라 가정생활도 질서 있게 정리하며 살아간다. 또한 공부하는 방식도 순서대로 차근차근 정석대로 해나간다. 뿐만 아니라 신용과 신뢰관계 또한 이들이 원하는 질서 있는 환경 중 하나이다. 특히 인격적인 관계는 이들이 매우 중요하게 생각하는 부분이다. 이런 질서 있는 환경은 이들에게 심리적 안정감을 주며 효과적으로 일에 집중하도록 해준다.

감정이입의 능력이 있다

우울질은 감정을 이입하는 능력이 있다. 이들의 감정이입능력은 예술을 감상할 때와 문학작품을 접할 때 그리고 음악을 감상할 때 그것을 깊이 이해하게 해준다. 이들은 풍부하고 민감한 감수성으로 자신의 정신세계를 투사하여 작가의 사상과 예술혼을 읽고, 그들의 작품세계 속으로 융화되어 들어간다. 오케스트라의 연주를 들을 때 이들은 단순히 음악을 감상하지 않는다. 이 연주를 하기까지 작곡자는 어떤 악상으로 작곡을 했으며, 오케스트라 단원은 이 곡을 연주하기까지 얼마나 연습했는지, 그리고 지휘자는 이 곡을 어떻게 표현하려 하는지 등을 생각하며 감상한다. 그리고 시를 읽으면 숨겨진 작가의 사상과 고뇌를 읽어낸다. 따라서 이들은 작품을 감상할 때 다른 사람들보다 더 깊이 감동을 받는다. 또한 새로운 발명품을 보면 그것을 발명하기까지 발명가가 얼마나 오랫동안 어려움을 겪었는지를 짐작한다. 그리고 불우한 환경에서 성공한 사람을 보면 얼마나 많은 설움과 외로움을 극복하며 성공했는가를 잘 안다. 이런 능력으로 우울질은 다른 사람들에 비해서 예술세계를 깊이 경험하며 감상한다. 그리고 다른 사람들의 슬픔과 고통을 잘 읽어주고 공감한다. 또한 미처 표현하지 못하는 상대방의 마음까지도 읽어낸다. 이 감정이입의 능력은 우울질의 깊고 부드러운 감수성과 진실성, 그리고 그들만이 가지는 삶의 고뇌와 인간애 등에서 나오는 것이다.

천재적 성향이 있다

우울질은 천재적 성향이 있다. 이들은 감추어진 진리와 지식을 발견할 수 있으며, 예술적, 창조적인 것에 재능이 있다. 인간의 고뇌를 시에 담아낼 수 있고, 자신의 정신세계를 투사한 예술품을 만들어 낼 수 있다. 이들의 천재적 성향은 진리를 사랑하는 마음과 깊은 인간애 그리고 감정이입 능력과 지적 능력 또한 근원적인 것을 탐구하는 마음 등 우울질의 모든 강점이 어우러져 나오는 능력이다. 이들은 자신의 깊은 마음을 담아내고자 하는 열정과 진실성으로 작품을 창조한다. 그러므로 이들은 마음껏 찾고, 생각하고, 계발할 수 있는 지지적인 환경이 필요하다. 그러나 대부분 우울질은 그렇지 못해서 천재성이 계발되지 못한다. 뿐만 아니라 비관적이고 염세적이며 부정적인 사고방식은 이들의 천재성이 계발되지 못하는 요인으로 작용한다. 따라서 불행하게도 이들의 천재성은 사그라지고 만다.

(5) 우울질 사례

독립하고 싶은 청년

집에서 독립하려고 고민하는 청년이 있었다. 청년의 부모님은 불화가 잦아서 집안 분위기가 늘 무거웠다. 그리고 자신은 원예를 전공하고 싶은데 아버지는 한사코 법대로 진학하기를 강요했기 때문에 이로 인한 갈등도 많았다. 특히 어머니는 매사에 강압적이었고 잔소리를 퍼부어 대는 성격이어서 집에서 편안하게 쉴 수가 없었다. 이런 저런 이유로 그는 오래전부터 독립하려고 생각하고 있었다. 그는 독립할 것을 결단하는 데에 오랫동안 고민해왔다. 과연 아르바이트해서 번 돈으로 생활하면서 공부를 계속할 수 있을지, 또 내가 나간다면 부모님이 힘들어하시지는 않을지, 그리고 부모님하고 관계가 더 악화되지는 않을지, 과연 이것이 올바른 선택인지 등을 고민하였다. 그가 독립하기로 결단하고 실행에 옮기는 데만 사오년이 걸렸다. 독립한 뒤에 그는 또 정말 자신이 원예를 잘 할 수 있을지, 소질이 있는지를 고민하며 망설이다가 사오년을 보냈다. 그리고 친구의 전도로 교회에 나가게 되었는데, 제자 훈련을 받으면서 훌쩍 삼십대 중반이 되었다. 목사님은 성실한 이 청년에게 간사로 봉사하며 사역에 전념하라고 권유하셨다. 그러나 그 청년은 자신이 과연 그 일을 맡아야 하는지를 생각했다. 과연 그 일을 잘해낼 수 있을까? 후회하지 않을까? 아직 준비되지 않았는데... 등으로 고민하였다. 그는 생각하며 고민하다가 젊은 날을 다 보내고 이제 나이가 벌써 마흔이 다 되었다. 결혼하고 싶은 여자 친구도 있었지만 결혼하자는 말을 하지 못하고 망설이다가 놓쳐버렸다. 그는 무엇 하나 해놓은 것도 없이 고민하고 생각하고 망설이다가 마흔 넘은 자신을 보며 무력감을 느낀다.

친척에게 돈을 빌려준 청년

어떤 우울질 청년의 부모님이 돌아가셨다. 부모님은 세 명의 동생들과 함께 공부할 만큼의 돈을 남겨 주셨다. 이 청년은 동생들과 함께 매우 알뜰하게 살았다. 그런데 어느 날 먼 친척이 와서 어려운 처지를 말하며 돈을 빌려달라고 하였다. 마음이 여린 우울질 청년은 반드시 돈을 갚겠다는 그 친척의 말을 믿고 갖고 있던 돈을 빌려 주었다. 그러나 그 친척은 돈을 갚지 않고 어디론가 자취를 감춰 버리고 말았다. 그 뒤로 그 우울질 청년은 동생들을 공부시키기위해서 고생을 많이 했다. 그리고 사람들을 의심하고 경계하게 되었다. '또 이용당하지는 않을까?' 염려하며 친근하게 다가오는 사람들을 조심했다.

일개미 아내

우울질인 아내는 남편의 적극적인 구애로 결혼했다. 그리고 결혼 후에 조그만 가게를 내어 같이 일을 했고, 가게는 잘 되어 경제적으로 여유가 있었다. 그런데 여유가 생기자 남편은 친구들과 어울려 취미생활을 즐기는 시간이 점점 많아졌고, 남편의 빈 시간이 많아짐에 따라 아내는 혼자서 가게를 꾸려 갈 수밖에 없었다. 늘 사랑한다는 말만 하고 마음대로 놀러 다니는 남편을 아내는 이해할 수 없었다. 사람은 늘 성실하게 살아야 한다고 생각했다. 그리고 평생 일속에 파묻혀 살아온 자신의 삶을 되돌아보곤 하였다. 어릴 때부터 그녀는 스스로 할 일을 알아서 했고 부모님께 꾸중 한번 듣지 않고 자랐다. "농촌 살림에 애들 학비를 대는 것이 힘들다"라는 말을 잠결에 들었을 때, 그녀는 부모님이 고생하시는 것이 가슴 아파서 중학교를 가지 않았다. 그리고 도시로 나와서 열심히 일하며 돈을 모았다. 낮에는 공장에서 일하고 밤에는 야간학교에 다녔다. 그렇게 해서 모은 돈으로 동생 학비도 대주었다. 그리고 자녀를 낳은 후에 대학에 진학하여 공부와 가게 일과 자녀양육을 병행했다. 아무리 바빠도 살림을 남에게 맡기지 않았다. 오십 세가 넘었지만 아직도 성실하게 살아온 자신의 삶에 자부심을 느낀다. 그녀는 동네에서도 일개미로 통한다. 알뜰한 그녀는 이제 살 만큼 재산도 일구었고 별 걱정이 없지만 늘 남편이 걱정이다. 인생을 놀면서 낭비하는 철없는 남편이 도저히 이해되지 않는다. 그러나 남편은 성실한 일개미 아내가 든든하기만 하다.

속 깊은 동생

어떤 사람이 사업에 부도가 날 위기에 처하였다. 그는 이리저리 어음을 막으면서 겨우겨우 위기를 넘기다가 우울질인 동생에게 도움을 청했다. 그러나 차갑게 거절당했다. 형은 동생의 집을 나오면서 절망감과 비참한 심정에 죽고 싶었고 매정한 동생을 다시는 보고 싶지 않았다. 결국 형은 사업에 실패하여 어렵게 살았다. 그리고 그때 자신을 도와주지 않은 동생에 대한 섭섭한 마음이 두고두고 가시질 않았다. 그러나 몇 년 뒤에 큰애가 대학에 입학한 뒤 등록금을 걱정하고 있을 때, 우울질 동생이 찾아와서 통장을 내놓았다. 어려울 터이니 애들 학비에 보태라고 하였다. 그것은 부도가 난 그 때부터 동생이 형 이름으로 매달 적금을 넣은 통장이었다.

칭찬하지 못하는 어머니

우울질인 어머니는 딸을 잘 칭찬하지 못했다. 딸은 열심히 공부했고 좋은 대학에서 장학금을 받으며 공부하고 있었다. 그러나 어머니는 늘 딸의 부족한 점만을 지적하였다. 그날도 꾸중을 듣고 마음이 상한 딸은 친구에게 울면서 말했다. "엄마는 늘 꾸중만 해. 모든 사람이 칭찬해도 엄마는 늘 나를 못 마땅히 여겨 왔어. 어릴 때부터 엄마에게는 칭찬이라곤 받아본 적이 없어." 라고 하였다. 그 말을 전해들은 엄마는 "나는 딸이 열심히 잘하고 있다고 생각한다. 그러나 더 잘했으면 해서 그런 건데.....," 라고 말했다. 그러고 나서 엄마는 자신이 딸에게 칭찬을 해준 적이 없었다는 것을 깨달았다. 그리고 그로 인해 딸이 상처가 많다는 것을 알고는 가슴이 아팠다. 우울질인 엄마는 이제부터는 딸에게 칭찬을 해주리라고 결심을 했다. 그러나 일주일이 지나도록 딸에게 칭찬을 해주지 못했다.

학과 선택에서 갈등하는 학생

우울질인 자녀는 철학과에 진학하고 싶어 했다. 그러나 부모님은 사회적 지위가 보장되는 의과대학에 진학하기를 원했다. 그는 자신이 의과대학에 적성이 맞지 않는다고 생각했다. 더구나 부모님이 돈과 사회적 지위 때문에 의과대학을 강요하는 것은 틀렸다고 생각했다. 이런 이유로 평생의 직업을 선택한다는 것이 도저히 용납되지 않았다. 그런데 그것을 계속 강요하는 부모님이 원망스러웠다. 대화의 여지가 없었다. 그는 부모님의 강요에 못 이겨 의과대학에 들어갔다. 그러나 적성에 맞지 않아 힘들었다. 또 경쟁심이 팽배한 학과 분위기는 정말 싫었다. 마음을 나눌 친구도 한사람 사귈 수가 없었다. 그는 힘들게 몇 년을 공부하다가 결국 중도에 포기하고 말았다. 그리고 다시 그가 원하던 철학과로 진학했다.

말없는 남편

결혼해서 타지로 오게 된 신부는 하루 종일 남편의 퇴근 시간만 기다렸다. 그러나 우울질인 남편은 회사에서 사람들과 부대끼며 일한 뒤에 피곤해서 집에 돌아오면 그저 조용히 쉬고 싶은 마음뿐이었다. 그러나 아내는 남편이 직장에서 돌아오면 자신을 데리고 외출하여 근사한 데 가서 외식도 하고 쇼핑도 함께 하기를 바랬다. 아내는 집으로 돌아오는 남편을 졸라서 밖으로 나갈 때도 있었다. 그러나 남편은 번번이 피곤하다고 말없이 방으로 들어가 버렸다. 아내는 남편의 이런 모습에 슬펐다. 말없고 속이 깊은 것에 매력을 느껴서 결혼했지만 정말 너무 심하다고 생각했다.

세월이 흘러 세 자녀가 태어났지만 남편은 여전히 말이 없는 사람이다. 가족들에게 사랑과 관심이 없어 보이는 남편의 태도, 이것이 늘 그녀를 슬프게 했다. 아빠가 집에 올 때 아이들은 "아빠 안녕."이라고 말하면서 아빠를 반기지만, 아빠는 웃음으로 인사를 대신하고는 방으로 들어가 버린다. 방으로 들어간 남편은 밥 먹는 시간 외에는 방 밖으로 잘 나오지 않는다. 아내는 회사에서 무슨 일이 있었는지 알 수가 없었다. 이번에도 남편의 승진 소식을 다른 사람을 통해서 들었다. 그러나 그녀는 남편의 승진축하연에 참석했을 때, 남편의 모습에 놀라고 말았다. 남편은 유창하게 승진 소감을 연설하였다. 그리고 사람들과 웃으며 이야기도 잘했다. 그녀는 허탈했다. 집으로 돌아오는 길에 "집에서는 말 한마디 안하면서 밖에서는 어떻게 그렇게 사람들과 잘 어울리느냐."고 불평하며 말했다. 그는 아내에게 "나도 노력하고 있소."라고 짧게 대답했다.

적 용

1. 자신이 우울질입니까? 그렇다면 어떤 것을 고민하고 힘들어하는지 말해보세요. 그리고 주변 사람들과는 어떤 점에서 힘든지도 생각해 보세요.

2. 주변에 우울질이 있습니까? 그렇다면 그와 어떤 점이 힘든가요? 그리고 어떻게 우울질을 이해하고 도와줄 수 있는지에 대하여 생각해 보세요.

2) 담즙질

기질 격자판으로 본 담즙질의 기본성향은 다음과 같다.

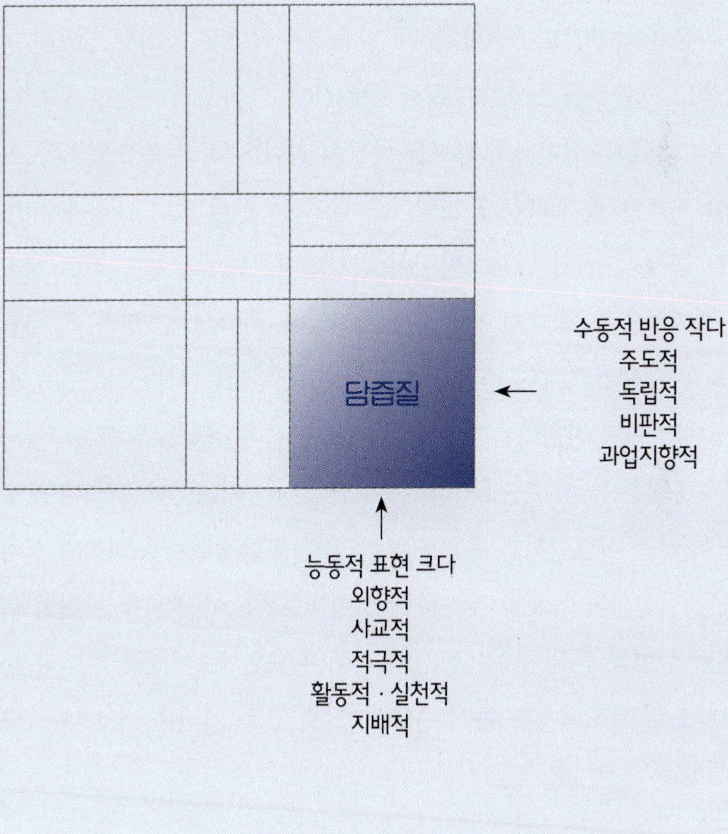

(1) 담즙질의 주된 욕구

목표성취 욕구

담즙질은 목표성취 욕구가 강하다. 이들의 삶은 목표성취 욕구에 의해서 추진된다. 이들의 성취 욕구는 매우 강해서 멈출 수 없다. 목표가 없으면 이들은 아무것도 하지 않는다. 담즙질은 목표를 성취하기 위해 전략을 세우고 사람들을 만나며 정보를 수집한다. 그리고 구체적인 방법을 세우고 단계적으로 실천하며 목표를 이루어 간다. 이들은 목표를 세우고 노력하며 이루어 왔기 때문에 노력하면 안 되는 일이 없다고 생각한다. 그러므로 긍정적, 낙관적 사고방식이 발달된다. 그리고 크고 작은 성취에 대한 경험들은 일에 대한 추진력과 자신감을 준다. 또한 강한 의지와 책임감을 발달시키고, 결단력과 확신을 가지고 일하는 사람으로 만들어 준다. 이 여러 가지 강점들은 담즙질이 목표를 잘 성취하도록 해준다. (담즙질과 우울질은 둘 다 목표를 지향하며 살아가는 기질이다. 그러나 우울질은 '진리'라는 비현실적인 목표를 갖는 반면에 담즙질은 노력하면 성취할 수 있는 현실적인 목표를 갖는다는 것이 다르다. 이것은 두 기질의 독특한 행동 성향을 만들어내는 중심 욕구이며 또한 두 기질을 뚜렷하게 다른 방향으로 가도록 만드는 것이다. 그러므로 두 기질은 서로 매우 다른 행동특성을 가진다.)

지배 · 통제 욕구

이들의 목표성취 욕구는 인간관계에서 다른 사람을 지배하고 통제하려는 욕구로 나타난다. 이들은 자신이 세운 목표에 사람들이 동참하게 되면 함께 목표를 향해 잘 가기 위하여 같은 사고방식을 갖고 매진하기를 바란다. 그래서 이들은 사람들의 사고방식과 삶을 지배하고 통제한다. 이들은 주변 사람들이 자신의 생각대로 움직여준다면 틀림없이 목표에 도달하리라고 확신한다. 그러므로 이들은 지도자가 되어 사람들을 지배하고 주변상황을 통제한다. 이로 인해 이들은 지배적인 명령조의 언어를 쓴다. 그 언어는 강하고 단호한 느낌을 준다. 그리고 주변 사람들과 상황이 자신의 뜻대로 통제되지 않을 때에는 마음이 급해지고 화를 잘 낸다. 목표가 흔들리기 때문이다.

최고 추구

담즙질은 성취나 지위에 있어서 최고가 되고 싶어 하고 또한 최고의 찬사를 받고 싶어 한다. 즉 권위적인 위치에서 존경을 받고 싶어 하는 것이다. 이들은 목표 성취에 대한 자신감과 능력과 확신이 있어서 자아상이 매우 높고 명예욕 또한 크다. 그러므로 자신이 성취한 일에 대하여 최고의 찬사를 받는 것을 당연하게 여긴다. 그리고 다른 사람이 자신의 명예를 훼손시키거나 자존심을 건드리면 참을 수 없는 분노를 느낀다. 높은 자아상을 가지고 있는 이들은 무엇이든지 최고라야 한다. 자신의 삶에 '둘째'는 수치라고 생각한다. 최고의 위치에 자신이 있기를 원하고, 최고의 능력을 가진 사람으로 평가받기를 원한다. 그리고 이들은 자신이 지도자다운 면모를 갖추고 있다는 것을 보여주려고 한다. 또한 존경받을 만한 사람임을 나타내려 한다. 따라서 능력 있고 품위 있고 매력적인 태도로 행동하며 최고임을 드러낸다. 이들은 자신이 당연히 최고의 사람으로 인정받아야 한다고 생각한다.

(2) 담즙질의 일반관계 영역

자신감 넘치고 단호하다

일반관계 영역에서 담즙질이 다른 사람들과 쉽게 구별되는 것으로는 자신감이 넘치고 사람을 압도하는 듯한 단호함이다. 이들은 자신의 의견을 말하는 데에 거침이 없다. 그리고 명령조의 언어를 잘 사용한다. 또한 간결하고 명확하게 논리적으로 자신의 생각을 표현하고, 신념에 차 있는 느낌을 준다. 이런 태도는 매우 강해서 사람들은 반대의견을 말할 여지가 없다고 느낄 정도이다. 이들은 자존감이 매우 높으며 주도적으로 행동하고 자기관리에 뛰어나서 웬만한 일을 당해도 당황하거나 자제력을 잃지 않는다. 담즙질은 행동이나 언어나 외모에 있어서 강한 자신감을 풍긴다.

선택적으로 교제한다

이들은 선택적으로 사람을 사귄다. 이들의 교제에는 목적이 있기 때문이다. 즉 목표 성취에 필요한 사람들을 만나는 것이다. 이들은 자신의 목표 성취에 도움을 줄 수 있는 사람을 정확히 선택할 수 있다. 그래서 사람들을 선택하기 위해서 그리고 선택한 사람들을 탐색하고 동기를 부여하기 위해서 의도적으로 접근한다. 이들은 시간과 에너지를 낭비하는 사람들이 아니다. 그냥 차 한 잔하는 것처럼 보여도 이들은 동기를 부여하고 있는 것이다. 이 때 이들은 매력적이고 품위 있는 태도로 선택한 사람의 마음을 사로잡으려고 한다. 그리고 목표와 전략들을 나누며 개방적인 태도로 비전을 공유한다. 또한 낙관적인 성품과 긍정적 사고방식으로 자신감을 불어넣어주며 소망을 준다. 이렇게 이들에게는 사람을 사로잡는 뛰어난 교제술이 있다. 이 교제능력을 가지고 상대방의 성향을 직관적으로 파악한다. 그들이 무엇을 원하는지, 어떤 재능이 있는지, 어떤 성격의 사람인지를 본다. 그리고 선택한 사람의 마음을 움직이기 위해 그들이 원하는 말을 들려주며, 필요하다면 그들의 욕구를 적극적으로 충족시켜 준다. 때로는 아낌없는 찬사를 보내며 동기를 부여한다. 그리고 명료하게 비전을 제시하며 사람들의 마음에 꿈을 심어준다. 이 때 이들은 현실적이고 명쾌한 이론으로 설득력 있는 논리를 펴서 사람들을 자신의 목표에 동참하도록 만든다. 이들은 뛰어난 교제술을 가졌고, 동기부여의 천재들이다.

주도적인 인간관계를 형성한다

담즙질은 주도적인 인간관계를 갖는다. 이들은 사람들과 교제할 때 주도권을 자신이 갖고 사람들을 움직이며 영향력을 행사한다. 이들이 가지고 있는 교제능력과 지도자적 자질은 항상 사람들을 불러 모은다. 그러면 이들은 그 사람들을 주도하며 자기중심적인 인간관계를 형성한다. 이들은 다른 사람의 지배와 통제를 받지 못하기 때문에 자기주장이 뚜렷한 사람들과는 잘 어울리지 못한다. 따라서 유순하고 순종적인 사람들과 어울리면서 주도권을 행사한다. 이들은 이렇게 지배-피지배 관계를 형성하면서 지배자의 자리는 당연히 자신의 것이라고 생각한다. 그러므로 그 자리가 다른 사람에게 옮겨가면 견디지 못한다. 이렇게 담즙질은 다른 사람들 위에 군림하는 불평등한 인간관계를 가지는 사람들이다. 뿐만 아니라 이들은 자기생각은 언제나 옳다는 논리를 가지고 있다. 그래서 문제가 생기면 즉각 상대에게 그 원인을 둔다. 자신을 최고라고 여기고 자존감이 매우 높은 이들에게는 당연한 현상이다. 이런 면들은 담즙질에게 자기중심적이고 주도적인 인간관계를 형성하도록 만든다.

귀족적인 이미지를 풍긴다

이들은 귀족적인 이미지를 풍기며 교제한다. 수준 높고 고급스러운 삶을 살고 있다는 분위기를 풍기는 것이다. 그래서 담즙질은 고급 레스토랑에서 식사를 하고 고급 옷을 즐겨 입는 사람들이 많다. 이것은 다른 사람을 압도하기 위하여 능력 있는 사람으로 보이고 그에 걸 맞는 외모를 갖추려는 것이다. 이들의 이런 태도는 다른 사람들에게 수준 높은 삶을 기대하게 한다. 그리고 그 기대가 사람들의 동기부여를 촉진한다.

여유 있게 행동한다

담즙질은 여유 있고 느긋하게 행동한다. 이들은 어떠한 상황에서도 당황하지 않는 심리적인 여유를 가지고 있다. 따라서 웬만한 충격에도 표정이 잘 흐트러지지 않고 품위 있는 태도를 유지한다. 이것은 자신감에서 나온다. 이런 태도는 사람들에게 담즙질을 신뢰하도록 만든다. 사람들은 담즙질의 여유 있는 행동을 보며 목표를 확신한다. 그 확신은 또한 사람들에게 동기를 부여한다. 담즙질의 여유 있는 행동은 앞에서 언급한 귀족적인 이미지와 함께 큰일을 이룰 수 있는 비전가로 비추어진다. 이들의 이런 태도는 사람들에게 어느 정도의 신비감을 주기도 한다.

속을 잘 드러내지 않는다

담즙질은 인간관계에서 속을 잘 드러내지 않는다. 이들이 사람들에게 다가갈 때는 동기를 유발시키기 위해서이다. 이들은 항상 목적을 가지고 의도적인 행동을 한다. 그러나 이들은 이 목적을 감추고 접근하며 사람들을 탐색한다. 이들은 다른 사람들보다 몇 수 앞을 내다보며 사람들의 행동을 예측하는 사람들이다. 뿐만 아니라 자신의 사생활도 잘 드러내지 않는다. 오랫동안 함께 지내도 담즙질의 주변 사람은 이들의 사생활이나 속마음을 알 수 없는 경우가 많다. 그러나 동기를 부여하는데 필요하다면, 그리고 목표를 성취하는데 필요하다면 자신에 대한 어떤 이야기도 할 수 있는 사람들이다. 자발적 표현이 크고 수동적 반응이 적은 담즙질은 다른 사람의 요청에 의해 자신을 개방하지 않는다. 자발적인 판단에 따라 필요에 의해서 자신을 개방한다.

감정을 잘 조절한다

담즙질은 감정을 잘 조절하며 생활한다. 목적을 위해, 미래를 위해 자신의 마음을 조절하고 감정을 억제한다. 이들은 목적이 분명하면 어떠한 굴욕과 수치도 참아낼 수 있는 힘이 있다. 이들은 인내심이 강해서 속으로는 불같은 분노가 일어나도 차분한 태도로 상대방을 대할 수 있다. 목표를 위해서라면 어떤 칭찬도 해 줄 수 있고 상대방의 기분에 맞추어 줄 수 있다. 이들은 마음만 먹으면 어떤 것도 참아내는 사람들이다.

(3) 담즙질의 특별관계 영역

정서가 메마른 경향이 있다

특별관계 영역에서 담즙질은 약점이 많다. 이들은 감정을 느끼고 음미할 마음의 여유가 없다. 오로지 목표에 매진하며 살기 때문이다. 따라서 사랑하는 사람들과 관계가 미숙하고 정서가 메마르다. 감정이 억압되어 있어서 정서적으로 빈약하고 잘 계발되어있지 않은 것이다. 그리고 본인의 감정이 억압되어 있는 것처럼 사랑하는 사람의 감정도 잘 읽어주지 못한다. 이들은 가족들에게 필요한 것은 사랑이 아니라 목표를 이루도록 도와주는 것이라고 생각하다. 그래서 담즙질 남자들은 경제적 책임을 다 하는데 주력하는 사람들이 많다. 가정생활에 자상한 사람은 잘 없다. 이들은 성공에 모든 에너지와 시간을 보내고 집은 그저 잠자는 공간이 될 때가 많다. 가정생활은 아내에게 맡기고 가끔 점검하는 방식으로 살아간다. 따라서 담즙질의 가족들은 외로워하는 경우가 많다. 담즙질 여자의 경우는 남편을 철저히 관리하고 자녀를 잘 훈련시키는 어머니가 많다. 이들은 내조를 잘해서 남편을 승진시키기도 하며, 자녀의 학업과 생활을 철저히 훈련시켜서 목표를 이루어 가도록 만든다. 이들은 사랑하는 사람과의 관계에서도 이런 주도성향이 크게 나타나기 때문에 자신과 같은 기질과 결혼하는 경우는 잘 없다. 대부분 자신의 지배성향에 잘 순응하는 배우자를 선택한다.

사랑하는 사람을 훈련시킨다

이들은 가족들을 최고 수준의 사람으로 훈련시키려고 한다. 이들은 사랑하는 사람의 잠재된 재능을 보기 때문에 그냥 있을 수가 없다. 특히 자기의 책임 하에 있는 자녀에게는 더욱 강한 훈련본능을 나타낸다. 이들은 자녀의 일생에 대한 마스터플랜을 세워놓고 교육한다. 그리고 끊임없이 그 자질을 끌어내어 개발하며 훈련시키려고 한다. 따라서 계속적으로 동기유발하며 사랑하는 사람들의 삶을 지배 · 통제한다. 이들은 언제 상을 주어야할지 언제 벌을 주어야할지 정확하게 판단하며 고삐를 늦추지 않는다. 이것은 담즙질이 가족을 사랑하는 방식이다. 그리고 사랑하는 사람들을 향한 책임이다. 이들은 자신의 계획이 최선이라고 믿는다. 그러나 이러한 강행 속에 사랑하는 사람의 자유와 인격은 침해받으며 억압된 삶을 살게 된다. 이들의 강요 속에 자녀의 꿈은 무시된다. 이렇게 이들은 사랑하는 사람과 가족들 위에 훈련자로 군림하며 그들의 삶을 지배 · 통제한다. 이에 순응하는 자녀들은 담즙질 부모를 통해서 비전을 이루어가지만, 반항적이고 독립적인 자녀는 담즙질 부모와 심각한 갈등을 겪는다.

사랑을 중요하게 생각하지 않는다

담즙질에게 있어서 사랑과 정은 그리 중요한 것이 아니다. 이들에게는 일이 중요하고 결과가 중요하다. 사랑은 일을 이루는데 필요한 것이지 '사랑' 자체가 이들에게 중요한 것은 아니다. 그러나 사랑이 성취해야 할 하나의 목표가 되면 이야기가 달라진다. 이들은 수단과 방법을 동원해서 사랑을 성취한다. 외향적이며 개방적인 성품을 가진 이들은 목표를 위해 필요하다면 무엇이든지 할 수 있는 사람들이다. 사랑을 얻기 위해라면 사랑하는 사람이 원하는 사람이 되어주고, 사랑하는 사람이 좋아하는 취미생활을 하며 자신을 만들어간다. 이때는 적극적으로 사랑을 표현하며 상대방의 마음을 사로잡는다. 감동을 주기위해 평생 잊지 못할 이벤트를 해줄 수 있다.

인격적 사랑을 하지 못한다

담즙질은 자신이 원하는 방식으로 사랑을 받고 싶어 한다. 사랑을 얻기 위해 이들은 강요하기도 하고 때로는 협박하기도 한다. 이들에게 있어서는 사랑도 하나의 일이기 때문에 노력해서 쟁취하는 방식으로 받아낸다. 그리고 사랑의 감정을 이용하여 원하는 것을 강하게 요구한다. '네가 나를 사랑한다면 이런 정도는 해주어야한다'는 식의 압박을 가한다. 그러면 상대방은 사랑을 잃지 않기 위해서 이들이 원하는 것을 해준다. 그리고 그 사랑의 표현은 자신이 원하는 수준이어야 한다. 즉 최고의 수준이기를 바라는 것이다. 따라서 이들은 많은 사랑의 증거(?)를 받아낸다. 그러나 이들은 원하는 사랑을 받아도 진정한 사랑을 잘 느끼지 못한다. 이들이 받아낸 사랑은 인격적인 관계에서 나온 사랑이 아니기 때문이다. 상대방의 자발적인 마음이 배제되어 있고, 자연스럽게 발전된 것이 아니다. 그러므로 이들은 인격적인 사랑을 잘 하지 못한다.

(4) 담즙질의 일 영역

목표를 이루는 능력이 있다

담즙질은 일 영역에서 많은 강점을 가지고 있다. 그중 가장 중심이 되는 것이 목표를 이루는 능력이다. 담즙질이 가지고 있는 여러 가지 강점과 능력은 목표 성취를 위해 발달된 것이다. 목표를 이루기 위해 이들의 눈은 미래에 맞추어져 있어서 새로운 계획을 비전화 한다. 이들이 비전을 갖게 되면 지체없이 목표를 확립하고 이에 따른 세부적인 실천 계획을 세운다. 그리고 사람들에게 현실적인 목표를 제시하며 진취적인 삶을 살아가도록 독려한다. 이때 이들은 확신에 차서 논리적으로 명쾌하게 비전을 제시하며 동기를 부여한다. 사람들은 담즙질의 이러한 미래지향적이고 성공지향적인 삶을 좋아한다. 그리고 자신의 삶을 보다 더 발전시켜줄 사람으로 이들을 선택하고 한 배를 탄다. 그러면 담즙질은 사람들을 모아서 환경을 개척하고 훈련하며 목표를 이루어 나간다. 이들은 이렇게 진취적 사고방식으로 정치적 성공과 경제적 부를 이루어낸다. 많은 사람들이 담즙질의 목표에 동참하여 함께 일을 하고 있고, 수많은 사람들이 그 혜택을 누리며 산다.

확신과 결단력이 있다

담즙질은 일에 대한 확신과 결단력이 있다. 이들은 목표를 세우면 머뭇거리지 않는다. 목표를 세우기 전까지 일에 대한 에너지는 가라앉아 있다가 목표를 만나면 빠르게 일을 기획하고 추진한다. 이것은 목표를 이룰 수 있다는 확신에서 나온다. 그래서 다른 사람들은 잘 결정하지 못하는 중요한 상황에서도 이들은 빠른 판단력으로 결정을 내리며 주어진 기회를 포착한다. 이런 목표에 대한 확신과 결단력은 긍정적인 사고방식과 함께 일에 대한 추진력을 더해준다. 이들의 긍정적인 사고방식은 현실적인 목표 가운데 발달된다. 이들은 어린 시절부터 현실적인 목표를 가지고 크고 작은 성취를 경험하기 때문에 긍정적인 사고방식이 강하게 발달되어 있다. (우울질이 갖는 '진리'라는 목표는 실현 불가능한 요소가 많기 때문에 일생을 통해서 성취를 경험하기 어렵다. 그래서 우울질은 실패감과 부정적 사고방식이 많다. 그러나 담즙질은 실현가능한 목표를 세우고 이를 성취해내기 때문에 긍정적 사고방식이 발달된다.) 따라서 담즙질은 목표를 이룰 수 있다는 자신감, 그리고 노력하면 반드시 성취할 것이라는 확신을 가지고 일을 한다. 그 강한 확신 속에서 이들의 능력은 최대한으로 개발되고 발휘된다. 이들은 언제 조직을 개편하고 개혁을 단행해야 하는지 그리고 언제 사업을 확장하고 언제 새로운 인재를 등용해야 하는지 또한 언제 사람들을 쉬게 해 주고 재촉해야 하는지를 잘 판단하고 실행한다. 그러나 이 과정에서 다른 사람의 입장이나 상황을 잘 배려하지 못하고 일을 강요하기 때문에 주변 사람들은 힘들어한다.

사람을 잘 선택하고 훈련시킨다

이들은 일에 적합한 사람을 잘 선택하고 또 선택한 사람들을 잘 훈련시킨다. 담즙질은 천부적으로 다른 사람들의 잠재된 능력과 자질과 성품 등을 볼 수 있다. 따라서 그 일을 해 낼 수 있는 사람이 누구인지를 정확하게 본다. 그리고 선택한 그 사람을 훈련시킬 때에는 재능과 능력을 정확하게 파악하여 구체적인 목표를 세우고 강도 높은 훈련을 시킨다. 또한 그들이 활동하도록 사역의 장을 열어주고 지원 해 준다. 이런 방식으로 이들은 사람들의 숨겨진 재능을 개발하여 발휘하도록 만든다. 뿐만 아니라 낙심해 있는 사람의 숨겨진 재능까지도 본다. 이들은 그들에게 다가가서 긍정적 사고방식으로 동기를 부여하고 소망을 준다. 필요하다면 아낌없는 칭찬과 격려를 하며 일으켜 세우고, 타고난 교제술로 동기유발 시켜 목표에 동참하도록 만든다. 그리고 적재적소에 인물을 배치하며 모임을 조직화한다.

전체 그림을 가지고 일한다

담즙질은 비전을 이루기 위한 전체 그림을 가지고 일한다. 분명한 목표와 함께 그 목표를 이루기 위해 필요한 모든 것들을 종합적으로 바라보며 계획을 한다. 그러므로 이들은 다른 사람들보다 멀리 넓게 내다본다. 따라서 담즙질은 단계적인 성취과정과 함께 완성된 미래의 모습을 눈으로 보면서 일한다. 여기에 필요한 조직을 구상하며, 필요한 자료와 정보와 지식 및 자원 등을 준비한다. 그리고 실수하지 않기 위해 이성적, 현실적, 합리적으로 판단하며 완벽하게 한 단계씩 성취해 나간다. 뿐만 아니라 그 전체 그림에 따라 각자 일을 분담한 사람들이 얼마나 철저히 잘하고 있는지를 관리한다. 이런 성취과정에서 이들은 침착하지만 지체하지는 않는다. 여유 있으면서도 빠르게 움직인다.

강한 의지력이 있다

이들은 강한 의지력을 가지고 일한다. 일을 이루어 가는 과정에서 웬만한 어려움은 아무것도 아니다. 이들 눈에는 목표가 훤히 보이기 때문이다. 이들은 어떠한 난관에서도 절망감을 잘 느끼지 않으며, 강한 의지력을 가지고 자신의 능력을 믿고 헤쳐 나간다. 이들은 열악한 환경에서도 굴하지 않는 칠전팔기의 강한 정신을 가지고 있다. 환경이 자신의 길을 막는다고 생각되면 성취욕과 정복욕은 더욱 자극을 받아서 오히려 그 난관에 매력을 느낀다. 이들은 그것을 통해 자기 능력을 시험하고 나타낼 수 있는 기회로 삼는다. 이러한 이들의 강한 의지력은 개척 정신과 모험심을 주며 새로운 일을 시도하도록 해준다.

독립적으로 일한다

담즙질은 독립적으로 일한다. 이들은 독자적으로 목표와 전략을 세우고 스스로 이루어 가기를 원한다. 담즙질은 자기의 성취능력을 확신하고 자기방법을 최선의 것으로 믿는 사람들이다. 때문에 이들은 스스로 목표를 성취함으로 자신의 능력을 확인하고 싶어 한다. 또한 도전심과 정복욕이 강해서 불가능한 상황에서 아무도 할 수 없는 그 일을 자신이 해냈다는 것에 굉장한 만족감을 갖는다. 이런 성취욕과 독립성은 타인의 지배와 통제를 거부한다. 높은 자존감이 있으며 자신의 목표, 방법, 능력을 신뢰하기 때문이다. 따라서 이들은 윗사람의 지시나 명령에 순종하는 것이 매우 어렵다. 특히 간섭과 통제와 잔소리 등이 있을 때에 반항적이 된다. 다른 사람의 간섭은 목표와 방법의 혼란을 가져오는 것이며, 성취감을 감소시키는 것이다. 그래서 이들은 다른 사람의 간섭을 불허한다. 이런 면 때문에 다른 사람의 밑에서 일하기 힘들고, 독자적으로 일한다. 이들은 목표가 세워지면 자발적이며 독립적으로 움직이는 사람들이다.

목표를 강행한다

담즙질은 목표를 강행한다. 자기 능력을 신뢰하고 자기 확신에 차 있기 때문이다. 이것은 목표성취에 상당한 힘을 부여한다. 그래서 그 힘으로 목표를 향해 나아갈 때 좌절하지 않고 끝까지 목표를 이루어낸다. 반면에 목표를 강행하면서 발생하는 문제점들도 많이 안고 있다. 이들의 눈은 목표에 집중되어 있어서 진행과정에서 나타날 여러 가지 문제를 놓친다. 또

알게 되어도 웬만한 것은 무시하고 강행한다. 목표가 중요하기 때문이다. 그래서 다른 사람의 충고에 귀를 기울이지 않는 경향이 있다. 이로 인해 다가올 문제점을 대비하지 못하고, 큰 문제에 봉착하기도 한다. 이들은 노력하면 안 되는 일이 없다고 생각한다. 이들은 자신과 자기능력을 믿는다. 그러므로 신을 잘 찾지 않는다. 나약한 인간이 신을 의지하는 것이라고 생각한다. 따라서 이들은 자기 능력의 한계를 절감해야 신을 찾는다. 인간의 힘으로 어떻게 할 수 없는 불가항력의 상황에서 하나님을 찾는다. 이때 자신의 능력이 하나님 앞에서 보잘 것 없는 것임을 깨닫게 되면서 하나님을 믿는 담즙질이 있다. 이들은 의지가 강해서 단 기간에 큰 변화가 일어난다. 담즙질이 하나님을 믿게 되면 목표성취의 주도권을 하나님께 이양하면서 겸손을 배우게 된다. 이것은 이들에게 매우 큰 변화이다. 그러나 여기서 한 단계의 변화가 더 필요하다. 그 변화는 하나님의 사랑에 감동을 받아서 이들이 사람을 사랑하고 귀하게 여기는 것이다. 그때 사랑이 진정한 힘이고, 인격적인 관계가 진정한 권위임을 알게 된다. 담즙질에게 이 변화가 있게 되면 사람들을 수단화하는 잘못된 동기들을 버리게 된다. 그리고 사람을 존중하며 인격적으로 대할 수 있게 된다. 이때 이들은 모든 지도자적 자질들을 사용하여 함께 비전을 이루어 가면서, 많은 사람들에게 영향을 끼치는 사람으로 살아가게 된다.

타고난 지도자 자질이 있다

담즙질은 타고난 지도자 자질을 가지고 있다. 이들의 여러 가지 특징과 능력을 한데 모으면 지도자 자질을 볼 수 있다. 이들이 사람을 다루는 능력과 일을 추진하는 능력은 다른 기질에서 찾아보기 힘든 지도력이다. 일을 중심으로 사람들을 조직하여 목표를 이루어내는 능력은 이들이 얼마나 지도자 자질이 있는 가를 말해준다. 이들은 자기 확신과 논리적인 설득력으로 비전을 제시하면서 다른 사람에게 동기를 부여한다. 이것은 지도자가 갖추어야할 기본적인 지적능력이다. 그리고 사람들을 결집시키고 이끌어가는 능력과 그들을 적재적소에 배치하고 조직하는 능력 또한 이들의 뛰어난 지도력을 보여주는 면이다. 또한 긍정적인 사고방식으로 사람들의 재능을 개발하고 훈련시키는 힘도 지도력의 한 부분이다. 뿐만 아니라 강한 의지력과 책임감과 결단력으로 일을 추진하는 것, 일에 대한 지칠 줄 모르는 정열도 중요한 지도자의 자질이다. 이들은 이러한 지도력으로 사람들의 잠재된 능력을 밖으로 끌어내 준다. 그리고 삶의 방향을 잡지 못하고 방황하는 사람들에게 목표를 갖게 해 주며, 좌절하고 낙심하는 사람들에게 동기를 부여하며 일으켜 세운다. 또한 흩어 진 사람들의 마음을 하나로 모아주며, 사람들이 목표를 바라보며 미래지향적인 삶을 살아가도록 이끌어 준다. 이들은 목표에 도달할 때까지 포기하지 않으며 '내 사전에는 불가능이란 없다'라고 생각한다. 담즙질은 이렇게 흩어진 사람들의 힘을 하나로 결집하여 하나의 목표를 향해 전진하도록 이끌어가는 지도력을 가지고 있다.

사람들 위에 군림하고 지배하며 일한다

담즙질은 목표를 이룰 때까지 사람들 위에 군림하고 지배하며 일한다. 이들은 동료로 일하게 되어도 자신은 명령을 내리는 위치에 있고, 자신은 사람들에게 일을 시키는 입장에 선다. 그리고 마치 사람들 위에 군림하는 듯한 명령조의 언어를 사용한다. 그러면서 동료관계를 지배-피지배 관계로 만든다. 담즙질이 직장 상사일 경우에는 '안 되면 되게 하라'는 식으로 강압하며 일을 시킨다. 이들은 자신과 같은 기질의 지배적인 사람, 자기주장이 강한 사람과는 같이 일하기 힘들고 주로 의존적이고 순종적인 사람들(수줍음질, 다혈질)과 함께 일한다. 그러므로 대부분의 담즙질은 독립적인 사업체나 모임을 운영하는 등의 독자적인 일을 한다.

일에서 성공하지만 관계에서 실패하기 쉽다

담즙질은 일에서는 성공하지만 관계에서는 실패하기 쉬운 기질이다. 이들은 목표를 이루어내지만 인간관계는 잘 갖지 못하기 때문이다. 이들은 일에 있어서 자신에게 문제가 있다는 쪽으로는 생각하지 못한다. 그래서 항상 '나는 옳고 너는 그르다'의 사고방식을 가지고 사람들을 대한다. 따라서 일이 뜻대로 되지 않으면 주변 사람들에게 화를 내며 원인을 돌린다. 실수를 직선적으로 지적하고, 명령조와 지배적인 어투로 사람들의 마음을 상하게 한다. 이때 이들은 무시하는 말이나 매도하는 언어를 잘 쓴다. '저 인간은 평생에 도움이 안 된다' 혹은 '데려와서 인간 만들어 놨더니 이제 와서.....,' 등은 이들이 잘 쓰는 표현방식이다. 이런 언어는 관계갈등의 주요원인이 된다. 그리고 목표성취를 위해 사람을 수단화하는 것은 다른 사람들에게 기분을 상하게 한다. 또한 개인적인 사정을 고려치 않고 무리한 희생을 요구하며 강행하는 것 등도 다른 사람의 마음을 힘들게 하는 요인이다. 이런 일로 인해 담즙질은 목표를 이루게 되어도 관계가 멀어져 버리게 된다. 이들은 성공을 위해 물불을 가리지 않는 자신을 향하여 '일의 결과가 모든 것을 말해준다'고 생각하면서 위안을 삼는다. 그리고 '나 혼자 잘 되자고 이러는 게 아니다. 여러 사람을 위해 꼭 성공해야 한다.' 라며 자신의 행동을 정당화 시킨다. 그러나 이들은 이런 방식으로 차갑고 냉정해지며 자신도 모르게 사람을 수단화한다. 이들이 이렇게 성공을 위해서 초심을 잃고 수단과 방법을 가리지 않을 때 다가와서 진실성과 본질을 문제 삼는 사람들이 있다.(이것은 대부분 우울질의 몫이다.) 이 때 담즙질은 이 충고를 받아들이지 못하고 그들과 갈라서는 경우가 많다.

목표를 위해 냉정해진다

담즙질은 냉정하고 인정에 끌리지 않는다. 목표를 잘 이루기 위해서 자기통제를 하는 것이다. 자신에게는 그 목표가 훤히 보이고 확신에 차 있기 때문이다. 이들은 냉철하고 객관적인 태도를 지키기 위해 감정을 조절하며 냉정해진다. 이들은 사람들이 맡은 책임을 얼마나 잘 감당하고 있는가에 초점을 두면서 개인적인 사정을 배제한다. 따라서 매우 단호해진다. 이들은 다른 사람에 대한 연민이나 동정심 그리고 인정 등에 의해 판단력이 흐려지고 일이 지연되는 것을 경계한다. 이들의 이런 면은 사람들에게 무리한 희생을 요구하며, 일에 매진하도록 강요한다. 이로 인해 때로 '냉혈한'이라는 소리를 듣지만, 목표 성취를 위해서 감수한다. 이들은 인정, 동정, 연민 같은 감정들은 거추장스러운 방해물이며, 여기에 잠겨 있는 것은 시간과 에너지를 낭비하는 것이라고 생각한다. 이로 인해 목표 성취가 지연되고 있다고 생각한다. 이렇게 담즙질은 주변 사람들과 사무적이고 메마른 관계를 가진다. 이렇듯 담즙질은 다른 사람에게 뿐 아니라 자기 자신에게도 단호하며 감정을 잘 조절한다. 따라서 이들은 슬픔이나 절망감들에 빠져 무기력해지거나 해야 할 일을 놓치는 경우가 잘 없다. 이들은 감상주의를 배격한다.

(5) 담즙질 사례

오뚝이 같은 여자

담즙질인 한 여자는 어릴 때 동네에서 꼬마대장이었다. 그녀는 3살 위의 남자 애들까지 포함해서 자기가 대장 노릇을 하였다. 밖에서는 온 동네를 휘어잡으며 놀러 다녔지만 집안에서는 어머니와 갈등이 심했다. 그녀의 어머니도 그녀 못지않은 담즙질이어서 집안이 조용한 날이 없었다. 어머니는 딸을 누르려고 더욱 강하게 명령했고, 딸은 어머니에게 반항하며 더욱 거칠어졌다. 어느 날 딸은 방을 쓸고 있었는데 어머니가 걸레를 던져주면서 "쓴 뒤에는 닦아라." 라고 하였다. 딸은 화가 나서 쓸던 찌꺼기를 다시 방바닥에 흩어버리고, 밖에 나가 모래를 한 삽 떠와서 방바닥에 뿌려놓고 "엄마가 다 쓸고 닦으시오"하고 말하며 밖으로 나가 버렸다. 그녀는 중학교를 졸업할 무렵에 오직 돈을 많이 버는 것이 최고라고 생각했고 고등학교에 진학할 필요가 없다고 판단했다. 그리고 곧 집을 나와 장사를 하기 시작했다. 그녀는 악착같이 돈을 모았고 얼마 되지 않아서 가게를 얻어서 독립적으로 장사를 하였다. 가게를 넓히다가 실패를 거듭했지만 포기하지 않고 또 일어섰다. 그녀에게 절망이란 단어는 없었다. 그녀는 가게에서 변변찮은 식사를 하고 새우잠을 자면서 오직 돈 버는 데만 몰두했다. 시장사람들은 '어린 것이 어떻게 저렇게 지독한가' 하며 그녀를 '오뚝이 같은 처녀'라고 하였다. 그런데 어느 날 갑자기 쓰러져 병원에 실려 갔다. 그런데 의사로부터 여러 가지 중병이 겹쳐 회생 가망이 없다는 말을 들었다. 이 때 그녀는 그리스도를 영접하였고 기적적으로 건강이 회복되었다. 그리고 하나님 앞에서 자신의 삶을 헌신하기로 결단하고 전도사가 되었다. 그녀는 교회에서 전도사 사역을 하려고 몇 번 시도했지만 오래가지 못했다. 다른 사람 밑에서 사역을 한다는 것이 늘 답답하게 느껴졌다. 그녀는 자신의 집에 불우한 청년들을 데려다가 함께 공동체 생활을 하면서 살았고, 자유롭게 세계 방방곳곳을 다니며 선교 활동을 하다가 몇 년 뒤에는 '세계선교센터'를 만들었다.

12년간 입시에 도전한 여학생

담즙질인 여학생은 음대에 진학하고 싶었다. 어머니는 형편이 어려우

니 포기하라고 했지만, 그녀는 자신의 미래에 대한 완벽한 설계가 있었기에 포기할 수 없었다. 집에서 레슨비를 주지 않자 아르바이트를 해가며 음악학원을 다녔다. 그러나 음대 입시에 떨어졌고 집에서는 포기하라고 했다. 그러자 그녀는 집을 나와서 생활비와 레슨비를 벌어가며 포기하지 않고 도전하였다. 낮에는 돈을 벌고 밤에는 학원에서 연습하며, 라면 한두 개로 허기진 배를 채우며 음대에 계속 도전하였다. 그녀는 자신이 꼭 원하는 대학에 가고 싶어서 다른 대학에는 원서를 내 볼 생각도 하지 않았다. 그러나 계속 떨어졌다. 그래도 그녀는 자신에게 재능이 없다고 생각하지는 않았다. 단지 운이 없는 것이라고 생각했다. 그리고 다음해에는 더 열심히 해서 기필코 붙으리라 다짐하며 한해 한해를 보냈다. 잘 방도 없고 끼니가 막연해도 절대로 부모와 형제들에게는 도와달라고 하지 않았고 자신의 누추한 사정을 표내지도 않았다. 구차한 말을 하며 도와달라고 하는 것은 자존심이 상하는 일이었고 꼭 성공해서 가족들 앞에 당당히 나타나고야 말겠다고 생각했다. 그는 이런 생활을 서른이 넘도록 계속하였고, 그러는 동안 몸은 말할 수 없이 병약해져 있었다. 도저히 그 생활을 계속 할 수 없었던 그녀는 십이 년의 도전 끝에 음대의 꿈을 포기하고 교육대학으로 진학하였다. 그리고 대학에 입학하자마자 결혼하였고, 곧 쌍둥이를 낳았다. 사람들은 그녀가 나이도 많고 쌍둥이를 낳았으니 학교를 마치지 못할 것이라고 했다. 그러나 그녀는 두 아이를 키우면서도 학교를 졸업하였다.

언어습관을 고친 전도사님

늦게 신학을 공부하고 사역하는 여자 전도사님이 있었다. 그녀는 자신의 강한 어투 때문에 교회에서 사람들이 힘들어한다는 것을 알게 되었다. 자신은 보통으로 말하는데도 사람들은 강하다고 하였다. 교회에서는 주일학교 아이들이 무섭다고 하면서 가까이 오지 않았다. 그리고 많은 사람들이 자신의 말투 때문에 상처받았다고 하였다. 자신도 자신의 말투가 강하다는 것은 알고 있었지만 이것이 이렇게 다른 사람을 힘들게 하는지는 몰랐다. 부드럽게 말하려고 애쓰는 데도 쉽지 않았다. 자신의 말투를 고치지 못하면 앞으로 사역할 수 없겠다고 느낀 전도사님은 언어습관을 고치기로 결심했다. 전도사님은 육 개월 간 언어교정 훈련을 받아 조용하게 말하는 법을 배웠다. 그 후 전도사님은 조용하고 침착하게 말하게 되었다. 그것은 오히려 더욱 단호하고 힘이 있었다. 더욱 결의에 찬 강한 사람으로 보였다.

백지 내는 딸

담즙질인 부녀지간에는 늘 갈등이 있었다. 어린 딸은 어렸을 때부터 독립적이었고 뭐든지 혼자하려는 강한 성격이었다. 딸아이는 한번 하겠다고 하는 것은 절대로 포기하지 않았고, 한번 무엇을 사달라고 하면 사 줄 때까지 졸라댔다. 중학생이 되어서부터는 갖고 싶은 것은 아르바이트를 해서 샀다. 아버지는 딸아이의 고집을 꺾어야겠다고 생각했다. 아버지는 더욱 강한 강압과 통제를 가하였고 여기에 딸은 점점 반항적이 되어

갔다. 고등학교 때 딸은 전교에서 수위의 성적을 내고 있었지만 아버지는 왜 일등을 하지 못하느냐고 꾸중했다. 딸은 화가 나서 기말고사에서 시험지를 백지로 냈고 그때부터 공부하지 않았다. 결국 대학도 가지 않았다. 그리고 집에서 나와 조그만 사업을 시작했다. 사업을 잘되어서 어느 정도 기반을 잡았었다. 그리고는 아버지와는 반대 성격을 가진 남자와 결혼하였다. 의존적이고 유약한 남편과의 결혼생활은 순탄치 않았다. 사업하면서 모아놓았던 돈은 남편의 부도로 모두 날려버렸고 결혼생활은 파국에 이르게 되었다. 사십 세가 넘어서 그녀는 자신의 삶을 돌아보며 아버지께 반항하며 소득 없는 삶을 살아 온 것을 후회했다.

빌딩을 사려는 주부

담즙질인 그녀의 목표는 십년 안에 오 층짜리 빌딩을 사는 것이다. 그녀와 남편은 부부교사였지만 사회적 지위는 그녀에게 중요하지 않았다. 그녀는 절대로 가족들에게 새 옷을 사주지 않았다. 두 살 위인 언니 집에서 두 아들의 옷 뿐 만 아니라 교과서, 참고서, 가방 등 학용품 일체를 다 받아서 생활하였고 자신과 남편의 옷, 구두와 핸드백도 항상 언니와 친척 집에서 다 조달했다. 그녀는 직장과 가사일로 늘 바빴지만 한 번도 가사도우미를 부르지 않았다. 밥을 먹으면 각자가 자기 그릇을 설거지를 하고 자기방 청소 하는 것은 기본이었다. 아이들은 집안의 모든 일을 일사불란하게 도왔다. 아이들이 어찌나 잘 훈련되어 있는지 마치 군대생활을 보는 것 같았다. 주변 사람들은 이들이 사회적으로 그만한 위치와 직업을 가지고 있으면서 왜 그렇게 사는지 이해할 수가 없었다. 교육비도 학교 외에 과외비 지출은 없었다. 저녁이면 부부는 아이들을 하나씩 데리고 공부를 가르쳤다. 아이들이 기타를 배우고 싶어 했다. 그녀는 아이들에게 "딱 한 달만 레슨을 시켜 줄 테니, 그 다음부터는 알아서 연습해야한다"고 말했다. 아이들은 엄마 말대로 학원에서 한 달만 배우고 인터넷에서 배우며 스스로 연습했다. 주변 사람들은 "애들을 너무 그렇게 키우면 안 된다"고 말했지만, 그녀는 전연 개의치 않았고 그녀의 생활방식은 흔들리지 않았다. 아이들은 엄마의 강력한 생활방침에 불평 없이 순응하였고, 남편도 아내의 생활방식에 꼼짝 못하고 따라할 수밖에 없다. 그녀는 십년 후 계획한 대로 빌딩을 샀다. 그러나 그 생활방식은 계속되었다. 왜냐하면 좀 더 큰 빌딩을 사려고 계획하고 있기 때문이다.

모든 것을 다 통제하려는 집사님

교회에서 봉사활동을 하는 사람들은 담즙질인 집사님과는 함께 일하지 않으려고 했다. 그 집사님과 함께 있는 사람들은 야채 써는 방법부터 시작해서 밑반찬을 판매 용기에 담을 때까지 일일이 그녀의 지시와 명령을 들어야 했기 때문이다. 그날도 집사님과 한 팀이 된 사람들은 같이 밑반찬 파는 일을 맡았는데, 동네 사람들이 반찬을 사러오면 다른 집사님에게 지시하였다. "오징어 젓갈 삼천오백원, 김 사천원이다. 장부에 적어라 그리고 만원을 받았으니까 이천오백원을 거슬러 주어라"라고 말했다. 다른 집사님들은 속이 부글부글 끓어도 어쩔 수 없이 참고 봉사했다. '우리가 왜 이런 지시까지 받으면서 여기 앉아 있어야 하나?' 생각하며 바보가 된 느낌으로 일을 해야만 했다. 나중에 모두 정리하고 교회로 돌아오는 시간이 되자 집사님은 또 지시하기 시작했다. "김집사님은 테이블을 정리하고, 박집사님은 쓰레기를 줍고, 조집사님은 반찬통을 박스에 넣고......" 등등 사람들은 이런 집사님에게 정말 마음이 불편했지만 모두 참고 집으로 돌아갔다. 그러나 집사님은 자신이 모든 일을 잘 지도하고 있어서 일이 잘 돌아가고 있다고 생각했다.

마당의 꽃을 뽑아 버린 전도사님

담즙질인 여자 전도사님의 집 화단에는 장미랑 수국이랑 목단 꽃들이 철따라 흐드러지게 피었다. 꽃은 만발해서 화단이 넘쳤고 꽃들이 마당 쪽으로 자꾸 넘어지곤 하였다. 사람들은 전도사님 집에 만발한 꽃들을 보면서 참 좋아하였다. 풍성하게 넘치도록 피어있는 그 꽃밭은 어릴 때 놀던 마당 풍경을 그려주어서 정겨운 느낌을 주곤 했었다. 그런데 어느 날 전도사님 집에 가보니 마당의 꽃이 다 없어져 버렸다. 전도사님은 "전도할 시간도 없는데 마당으로 자꾸 넘어지고 귀찮아서 다 뽑아버렸어요" 라고 하였다. 몇 년 뒤 전도사님 집에는 다시 마당에 꽃들이 만발해 있었다. "어떻게 된 거예요?" 라고 물으니까, 전도사님은 자신이 매우 정서가 메마른 사람이라는 것을 깨닫게 되었고 이제는 좀 정서적인 생활을 하려고 다시 마당에 꽃을 심었다고 하였다.

적 용

1. 자신이 담즙질입니까? 그렇다면 어떤 것을 고민하고 힘들어하는지 말해보세요. 그리고 주변 사람들과는 어떤 점에서 힘든지도 생각해 보세요.

2. 주변에 담즙질이 있습니까? 그렇다면 그와 어떤 점이 힘든가요? 그리고 어떻게 담즙질을 이해하고 도와줄 수 있는지에 대하여 생각해 보세요.

3) 다혈질

기질 격자판으로 본 다혈질의 기본성향은 다음과 같다.

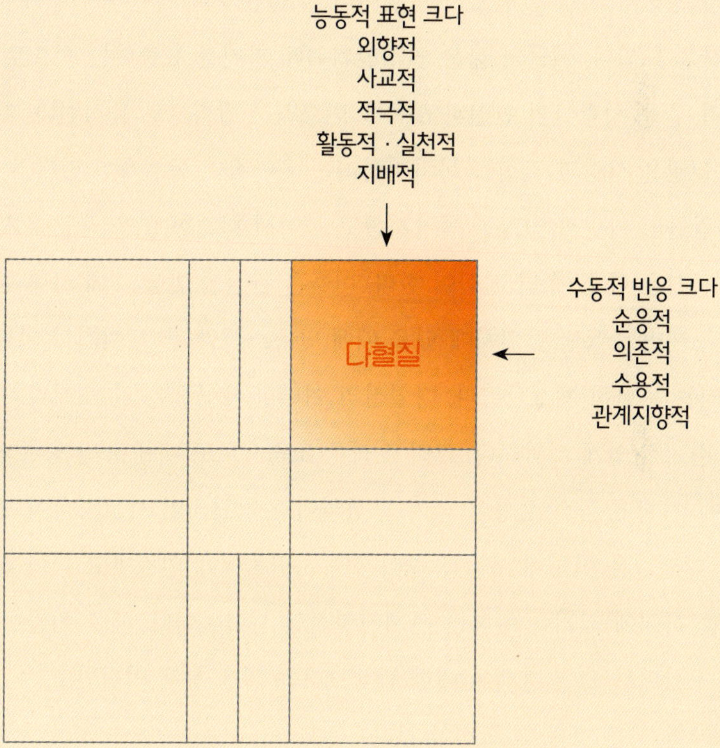

(1) 다혈질의 주된 욕구

인정 욕구

다혈질의 기질적 특성은 인정받으려는 욕구를 중심으로 만들어진다. 이것은 자신의 행동과 외모 등, 자기 존재 및 자신의 모든 것에 대하여 사람들의 칭찬과 사랑을 받으려는 것이다. 이들은 지지적인 인간관계에서 안정감을 느낀다. 이들의 삶은 인정받기위해 자기를 표출하는 쪽으로 지향되며, 많은 사람들의 관심과 주목을 받으려는 방향으로 움직인다. 따라서 다혈질은 사랑과 관심을 독차지하려는 유아적인 독점욕이 있다. 이들은 사람들의 사랑과 인정을 독차지하고 싶어서 화려한 삶을 꿈꾸며 사람들의 시선을 한 몸에 받고 싶어 한다. 이들은 관심을 받을 때에 사랑 받는다고 느끼며 주목받는 위치에 있을 때에 만족스러워 한다. 여기서 이들의 에너지는 무한히 재생산된다. 다혈질의 이러한 욕구들은 잘 드러나기 때문에 비교적 쉽게 채워진다. 그리고 작은 노력으로도 대체로 잘 충족되기 때문에 현재 중심적 성향이 되며 긍정적이고 낙관적인 사고방식이 발달한다. 다혈질은 이렇게 사람을 좋아하며 사람들에게 인정받고 싶어 하고 사람들 사이에 있기를 원하는 관계지향적인 사람들이다. 때로 이들이 일에 몰두할지라도 일 자체에 대한 관심보다는 일을 통해 인정받고 사람들과 관계를 맺는 것에 더 초점이 있다.

자기표출 욕구

다혈질의 인정 욕구는 자기표출의 욕구를 파생시킨다. 이들은 자기를 나타내서 사람들의 관심과 주목을 받고 싶어한다. 다혈질에게 자기표출은 많은 인정과 칭찬이 주어지는 기회이다. 이들은 기회가 주어지면 자기의 생각과 감정을 서슴없이 표현한다. 그리고 자기의 재능과 소유를 한껏 자랑하며 과시하려는 행동으로 나타난다. 자기표출 욕구가 과시욕을 불러일으키는 것이다. 그러므로 이들은 관심을 끌기 위해 눈에 띄는 행동을 하고 독특한 표정과 언어, 즉흥적인 순발력과 유머로 사람들에게 웃음을 선사한다. 또한 이들의 표정과 행동은 크고 강하고 넘치는 듯한 이미지로 눈길을 끈다. 그리고 눈에 띄는 화사하고 밝은 색깔의 옷을 즐겨 입고 화려한 액세서리를 좋아한다. 그러므로 이들은 자기를 표출할 수 있는 자리에 서게 되면 에너지가 상승하는 무대 체질들이다. 무대는 이들이 꿈꾸는 자리이다. 한껏 자기를 과시하며 사람들의 관심을 독차지할 수 있는 매력적인 자리이다. 자기표출 욕구는 다혈질을 무대체질로 만든다. 이들의 자기표출 욕구는 기본적으로 자기사랑에 바탕을 두고 있다. 자기가 가진 어떤 좋은 것을 드러내어 자기를 충족시키는 것이다. 그러므로 이들은 다른 기질에 비해서 자기를 충족시키려는 경향이 크고, 기본적으로 자기애가 강하다.

교제 욕구

인정받으려는 욕구를 가진 다혈질은 많은 사람들과 교제하기를 원한다. 인정과 자기표출의 기회들이 모두 인간관계 속에서 얻어지는 것이기 때문이다. 그러므로 이들은 집 밖에 있는 시간이 많다. 가능하면 많은 사람들과 관계를 맺으려하고 각종 연회와 모임을 즐긴다. 사람들을 좋아하고 사람들 사이에서 행복해한다. 이들은 용돈의 대부분을 교제비로 지출하고, 교제를 위해 옷과 구두를 마련한다. 이렇게 다혈질은 사람들 사이에 있는 것을 즐기면서 교제능력을 발달시킨다. 그리고 기회만 주어지면 사람들과의 새로운 관계를 형성하고 새로운 모임에 참석한다. 또한 새로운 것에 호기심도 많고 새로운 환경에 들어가도 사람들과 빨리 친해진다. 새로운 환경은 교제의 기회가 많아지는 것을 의미하기 때문이다. 이들은 교제를 위한 시간을 따로 마련해 놓는다. 일을 하고 남는 시간에 사람을 만나는 것이 아니다. 모임에 참석하기 위해서 서둘러 일을 마치고, 재빨리 모임의 장소로 달려간다.

(2) 다혈질의 일반관계 영역

생동감이 있고 밝고 명랑하다

다혈질이 일반관계 영역에서 다른 사람들과 잘 구별되는 것은 생동감이 있는 밝고 명랑한 태도이다. 이들의 행동은 활기차며 정감이 있고 따뜻한 느낌을 준다. 그리고 화사하고 밝은 표정으로 말하며 미사여구를 잘 사용하고 농담도 잘하고 장난기가 많다. 또한 이들은 매우 감정적이어서 쉽게 흥분하고 감정을 잘 드러내며 감정에 따라 판단하고 행동한다. 그리고 순발력이 넘치고 임기응변에 능하다. 이들은 에너지가 넘쳐서 가벼운 발걸음으로 활기차게 걸어가며 생기 있는 표정을 짓고 고조된 음성으로 말한다. 또한 생기발랄함으로 주변 사람들에게 웃음과 활력을 가져다준다. 이들은 행동 특징이 가장 잘 드러나는 기질이다.

교제능력이 크다

다혈질은 모든 기질 중에서 가장 활달하고 교제능력이 크다. 이것은 사람을 좋아하고, 사람으로부터 인정받고 싶어 하는 욕구에서 계발된 것이다. 이들은 사람들과 어울리는 것을 좋아하며 사람을 즐겁게 해준다. 그리고 그들에게 호감을 주며 좋은 관계를 형성한다. 또한 상대방의 기대에 부응하려고 대화에서도 크게 반응하고 적극적으로 표현하며 친근감을 준다. 그리고 다정다감하게 사람들에게 다가가서 애교 있고 사랑스럽게 행동한다. 이런 이들의 사교성은 침체되고 서먹서먹한 분위기를 밝고 화기애애하게 만들며, 즉흥적인 순발력과 유머로 모임에 웃음을 선사한다. 다혈질은 이렇게 인간관계에서 밝고 사교적이다. 이들은 중요한 대화를 하고 있으면서도 동시에 다른 사람에게도 반응을 보여서 대화하는 사람을 당황하게 하기도 한다. 이렇게 사교적인 이들은 관계 속에 있을 때 에너지가 솟아난다. 그리고 그 속에서 생동감 있고 활력 있게 살아간다. 이들은 교제를 통해 자신의 욕구들을 충족시켜 나가는 기질들이다. 다혈질의 눈에는 사람들의 단점이 잘 들어오지 않는다. 사람들의 좋은 점을 보며, 매사에 긍정적으로 생각한다. 이런 면은 관계에 자신감을 주고 관계 능력을 높여 준다. 또한 인생 자체를 낙관적으로 바라보며 삶을 즐기는 면도 이들에게 교제능력을 더해준다. (뛰어난 교제능력은 담즙질에게도 있는데, 담즙질은 동기부여 시키기 위해 발달되는 교제능력이고 다혈질은 인정과 관심을 받고자 발달된 교제능력이다. 그리고 다혈질의 교제중심의 삶은 우울질의 진리 추구의 삶과 대조적이어서 이로 인해 서로 갈등한다.)

모임을 좋아한다

이들은 모임을 좋아하고 즐겨 참여한다. 다혈질은 항상 누군가와 같이 있기를 원한다. 그러므로 여러 가지 단체와 모임에 가입하고 적극적으로 활동하며, 보다 많은 교제의 장을 만들어 간다. 모임에 들어가면 명랑한 표정으로 대화하며 많은 사람들과 교제한다. 다혈질의 남자들은 동창회로부터 각종 연맹, 사회복지단체, 동호회, 조기 축구회에 이르기까지 다양한 모임에 가입한다. 그리고 다 참석 할 수 없을 정도의 각종 감투와 많은 직함을 가지고 활동한다. 또 다혈질의 여자들도 부녀회, 학부모회, 봉사회, 각종 계모임, 동창회 등 여러 모임에 참석한다. 다혈질이 이렇게 모임을 좋아하는 이유는 인정받을 기회를 제공해 주며, 자기를 표현할 수 있고 관심을 받을 수 있기 때문이다. 이들은 이렇게 지나치게 많은 모임에 참여하며 시간을 보내기 때문에 삶이 안정되지 못한 경향이 있다.

새로운 사람과 빨리 친해진다

이들은 처음 만나는 사람들과도 쉽게 친근해진다. 이들은 모임에 새로 들어와서 서먹해 하는 사람에게 관심과 호기심을 보이고 친절한 태도로 좋은 이미지를 선사한다. 그리고 적극적인 태도로 새로 온 사람들에게 접근하며 대화한다. 이런 면은 새로 온 사람들로 하여금 빨리 친근감을 느끼도록 해준다. 뿐만 아니라 다혈질은 그 자신이 새로운 모임에 들어가도 밝고 명랑한 표정으로 인사를 나누며 빨리 적응한다. 이들은 몇 번 만나지 않아도 친밀감을 느낀다.

솔직하고 개방적이다

다혈질은 솔직하고 개방적으로 인간관계를 가진다. 외향적 성향의 이들은 자신에 대한 모든 것을 거리낌 없이 표현한다. 이들은 사람들을 자기 집에 초대하는 것을 좋아하고 초대받는 것도 좋아하며, 사생활이 공개되어도 별로 개의치 않는다. 자신의 집을 기꺼이 개방하며 장소를 제공할 뿐만 아니라 기쁘게 대접한다. 또한 자신을 먼저 개방하여 모임을 활성화하며 대화를 촉진한다. 이들은 때로 즉흥적인 감정에 자진하여 비밀을 털어놓고 곤경에 처하기도 한다. 앞뒤를 꼼꼼히 재는 성격이 아니어서 생각 없이 말하고, 파생될 문제를 생각하지 못한다. 그래서 분위기에 휩쓸려 쉽게 자신의 죄를 털어놓고 나중에 후회하는 경우가 종종 있다.

삶을 즐기며 자유분방하게 살아간다

다혈질은 삶을 마음껏 즐기며 자유분방하게 살아가기를 원한다. 이들은 '지금 여기서'가 중요한 현재중심적인 사람들이다. '지금 여기서' 삶을 즐기는 데 관심이 집중되어 있다. 그러므로 주변 사람과 재미있게 즐기며 살고 싶어 한다. 놀기를 좋아하고 좋은 일만 가득하기를 원한다. 같은 집, 같은 장소, 같은 사람과의 반복적인 삶은 지루하게 느끼며 삶을 신선하게 하는 변화와 충격들을 원한다. 그리고 재미와 호기심을 쫓는다. 이들은 호기심이 많아서, 자기 손에 책을 쥐고 읽으면서도 옆 사람의 책이 궁금해서 또 들여다보는 사람들이다. 이들은 인생을 즐겁고 흥미진진한 경험들이 가득 찬 것으로 생각한다. 그래서 여러 가지를 경험하고 다양한 취미생활을 하며 여행을 즐긴다. 반면에 이들은 삶에 대한 진지한 태도가 부족하다. 삶의 목적이나 존재가치 등에 대하여 진지하게 생각하지 않아서 인생의 깊은 맛을 알지 못하는 경향이 있다. (다양한 것을 경험하려는 성향은 우울질에게도 있는데, 우울질은 진리를 찾기 위해 다양한 것에 관심을 가지며, 다혈질은 재미있게 살기위해 다양한 것에 관심을 가진다. 그러므로 이 두 기질은 다양한 것에 관심을 갖지만 우울질은 삶을 진지하게 살아가고 다혈질은 즐겁게 살아간다. 이런 면에서 다혈질과 우울질은 대조적인 삶의 태도를 가지고 있다. 부부일 경우, 삶을 즐기려는 다혈질로 인해 우울질은 일을 감당해야함으로 피해를 입는다. 이때 다혈질은 죄책감을 느낀다. 그러나 이들은 곧 잊어버리고 같은 실수를 반복한다.)

즉흥적이고 충동적이다

다혈질에게는 즉흥적이고 충동적인 경향이 많다. 이들의 즉흥성과 충동성은 삶의 전반에 걸쳐 나타나는 두드러진 특성 중의 하나이다. 다혈질이 가지고 있는 현재 중심적 성향과 정열적 성향은 이들에게 즉흥적이고 충동적 행동으로 하도록 만든다. 현재 중심적 성향은 '지금 당장 원하는 것'을 하도록 충동하고, 정열적 성향은 여기에 에너지를 더하여 '하고 싶어 못 견디는 충동' 속에 빠지게 한다. 따라서 이들은 뒤에 무슨 일이 생길지 계산이 잘 안 된다. '지금 여기서'가 중요하기 때문이다. 이들의 관심은 지금 여기서 어떻게 사람들과 즐겁게 지내고, 어떻게 인정과 칭찬을 받을 것인가 하는 것이다. 그런데 이런 즉흥성과 충동성으로 인해 중요한 일들을 뒤로 제쳐둘 때가 있다. 놀고 싶어서 중요한 일을 하지 않는 것이다. 이때 이 부분을 질책 받으면 이들은 거짓말과 연극조의 행동으로 잘못을 감추려고 한다. 당장의 위기를 모면하기위해 즉흥적인 변명을 늘어놓는다. 더 이상 질책 받지 않고, 좋은 관계를 유지하는 것에 급급해지는 것이다. 다혈질의 이런 행동은 질책하는 사람을 매우 화나게 한다. 문제의 본질을 알게 하고 태도를 바로잡고 싶어 하는 의도가 전달되지 않기 때문이다. 그러나 정작 이들은 악의 없이 거짓말을 하기 때문에 별로 죄책감이 없다. 이런 성향으로 인해 나타나는 다혈질의 큰 약점은 신뢰도가 떨어지는 것이다. 이들은 즉흥적인 약속을 하고 지키지 못한다. 같은 실수를 반복하고 과장하는 경향이 생긴다. 조심성이 없고 덜렁대고 잘 잊어버린다. 이들은 침착하거나 규칙적인 생활과는 거리가 멀다. 이런 다혈질의 특성들은 즉흥성과 충동성에서 나오며, 이것은 사람들과의 관계에서 신뢰도를 떨어뜨리는 요인이 된다. 따라서 다혈질과 같이 살아가는 주변 사람들은 '사람은 좋은데 신뢰할 수가 없다'라고 생각한다.

정열적이다

다혈질은 또한 정열가이다. 이들의 삶을 즐기려는 성향과 현재 중심적 성향 그리고 즉흥성과 충동성뿐만 아니라 넘치는 활동 에너지 등은 이들을 정열가로 만들기에 충분하다. 이들의 에너지는 마치 밖으로 넘쳐흐르려고 기회를 기다리는 듯하다. 이 넘치는 행동 에너지에 자기를 표출하려는 욕구가 더해져서 이들은 강하게 표현하고 정열적으로 살아간다. 다혈질은 감정적으로 쉽게 흥분하고, 흥분하면 상황을 과장해서 인식한다. 그리고 그 인식한 것을 열정적으로 표현해서 다른 사람에게 사실보다 확대하여 전달한다. 이러한 과장된 표현들이 문제가 될 때가 많고 다른 사람들은 다혈질이 거짓말한다고 생각한다. 그러나 이들은 자신이 과장을 하거나 거짓말한다고 느끼지 못한다. 이들은 정말 그렇게 인식한다. 그러므로 이들이 글을 쓰거나 말을 할 때는 '굉장히, 매우, 너무너무, 아주' 등의 강조하는 표현을 자주 쓰고, 미사여구나 수식어를 잘 사용한다. 이것은 이들의 대단한 표현능력과 전달력이 된다. (다혈질과 대조적인 우울질은 자신의 생각을 조심스럽게 축소시켜 표현하기 때문에 전달이 잘 되지 않는다. 그러나 이들은 자기생각을 확대시켜 표현하기 때문에 전하고자하는 바를 충분히 전달한다. 이것은 자기표출 욕구에서 나오는 능력이다.) 이들은 단지 입으로만 말하는 것이 아니라 제스처와 표정들을 넣어서 마치 온 몸으로 말하는 듯하다. 감정을 실어서 강하게 말하며 열정적으로 화려하게 표현한다. 이런 감화력과 설득력과 전달능력은 다른 사람에게 감동을 주고 동기를 부여한다.

상황윤리로 살아간다

이들은 상황윤리로 삶을 살아간다. 관계지향적인 이들은 관계에 매이고 가치관이 허약하여 주변 사람들의 가치관에 쉽게 동화되고, 그들의 생활양식을 별 비판 없이 따라 한다. '지금 여기서' 그들과 좋은 관계를 맺고 즐겁게 생활하고 싶기 때문이다. 따라서 다혈질은 어떤 단체에서 어떤 사람들과 어울리며 살아가는가 하는 것이 매우 중요하다. 좋은 가치관을 가지고 살아가는 사람들 속에서 살아가면 이들은 큰 에너지를 잘 발휘하며 발전적인 삶을 살아가게 된다. 반면에 다혈질이 가진 상황윤리는 유혹에 빠지기 쉬운 약점을 가져 온다. 이들은 친구가 술, 담배. 약물, 성, 도박 등을 권하면 관계를 유지하기 위해 뿌리치지 못한다. 또한 이들 스스로도 재미를 좇는 성향을 가지고 있다. 뿐만 아니라 정열적이어서 친구 따라 시작한 잘못된 행동에 오히려 이들이 더 깊이 빠진다. 더욱이 영웅심리가 있어서 주변에서 박수를 치면 물불을 가리지 않고 빠져 들고, 한번 빠져 들면 잘못된 줄을 알면서도 잘 헤어 나오지 못한다. 만약 이들이 가정에서 사랑을 받지 못하고 있다면 더욱 빠져나오기가 힘들어진다. 그러므로 다혈질은 어떤 사람과 교제하는가에 따라 삶의 양식과 사고방식이 매우 달라진다. 특히 가치관과 삶의 양식을 배우는 시기에 있는 다혈질에게는 이 점이 더욱 중요하다.

속마음을 다 드러낸다

다혈질은 속마음을 다 드러내는 기질이다. 기질상 이들은 자기를 표현하는데 열중하는 사람들이다. 이들은 적극적으로 표현하면서 자기 마음을 드러내고 또한 적극적으로 반응하면서 자기마음을 나타낸다. 이때 자기감정이나 생각과 함께 동기와 욕구들도 표현한다. 이렇게 표현하고 반응하는 동안 기질약점이나 자신의 문제도 함께 드러난다. 이로 인해 이들은 문제 많은 사람으로 지목되는 경향이 있다. 여러 사람들 가운데 '문제아의 자리'에 다혈질이 서게 될 때가 많다. (담즙질은 내면이나 동기들을 쉽게 노출하는 사람들이 아니어서 내면의 문제가 잘 노출되지 않는다. 수줍음질은 순종적인 행동으로 문제가 감추어져 있고, 점액질도 적절한 자기노출과 표현으로 자기를 관리하면서 문제를 잘 드러내지 않는다. 더구나 우울질은 능동적 표현과 수동적 반응이 모두 작아서 내면의 문제가 거의 드러나지 않는다. 반면에 다혈질은 능동적 표현과 수동적 반응이 모두 크기 때문에 내면의 모든 문제들을 다 드러내는 사람들이다.)

돈을 많이 쓴다

이들은 돈을 많이 쓰는 경향이 있다. 이들은 자기를 꾸미고 자기를 충족시키는데 돈을 많이 쓴다. 소유욕도 많고 외모를 치장하는 데에도 많은 돈이 필요하다. 또한 충동적으로 물건을 잘 구매한다. 이들은 숫자 개념이 약하고 돈 계산이 느리다. 복잡한 것은 딱 질색인 사람들이다. 사실은 계산하고 싶지 않고, 신경 쓰고 싶지 않다. 계산한다면 그 결과는 자신이 하고 싶은 것을 자제해야한다는 결론에 도달하기 때문이다. 또한 사교적인 이들은 교제에도 많은 돈을 쓴다. 친구들과 만나 식사하고 차를 마실 때에도 자진해서 돈을 내며 한 달 용돈을 며칠 만에 다 써버리는 '기분파'이다. 기분대로 돈을 쓰고 뒷일을 걱정하지 않는다. 이들은 현재 수중에 있는 돈을 다 쓰는 경향이 있다. 다른 데에 지출할 계획이 있어도 '지금 여기서'가 중요한 이들은 쓰고 싶은 유혹을 떨치기 힘들다. 교제비(유흥비)를 마련하기 위해 아르바이트를 하기도 한다. 그리고 그래서 이들은 저축과는 관계가 멀고 미래를 위해 별로 걱정하지 않는다. '지금 여기서' 내가 어떻게 삶을 즐기고 인정을 받을 것인가에 관심을 둔다. 그러므로 이들은 다른 기질에 비해서 돈을 많이 쓴다. 돈이 없을 때 이들은 의기소침해진다.

(3) 다혈질의 특별관계 영역

사랑을 많이 나누기를 원한다

관계지향적인 다혈질은 특별관계 영역에 있는 사람들과 사랑과 정을 풍부하게 나누기를 원한다. 모든 기질 중에서 가장 감정교류능력이 커서 보다 많은 사람들과 보다 많은 사랑과 정을 주고받기를 원한다. 이들은 작은 사랑의 표현에도 크게 감동한다. 그리고 상대방에게도 자신의 마음을 크게 한껏 표현한다. 이들의 이런 행동은 때로 과장되지만 이것은 이들의 사랑에 대한 큰 욕구의 반영이다. 이들은 마치 사랑과 정을 위해 사는 사람들 같다. (다혈질과 우울질은 둘 다 감정교류에 능력이 있다. 그러나 우울질의 감정교류능력은 '많이' 보다는 '깊게' 나누기를 원하는 반면에 다혈질은 '깊게' 보다도 '많이' 그리고 '크게' 교류하기를 원한다.)

스킨십을 통해 사랑을 느낀다

이들은 사랑한다는 말과 스킨십을 통해서 사랑을 느낀다. 이들은 사랑을 느끼는 것이 중요하다. 안아주고 손을 잡아주며 쓰다듬고 어루만져주는 등의 기타 신체접촉을 통해서 사랑을 느낀다. 다혈질은 외향적이고 현재 중심적이기 때문에 눈으로 보고 만지고 들리는 사랑의 표현을 원하고 또 항상 있기를 원한다. 이들은 스킨십을 통해 사랑과 관심을 받고 있다고 느끼면 안정감을 가진다. 그리고 밝고 애교 있고 사랑스럽게 행동한다. 뿐만 아니라 사랑하는 사람들의 기대에 부응하며 그 이상의 삶을 살아가려고 노력한다. 사랑하는 사람이 자신에게 감탄하고 놀라도록 만들고 싶어 한다. 그러나 사랑을 느끼지 못하면 의기소침해지고 '될 대로 되라'식의 행동을 한다. 그리고 밖으로 돌면서 사랑과 정을 느낄 수 있는 대상을 찾아 방황한다. 그러므로 다혈질은 가족들과 사랑의 관계가 어떠한가 하는 것이 삶에 거의 절대적인 영향을 준다. 그 영향은 다른 어떤 기질들보다도 크다.

자기중심적이고 유아적 경향이 있다

다혈질은 자기중심적이고 유아적 경향이 있다. 즉 '아기 같은 행동'이다. 이들은 자기를 매우 사랑하고 자기를 충족시키려는 경향이 강하다. 그래서 다른 사람을 잘 배려하지 못한다. 이들은 상대방이 힘든 상황에 처해 있어도 자신에게는 다정하게 웃으면서 대해주기를 원한다. 그들의 입장을 이해하면서도 자신에게 친절하게 대해주지 않는 것에 섭섭함을 느낀다. 그리고 다른 사람보다 더 많은 칭찬을 듣기를 원하고, 제일 맛있는 것, 제일 좋은 것을 자신이 차지하려고 한다. 다른 사람에게 미안해하면서도, 자신이 더 소중해서 이것을 포기하지 못한다. 그리고 다른 사람이 가진 것을 부러워하며 쉽게 시기질투의 감정을 드러낸다. 또한 변덕스러운 모습, 자기 것만 챙기는 모습들도 가지고 있다. 따라서 이들에게는 어른스러운 인내심과 전체를 생각하며 양보하는 마음이 결여되어 있다. 또한 미래를 준비하는 태도도 매우 부족하다. 대부분의 다혈질은 이런 자기중심적이고 이기적인 경향들을 가지고 자기를 충족시키며 살아간다. 이런 모습은 가족이나 가까운 관계에서 특히 더 잘 드러내어 유아적이고 자기애가 강한 사람으로 비추어진다. 이들은 어른이 되어도 이런 '아기 같은 행동'으로 주변 사람들을 힘들게 할 때가 많다.

감정이 풍부하다

다혈질은 감정이 풍부하다. 이들은 다른 사람들 보다 감정을 크고 강하게 느낀다. 또한 감정 표현도 많이 하고 잘하며 잘 개방한다. 이들은 자신의 감정을 매우 소중히 여긴다. 그리고 다른 사람들의 감정도 잘 이해하며 공감한다. 이들에게 있어서 풍부한 감정은 관계를 잘 갖게 해 주는 중요한 요소이다. 또한 다혈질은 감정에 따라 행동하는 경향이 많고 쉽게 흥분한다. 이들은 '기분이 좋다. 나쁘다'가 중요하다. 자기 기분이 좋으면 다 좋게 보고 자기 기분이 나쁘면 다 나쁘게 보는 경향이 있다. 사랑스럽다고 느끼면 사랑스러움에 푹 빠져버리고, 슬프다고 느끼면 슬픔에 푹 빠져버린다. 이렇듯 순간의 감정에 푹 빠져버리므로 이들의 감정 상태는 변화의 폭이 크다. 감정표현과 반응에서도 다혈질의 정열적 성향과 충동적 성향이 나타나는 것이다. 훈련받은 이성적 사고와 판단들은 이 감정에 의해 뒤로 밀린다. 때로 다혈질이 종교를 접하면서 풍부한 감정교류 능력이 극대화되는 것을 볼 수 있다. 이들의 감정 교류능력은 하나님과 풍부한 관계 속으로 깊이 그리고 빨리 들어가게 해준다. 그리고 그 안에서 자신의 모든 것을 마음껏 표현하면서 신앙이 발전한다. 따라서 다른 기질들과 비교해서 훨씬 빠른 신앙의 발전을 가져온다. 이들에게 있어서 하나님은 어떤 모습도 받아주는 넉넉한 사랑의 품으로 다가온다. 자신의 넘치는 열정과 충동성 그리고 유아적 성향과 이기심 등을 다 수용하고 인정하고 사랑해 주는 넓은 품이다. 이들이 신앙을 체험하게 되면 특유의 표현력으로 감화력 있게 복음을 전파한다. 그리고 사람에게 인정받으려던 것에서 벗어나 하나님께 인정을 받으면서 비로소 삶이 안정된다. 그러나 변화의 기복이 심해서 경건한 신앙생활과 세상을 탐닉하는 생활을 오가는 패턴을 보이면서 신앙이 발전한다. 반면에 다른 기질에서 볼 수 없는 큰 에너지를 가지고 열정적으로 일한다. 놀라울 정도의 많은 양의 일을 즐겁게 해낸다.

불행한 상황에서 빨리 벗어난다

이들은 불행한 상황에서 빨리 벗어나는 기질이다. 사랑하는 사람이나 절친한 친구와의 이별, 사별의 아픔을 빨리 잊고 금방 새로운 사람을 사귈 수 있다. 현재 중심적인 이들은 불행한 상황을 낙관적이고 긍정적으로 해석하며 받아들이고, 새로운 현실에 빨리 적응하는 강점을 가지고 있기 때문이다. 이들은 정도 많고 감정이 풍부하여 자신의 곁을 떠나간 사람을 매우 그리워하고 많은 눈물을 흘린다. 그러나 슬픔에 오래 젖어있지 않으며, 쉽게 잊고 다시 기질적 특성인 명랑 발랄함을 되찾는다.

(4) 다혈질의 일 영역

인정받기 위해 일을 한다

다혈질은 관계 영역에는 많은 강점을 갖고 있으나 일 영역에는 약점이 많은 기질이다. 관계지향적인 다혈질은 일 자체의 중요성보다도 인정받기 위해 그리고 사람들의 기대에 부응하기 위해서 일을 한다. 또한 일 자체에 대한 가치나 사명감으로 일할 때보다도 인정받음이나 좋은 평가를 받을 때에 더 에너지가 솟아난다. 이것은 관계지향적인 사람들이 일 영역에서 보여주는 특성이다. 이들은 인정을 받지 못하면 일에 대한 의욕이 사라진다. 일의 성취동기가 평가와 인정에 있기 때문이다. 또한 관계지향적인 이들은 일을 원칙대로 처리하지 못하고 사람에 따라 유동적으로 처리할 때가 많다. 이로 인해 일이 공평하게 처리되지 못하고 원칙이 무너지게 된다. 이것은 일을 분명하게 처리하고자 하는 과업지향적인 사람들과 갈등을 겪는 요인이다. 그러나 오히려 다혈질은 과업지향적인 사람들이 다른 사람의 입장을 배려하지 못하고 몰인정하게 일을 처리한다고 불평한다. 이런 점에서 관계지향적인 기질과 과업지향적인 기질은 서로 갈등을 겪는 경우가 많다. (과업지향적인 우울질이나 담즙질은 자신이 어떤 일을 어떻게 성취하는가에 주된 관심이 있고, 관계지향적인 다혈질이나 수줍음질은 다른 사람에게 어떻게 인정받을 것인가에 주된 관심이 있다. 그러므로 관계지향적인 사람들은 관계를 위해서 일을 하고, 과업지향적인 사람들은 일을 위해 관계를 갖는다.)

자유분방하게 창의적으로 일한다

다혈질은 자유분방하게 창의적으로 일한다. 이들은 형식과 틀에 매이지 않고 주어진 방식을 거부한다. 이들은 자기가 원하는 창의적인 방식대로 자유롭게 일하기를 원한다. 이런 자유분방함은 새로운 것과 변화를 좋아하는 성향으로 나타난다. 이들에게 지루한 반복은 고역이며, 주어진 규칙에 따라 일을 해야 하는 것은 속박이다. 그래서 다혈질은 일에 대한 지침서가 주어져도 이것은 참고사항이 될 뿐, 자기 생각대로 일한다. 따라서 이들이 일하는 방식은 매우 창의적이다. 기발한 생각과 창의적인 아이디어로 일한다. 그리고 새로운 일을 쉽게 시작하고 잘 만들어낸다. 이들은 혼자 앉아서 머릿속으로 온갖 새로운 일을 시작하고 지우곤 한다. 이들의 정열적 성향은 창의력에 에너지를 불어넣어준다. 돋보이려하고, 독특해지려하는 성향도 이들에게 창의성을 더해주는 요인이다. 또한 관심과 주목을 끌기위해 노력하면서 이들의 창의성은 계발된다. 반면에 이들의 자유분방함은 일의 능률을 저하시킨다. 신중하게 생각해서 체계를 잡고 계획을 세워서 일하지 못한다. 이것은 이들의 일에 대한 큰 약점이다. 기존의 지식과 경험은 거부되고 순간적으로 떠오르는 반짝이는 아이디어에 의존하며 일하게 된다. 이들은 '이거다' 싶으면 바로 일을 추진한다. 일을 한참 진행하다가도 생각이 바뀌면 또 새로운 일을 하기를 반복한다. 시간과 에너지의 낭비도 많고 실패하는 주요 요인이 되기도 한다. (우울질의 창의력은 근본적인 것을 추구하는 성향에서 나오는 것으로 지식, 문학, 예술에 있어서 새로운 것을 만들어낸다. 반면에 다혈질의 창의력은 기발한 아이디어를 내는 것으로 뭔가 색다르고 사람들의 눈을 동그랗게 해주는 '깜짝쇼' 같은 것을 잘 구상해낸다.)

충동적으로 일한다

이들은 충동적으로 일한다. 분위기에 흥분하여 충동적으로 일을 벌이고 계획을 번복하는 사태가 자주 발생한다. 이로 인해 실패도 잘한다. 그러나 이들은 자신의 즉흥적, 충동적 행동이 주변 사람들과 일에 미치는 영향을 생각하지 못한다. 주변 사람들은 이들의 충동적 행동을 맞추기 힘들어하며 변덕스럽고 유아적이라고 느낀다. 다혈질의 충동성은 이들의 열정 그리고 긍정적 사고방식과 현재 중심적 성향 등에서 나오는 것이다. 이들의 충동성은 하나의 에너지이다. 넘치는 에너지가 앞뒤 안 재고 순간적으로 돌출되는 것이다. 이들의 이런 충동성은 주변사람들을 당혹스럽게 한다. 특히 다혈질이 윗사람 일 때, 이렇게 충동적으로 일을 벌이면 아랫사람은 진땀을 빼게 된다. 다혈질이 심리적으로 불안정하면 인정받으려하면서 충동성은 더욱 심해지고, 심리적으로 안정되면 이 충동성을 자제할 수 있게 된다.

즐기면서 신나게 일을 한다

이들은 일을 할 때도 재미를 느끼고 즐겁고 신나야 한다. 재미없는 일을 의무감에서 해야 하는 것은 이들에게 무척 괴로운 일이다. 이들은 인생을 즐겁고 신나는 경험이 가득 찬 것이라고 생각하므로 재미와 즐거움을 쫓아 살아가는 사람들이다. 이것은 일에도 영향을 끼쳐 재미있고 즐거워야 일을 한다. 또한 다혈질이 가진 유아적 성향과 자기중심적인 성향도 즐겁고 신나게 일을 하려고 하는 성향에 영향을 준다. 그러므로 이들은 자신이 흥미를 느끼지 않는 일을 책임감과 의무감으로 하는 것은 매우 힘들어한다. 이런 상황이 되면 일을 회피하고 무책임해지며 무성의하게 대충 처리하고 놀러가 버린다. 만약에 억지로 붙잡아 놓는다 해도 일에 능률이 오르지 못하고 이들에게는 고역이 된다. 또는 수수방관하다가 수습 할 수 없는 사태에 이르게 되기도 한다. 이로 인해 문제 해결을 떠맡게 되는 주변 사람은 화가 나지만 정작 문제를 만들어낸 장본인은 그 어려움을 모른다. 쉽게 해결되어 있을 것이라고 생각하며 잊어버린다. 이들은 '그런 골치 아픈 일은 지금 생각지 말자. 어떻게 되겠지 뭐...' 라고 편하게 생각한다.

열정적 일과 자유분방함을 반복한다

다혈질은 열정적으로 일하는 것과 자유분방하게 사는 것 사이를 왔다 갔다 한다. 이들은 정열적이어서 많은 일을 빠르게 해낸다. 이들은 장기적인 끈기를 요하는 일만 아니라면 순간적으로 많은 일을 해낸다. 행동에너지가 많고 생각하는 즉시 일을 하는 기질이기 때문이다. 그러나 정열적으로 일하는 반면에 쉽게 지친다. 순간적으로 많은 에너지를 쏟아내며 일하기 때문이다. 그러면 하던 일을 그만두고 취미생활을 하며 쉰다. 그러다가 다시 열정적으로 일에 몰두하다가 휴식을 취하고, 또 다시 몰두하는 삶을 반복한다. 즉 '열정적 일과 자유분방함'을 반복하는 것이다. 이런 현상은 이들 삶의 전반에 나타난다. 여기에는 또 다른 이유가 있다. 그것은 인정받기 위해 일을 할 때는 열정적으로 몰두하다가 박수와 인정이 사라지면 일에 대한 열정도 식어버리는 것이다. 이때 이들은 일에서 물러난다. 그러면 무책임해져 있는 자신에 대하여 죄책감을 느끼고, 다시 더욱 강도 높은 새로운 계획을 세우고 자신을 몰아치지만 오래가지 못한다. 이들의 이러한 요요 현상은 타인의 인정에 의존되어 일하기 때문이다. 그리고 다혈질 특유의 정열적 성향도 영향을 주는 요인이다. 이들은 꾸준히 어떤 일에 집중하는 것을 힘들어하는 작심삼일 형이다. 일 영역에서 나타나는 이런 현상은 다른 기질에서 볼 수 없는 이들의 독특한 점이다.

긍정적, 낙관적으로 일을 바라본다

이들은 항상 긍정적으로 생각하고 낙관적으로 미래를 바라보며 일이 잘 될 것으로 믿는다. 낙관적 사고방식으로 새로운 일을 쉽게 시작하며, 긍정적 사고방식으로 일을 잘 떠맡고 만들어내고 도전한다. 이들의 호기심이 많고 변화를 좋아하는 성향은 긍정적, 낙관적 사고방식과 함께 일에 한층 흥을 돋워 준다. 또한 일에 대한 열정과 에너지는 긍정적, 낙관적 사고방식과 함께 일에 추진력을 준다. 이들의 이런 낙관적 성향은 성장하면서 원하는 것을 쉽게 표현하고, 또 쉽게 충족시키며 발달한 것이다. 이렇게 살아온 다혈질은 자신이 원하는 쪽으로 인식하며 항상 일이 잘될 것이라고 생각한다. 자신에 대한 지지율이 과반수를 넘으면 대부분이 지지한다고 인식하며, 성공할 가능성이 조금 높으면 반드시 성공할 것이라고 믿는다. 이로 인해 일이 잘못되기 시작해도 매우 심각해지기 전까지 닥칠 난관을 보지 못할 때가 많다. 이들은 늘 잘 해결될 것이라고 생각한다. 그리고 긍정적, 낙관적 사고방식과 함께 감정적으로 흥분하면 상황을 확대 인식하고 과장하기도 한다. 사람이 칠십여 명이 모이면 백 명이 모였다고 느끼고 그렇게 말을 한다. 감정적으로 흥분하여 상황을 지나치게 낙관적으로 인식하는 것이다. 이로 인해 다혈질은 현실을 냉철하게 보는 힘이 매우 약하다. (이런 면에서 다혈질은 우울질과 매우 대조적이다. 우울질은 항상 단점에 초점을 맞추고 고칠 점을 말한다. 반면에 다혈질은 장점에 초점을 맞추고 칭찬을 주고받기를 원한다. 이런 면에서 다혈질과 우울질은 서로 갈등이 있다. 같은 상황에 있어도 우울질은 부정적으로 보고 다혈질은 긍정적으로 본다. 불가능성과 가능성이 반반일 때, 다혈질은 가능한 일로 생각하고 우울질은 불가능한 일로 생각한다.) 따라서 다혈질은 현재를 긍정적 낙관적으로 바라보면서 과거의 실패의 경험이나 교훈 등을 마음에 두지 않고 깊이 생각하지 않는다. 과거에 비추어 현재의 행동을 고쳐나가거나 미래를 위해 현재를 조절하는 것이 힘든 사람들이다. 다혈질은 후회도 잘하고 미안해하면서 반복하지 않으리라 결단하지만, 과거는 잊어버리고 같은 실수를 반복한다. 앞으로 닥칠 불행한 일을 예견하지 못하고 대책을 세우지도 못한다. 또 그와 비슷한 상황이 연출이 되어도 이들은 '이번에는 잘 되겠지'라고 생각한다. 긍정적이고 낙관적 성향에 현재 중심적이 더해지면서 이들은 더욱 과거를 생각하지 않는 것이다. 따라서 이들은 책임 맡은 일에 대하여 심각한 사태가 벌어질 때까지 대비를 하지 않아서 미루고 미루다가 큰 낭패를 보는 경우가 많다.

(5) 다혈질 사례

무엇이든지 좋게 보는 사람

그녀는 갈등을 느끼는 사람이 거의 없다. 늘 웃고 긍정적인 말을 한다. 그녀는 자신과 성격이 다른 사람을 보면 달라서 좋고, 성질이 까다로운 사람을 보면 까다로워서 매력적이라고 생각했으며, 우울증에 빠져있는 사람들을 봐도 깊이 생각하는 면이 좋아보였다. 그녀에게는 모든 사람들이 다 서로 달라서 좋았다. 그녀는 어린 시절부터 긍정적으로 생각하는 습관이 있었다. 서로 싸우는 사람들을 보면 '서로 달라서 얼마나 좋은데 왜 싸우지?' 생각했다. 그녀는 긍정적으로 생각하는 것이 갈등을 해결하는 가장 좋은 방법이라고 믿었다. 그녀의 남편은 매우 부정적인 사고방식의 사람이었다. 그러나 그녀는 그런 부분에 매력을 느끼고 결혼하였다. 결혼 후에 남편과 심각하게 싸우기도 하였지만 그녀는 돌아서면 곧 잊어버렸다. 그리고 그럴 수도 있다고 생각했다. 그녀는 주변 사람들과 항상 잘 지낸다. 그리고 늘 상대방의 좋은 점만 말했다. 아니 정확히 말하자면, 나쁜 점도 그녀에게는 다 좋은 점으로 보였다. 사람들은 그녀가 옆에 있으면 편안해 했다. 어떤 약점도 그녀에게는 다 용납되었다.

생각하는 대로 행동하는 사람

어린 시절부터 그녀는 뭐든지 열심히 했고 늘 아버지의 특별한 사랑과 칭찬을 받았다. 학교에 들어간 그녀는 전교 일등을 놓친 적이 없었고, 언제든지 최고의 칭찬과 인정을 독차지했다. 간호사가 된 그녀는 전국 각지를 오가며 가고 싶은 곳이면 어디든지 다 갈수 있었다. 그녀는 한 곳에 오래있지 않았다. 호기심이 발동하여 다른 곳으로 자주 직장을 옮겨 다녔다. 그러다가 그녀는 자신을 맘껏 사랑해줄 것 같은 남자와 결혼했다. 결혼 후 남편이 사업에 어려움을 겪게 되자, 뭐든지 잘할 수 있다고 생각하는 그녀는 두어 달 컴퓨터 교육을 받은 뒤에 금방 컴퓨터 학원을 내었다. 잘 될 리 없는 학원은 곧 문을 닫았고 많은 돈을 손해 보았다. 그러나 또다시 친구가 하던 약국을 인수받아 해보았지만 몇 달 가지 못했다. 꼼꼼한 남편은 아내의 이런 충동적인 행동을 제어하고 싶었지만 아내는 전혀 귀를 기울이지 않았다. 실패를 해도 또다시 묻지도 않고 일을 저질러 버렸다. 이것저것 하다가 다시 간호사 일을 하게 된 그녀는 자신보다 더 간호사 일을 잘하는 사람을 보면 맘이 불편했다. 그러면 그녀는 또 다시 다른 병원으로 옮길까 생각한다.

교회를 발전시킨 집사님

1960년대, 부유하게 자란 다혈질 집사님은 열정적이고 매우 능력 있는 교육자였다. 중학교 설립자인 집사님은 아침 일찍 학교에 나와 구석구석을 살펴보고 운동장에 풀을 뽑기도 하며 학생들과 친구처럼 어울리는 분이었다. 선생님들에게는 다른 학교보다도 더 많은 월급과 상여금을 주었고 학교시설을 갖추는 데에도 항상 풍족하게 해주었다. 생활이 어려운 학생이 있으면 학비를 면제해 줄 뿐만 아니라. 다른 사람 모르게 쌀과 고기를 갖다 주기도 하였다. 그 집사님이 교회에서 아동들에게 설교를 할 때는 너무나 리얼하고 재미있어서 모든 애들이 정신없이 빠져들었고 집사님의 인기는 교회에서 최고였다. 그 집사님의 집은 늘 교회손님들로 북적대었다. 매주 교회학교 선생님들을 집으로 초대해서 식사를 대접하느라고 주일마다 잔치 집 같았다. 교회에 부흥 사경회를 하기위해 멀리서 목사님이 오시면 그 집사님은 안방을 내놓으시며 주무시게 하였고, 계시는 동안 최고로 대접하였다. 교회에서도 행사가 있을 때마다 모든 재정적인 지원을 아끼지 않았다. 한동안 교회의 목사님이 공석인 적이 있었다. 그 집사님은 몇 개월 동안 목사님 대신 설교를 하며 교회를 이끌어 가기도 하였다. 다혈질 집사님의 열정적인 성품과 따뜻함은 그 시골교회가 발전하는 데 큰 역할을 하였다.

열정적인 선교사

다혈질인 선교사님은 여러 가지 상황이 불확실 했지만 다 잘될 것으로 보였다. 우울질인 아내는 여러 가지 마음에 걸리는 것들이 있어서 좀 더 기다려 보자고 했지만 남편인 선교사님은 최대한 빨리 가는 쪽으로 일을 추진했다. 그리고 하나님께서 모든 것을 인도하시시라 믿고 선교지로 갔다. 선교지에서도 아내는 남편을 바라보면 계획도 없고 충동적으로 행동하는 것 같아서 늘 불안했다. 여러 가지 선교지에서 조심해야할 일들을 남편은 별로 신경 쓰지 않고 활동하였다. 아내는 남편에게 자제할 것을 거듭 당부했고, 일을 벌이려는 것을 말렸다. 남편은 아내가 하나님의 일을 그르치는 것으로 보여서 화를 내기도 했고 부부 불화가 심했다. 그러나 선교지 사람들은 감성이 풍부하고 긍정적으로 설교하는 목사님을 통해 소망을 얻고 집으로 돌아가곤 했다. 선교사님의 친화력과 사랑어린 노력으로 선교사역은 매우 부흥했다. 선교사님의 말씀을 듣는 가운데 많은 사람들이 그리스도를 구주로 영접했다. 선교사님 부부는 안식년이 되어 고국으로 돌아오게 되었다. 다혈질 선교사님은 사람들에게 선교지에서 있었던 일을 신나게 얘기하며 감동과 은혜를 나누고 있었다. 그때도 우울질 아내는 한 번씩 사실과 다르다며 수정하였고, 남편이 너무 과장하며 떠든다며 마땅치 않게 생각했다.

에너지가 넘치는 여학생

다혈질인 그녀는 다른 사람들 보다 조금 늦은 나이에 대학원을 다녔다. 열정이 넘치는 그 여학생은 수업하기 전에 벌써 다른 조찬모임에 참석하고 올 때가 많았다. 그녀는 발갛게 상기된 얼굴로 헐레벌떡 들어오곤 했는데, 사람들은 그녀가 지각을 할 때면 벌칙으로 노래를 부르라고 하였다. 노래를 잘 했던 그녀는 그것이 싫지 않았다. 아니 속으로는 좋아했다. 그녀는 서슴지 않고 앞으로 나가서 열정적으로 노래를 불렀다. 종강하는 날, 그녀는 평소보다도 더 늦게 학교에 왔는데, 사람들은 모두 놀라버렸다. 집에서 20여명이 먹을 음식을 만들어서 모두 보온통에 담아 가져왔고 그릇과 수저까지도 챙겨왔다. 그리고는 식기 전에 먹어야 한다고 음식을 차렸다. 아직 점심시간이 한참 멀었지만 그녀의 열심을 말리지 못했다. 그녀는 새벽에 일어나서 그것을 만들어서 버스를 타고 학교까지 가져온 것이다.

그 놀라운 에너지와 발상에 사람들은 감탄해 버렸다.

심방에 전념하는 목사님

새로 개척을 시작한 교회의 목사님은 매일 쉬지 않고 심방 다니고 노방전도에 힘썼다. 등하교 시간에 맞추어 학교 앞에서도 안내지를 돌리고, 시장에서 봉사도 하면서 전도하였다. 그러나 사모님은 방안에서 말씀 묵상과 기도하는 데에만 열중했다. 다혈질인 목사님은 새로 개척을 했으면 나가서 열심히 전도하고 새로 온 교인들 가정을 심방하는 것이 옳다고 생각했다. 목사님은 자신을 도와주지 않고 집안에만 있는 아내가 못마땅했다. 저래가지고 언제 교회가 부흥하겠나? 생각했다. 그러나 사모님은 너무 심방과 전도에만 치중하는 목사님이 잘못되었다고 생각했다. 저렇게 말씀 묵상을 안 해서 어떻게 교인들을 잘 양육할 수 있겠나? 생각했다. 그래서 목사님은 우울질인 사모가 전도의 필요성을 깨닫게 해 달라고 하나님께 기도하였고, 사모는 다혈질인 목사님이 말씀 묵상과 기도에만 전념하게 해달라고 기도하였다.

긍정적으로 생각하는 여자

그녀는 어린 시절 시골에서 고생하며 자랐지만 그것을 고생이라고 생각하지 않았다. 자신의 발전을 위해서 좋은 것이라고 생각했다. 좋은 추억으로 기억하고 싶어 했다. 그녀가 자랄 때는 자신의 이름이 남자 이름 같아서 싫어했지만 그것도 감사하게 여겼다. 남편은 직장에서 번번이 사고를 내고 자주 이직을 하지만, 이것은 가족의 훈련을 위해서 매우 좋은 것이라고 여겼다. 아이들에게도 하나님의 인도하심이 있으니까 함께 기도하자고 말했고, 잘 될 거라고 일러주었다. 또한 그녀의 옷차림은 매우 독특해서 사람들의 시선을 끌기에 충분했는데, 길을 갈 때 사람들이 자신을 쳐다보는 것을 즐겼다. 그녀는 자신이 매우 매력적이라서 사람들이 쳐다본다고 생각했다. 그녀의 생활환경은 불행했지만, 그 불행을 긍정적으로 해석하는 힘으로 살았다. 그리고 그녀의 긍정적인 교육에 힘입어 불행한 환경 속에서도 아이들은 밝고 건강하게 자라주었다.

적 용

1. 자신이 다혈질입니까? 그렇다면 어떤 것을 고민하고 힘들어하는지 말해보세요. 그리고 주변 사람들과는 어떤 점에서 힘든지도 생각해 보세요.

2. 주변에 다혈질이 있습니까? 그렇다면 그와 어떤 점이 힘든가요? 그리고 어떻게 다혈질을 이해하고 도와줄 수 있는지에 대하여 생각해 보세요.

4) 수줍음질

기질 격자판으로 본 수줍음질의 기본성향은 다음과 같다.

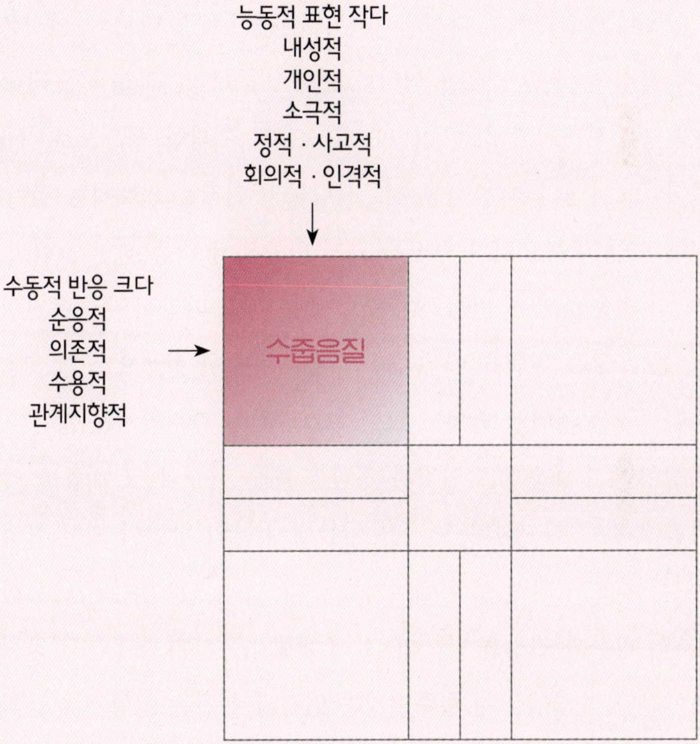

(1) 수줍음질의 주된 욕구

인정 욕구(표현하지 않는다.)

수줍음질은 다혈질과 같이 인정받으려는 욕구가 강하다. 그러나 이들은 이 욕구를 잘 표현하지 않는다. 수줍음질은 다혈질과 같은 욕구를 가지고 있음에도 불구하고 다혈질과는 그 행동이 매우 다르다. 이것은 수줍음질의 특성에 매우 중요한 의미를 준다. 다혈질은 자신을 드러내서 이 욕구를 충족시키려고 하는 반면에 수줍음질은 착한 행동으로 욕구충족을 한다. 즉 자신의 착한 행동으로 사람들의 인정을 기대하는 것이다. 이로 인해 이들은 부모님의 인정에 크게 반응해서 더욱 착한 사람이 되며, 선생님의 칭찬에 크게 반응하여 모범생이 된다. 따라서 수줍음질의 인정받으려는 욕구는 이들을 매우 순응적이고 유순한 성품으로 만든다. 외향적인 다혈질은 칭찬을 받아도 그렇게 가슴깊이 간직하지는 않는다. 그러나 내성향인 수줍음질은 인정과 칭찬을 해준 사람과 그 내용을 잊지 않고 마음에 깊이 간직한다. 이것은 이들에게 삶의 방향이 되어 착하게 살아가도록 지표가 되며 삶의 에너지를 준다. 그러므로 이들은 중요한 사람으로부터 칭찬과 인정을 받으면 그 기대에 부응하여 대부분 성공적인 삶을 살아간다. 수줍음질에게 주어지는 인정과 칭찬은 이렇게 이들의 삶을 좌우할 정도로 중요한 것이다. 이들은 인정받고 싶은 것을 표현하지는 않지만 다혈질 못지않은 많은 인정과 사랑을 필요로 한다. 그러나 이들의 욕구는 겉으로 드러나지 않아서 주변 사람들은 알 수 없을 때가 많다.

봉사 욕구

수줍음질의 인정받으려는 욕구는 봉사하려는 욕구를 가져다준다. 이들은 인정받기 위해 자발적으로 봉사하고 헌신적으로 행동한다. 이것은 이들이 선택한 하나의 인정받는 방식이며, 수줍음질이 갖는 가장 독특한 행동양식 중의 하나이다. 이들은 인정 받고 싶은 욕구를 표현을 하지 못하기 때문에 봉사를 통해서 사람들과 신뢰관계를 형성한다. 봉사는 다른 사람에게 도움이 될 뿐만 아니라 다른 사람으로부터 인정받을 수 있는 지혜로운 방법이기 때문이다. 여기에는 거부와 비난의 염려가 없고 든든한 신뢰관계를 쌓을 수 있다. 따라서 이들은 다른 사람의 필요에 세심하게 배려하는 민감한 사람으로 훈련되며 봉사에 집중하게 된다. 이들은 지칠 줄 모르는 봉사의 에너지를 가지고 있다. 이들의 봉사에 대한 사람들의 인정과 칭찬은 이들로 하여금 에너지가 계속 나오도록 만들며, 이들을 헌신적인 사람으로 만든다. 이것은 인간관계에서 순종적이고 유순한 행동으로 나타나고, 일에 있어서는 주어진 규칙을 충실히 따르는 모범적인 성실함으로 나타난다. 이들은 봉사가 주어질 때 매우 책임감 있게 행동하고 소속된 집단에서 안정감을 누린다. 이 봉사의 자리가 주어짐으로 자신이 그 모임에 나아갈 이유가 분명해 진다고 느낀다.

소속 욕구

이들은 소속되고 싶은 욕구를 가지고 있다. 봉사를 통해 인정받고 싶은 수줍음질의 욕구는 관계 속에서 얻어지기 때문이다. 그러므로 이들은 단체에 소속되고 싶어 하기도 하며, 능력 있는 어떤 사람에게 소속되고 싶어 하기도 한다. 이것은 이들을 의존적인 성향으로 만든다. 그 소속된 단체나 사람은 수줍음질 자신에게 매우 큰 의미를 가진다. 이들이 누구에게 어떤 단체에 소속된다는 것은 그것을 통해서 자신의 존재를 확인하는 것이다. 그에게 순응하고, 그에게 배우며 그의 지도를 받아가며 일생을 살아가는 것이다. 그 소속대상은 가깝게는 부모일수도 있고 존경하는 선생님이나 어떤 사람이 될 수도 있으며, 목적 있는 어떤 단체가 될 수도 있다. 이들은 그 소속된 단체나 사람에게서 삶의 모든 것을 배우고 지도를 받으며 또한 칭찬과 인정을 받으며 헌신적으로 봉사하면서 살아간다. 그러나 이들은 소극적이고 내성적이어서 스스로는 어떤 단체에 가입하는 일이 거의 없다. 또 스스로 누구에게 찾아가서 손을 내밀지도 못한다. 자발성이 부족한 이들은 혼자서는 모임에 나가지 못하고 누군가가 데려가 주기를 기다린다. 또한 다른 사람이 권유할 때도 이들은 선뜻 승낙하지는 않으나 속으로는 기뻐하고 크게 반응한다. 그리고 계속 권해주기를 바란다. 그러므로 수줍음질은 겉으로는 유순하고 순종적인 인간관계를 형성하며 살아가지만, 내면세계는 복잡한 사람들이다.

(2) 수줍음질의 일반관계 영역

유순하고 친절한 태도를 가지고 있다

수줍음질이 일반관계에서 다른 사람들과 잘 구별되는 것은 유순한 언어와 친절한 태도이다. 이들은 유난히 부끄러움을 타며 조용하고 예의 바르다. 그리고 이들의 말씨는 부드러우며 지나치게 자신을 낮추는 말을 많이 한다. 행동은 강함이나 단호함이 없고 자신감이 결여된 듯하다. 따뜻한 표정을 가지고 있고 순응적이고 겸손한 태도로 사람들을 대한다. 그리고 다른 사람의 마음을 세심하게 살피고 배려한다. 또한 이들은 다른 사람이 말을 걸기 전에 먼저 말을 걸지 않는다. 그러나 다른 사람이 말을 걸어오면 친절하고 성의 있게 응답하며 상대방의 기분에 맞추어준다. 그러면서 '괜찮아요'라는 말을 자주한다.

순종적인 모범생 스타일이다

수줍음질은 순종적인 모범생 스타일이다. 이들의 전형적인 삶의 스타일은 예의 바르고 사회규범을 잘 지키는 모범시민이다. 성실하고 가정적인 아빠와 전형적인 현모양처를 연상시킨다. 수줍음질의 대부분은 이렇게 주어진 삶에 책임감 있고 성실하게 살아간다. 이들은 성장할 때도 부모님의 마음을 편안하고 기쁘게 해준다. 부모님에게 반항하는 일이 거의 없고 자기주장을 잘 하지 않는다. 따라서 수줍음질은 부모님이 가장 키우기 쉬운 자녀이며, 선생님에게는 착하고 말 잘 듣는 학생이다. 이들은 어른들이 시키는 대로 열심히 노력하여 기대에 부응하고 성공한 사람이 되는 경우가 많다. 이들이 중요하게 여기는 사람의 인정은 이들을 착하고 바른 사람으로 만들어 간다. 수줍음질은 착하고 능력 있는 사람이 되려고 부단히 노력하는 모범생들이다. 이렇게 이들은 '착한 사람 되기'에 삶의 모든 초점이 맞추어진다. 그것은 사람들의 칭찬과 인정과 지지를 받아온 부분으로 수줍음질의 강한 자부심이다. 그러나 이들은 '착한 사람 되기'로 인해 지나치게 자기를 억압하고 혹사한다.(이렇게 착하게 사는 모습은 수줍음질과 우울질이 비슷하다. 그러나 우울질은 착하게 사는 것이 바른 삶이라 여기기 때문이고, 수줍음질은 평가와 인정 때문이다.)

사람들을 많이 의식한다

이들은 사람들을 많이 의식한다. 인간관계에 무척 민감하고 평가에 신경을 많이 쓴다. 이들은 관계지향적이지만 다혈질과 달리 관계에서 자유롭게 행동하지 못한다. 이것은 평가를 지나치게 의식하기 때문인데 이것은 모두 관계에 대한 민감성으로 옮겨진다. 이들은 겉으로 드러나는 유순함과는 달리 속으로는 상대방이 자기를 어떻게 대하는가에 매우 민감하다. 사소한 일에도 지나치게 사람을 의식하며 소심하다. 그리고 눈치를 잘 살피고 타인의 시선의 의미를 빨리 알아챈다. 이들은 상대방의 손길이나 눈길 하나하나에도 그 의미를 파악하는 사람들이다. 그리고 여기에 빠르게 반응하며 관계를 형성한다. 따라서 사소한 일에 거부감을 잘 느끼고 관계에 두려움을 많이 가지고 살아간다. 작은 실수에도 다른 사람이 자신을 싫어하게 될까봐 염려하고, 어른들의 심기를 불편하게 할까봐 신경을 쓴다. 이로 인해 수줍음질은 매우 위축된 삶을 살아간다. 자신감이 결여되며 당당하지 못하고 더욱 자기를 표현하지 못하며 살아간다. 이 관계에 대한 민감성은 다른 사람을 세심하게 배려하고 섬기는 힘으로 발전되기도 하지만, 이들의 삶을 매우 피곤하게 한다.

수동적, 의존적인 관계를 형성한다

수줍음질은 수동적이고 의존적인 인간관계를 형성하며 살아간다. 이들은 혼자서 잘 지내는 것처럼 보이지만 실제로는 결코 그렇지 않다. 이들은 혼자 남게 되면 불안해진다. 자신의 삶을 이끌어 줄 사람을 필요로 한다. 그러면서 그들과 의존적인 관계를 형성하고 수동적으로 행동한다. 이들은 자신의 삶을 잘 이끌어 줄 능력 있는 사람을 의존하고, 관계의 어색함을 없애줄 적극적이고 활달한 사람을 필요로 한다. 그리고 혼자서 낯선 모임에 가는 일은 거의 없다. 누군가와 같이 가야한다. 이들은 모임에 소속되기를 원하면서도 다른 사람이 이런 자신의 마음을 알아차려주고 그들이 먼저 다가와 데려가 주기를 기다린다. 그때 이들은 그들과 함께 모임 속에 들어간다. 그러나 아무도 다가와주지 않으면 소외된 채로 남아 있다. 이들은 상대방으로부터 자신이 선택되기를 기다리는 사람들이다. 혼자 중요한 일을 하고 있어도 친구가 같이 쇼핑을 가자고하면, 이들은 하던 일을 접고 흔쾌히 따라 나선다. (겉으로 드러나는 행동에서 수줍음질은 우울질처럼 신중하고 안정적이지만, 심리적으로 불안정하다. 단지 이것이 잘 드러나지 않을 뿐이다. 수줍음질은 다혈질과 같은 욕구를 가지고 있으면서, 행동은 우울질처럼 보이는 사람들이다.)

원치 않는 삶을 살아간다

이들은 원치 않는 삶을 살아간다. 수줍음질은 다른 사람을 위해서 착하고 성실하게 살지만 정작 자신은 잘 돌보지 못하며 살아간다. 타고난 순종심과 유순함을 가지고 어른들의 지시에 따라 살아간다. 이때 이들은 자신이 원하는 것을 포기하고 순종한다. 수줍음질의 이런 유순함은 지배성향을 가진 담즙질이나 권위적 위치에 있는 사람이 매우 좋아하는 면이다. 이들은 권위자가 요구하는 삶을 살아가면서 자신이 원하는 삶을 포기한다. 또한 다른 사람의 인정에 매여서 자신이 하고 싶은 것을 포기한다. 뿐만 아니라 상대방의 부탁을 거절하지 못해서 스스로 원치 않는 희생을 한다. 그리고 결혼하면 배우자의 기대와 인정에 맞추면서 자기를 포기하고, 가족들에 대한 책임감으로 헌신하면서 자신은 뒷전이 된다. 이들은 이런 희생들을 기꺼이 감당하면서 속으로는 많은 자기욕구들을 억압한다. 따라서 수줍음질은 성공적인 삶을 살아가면서도 자신의 삶에 만족을 못하는 경우가 많다. 이들은 일생 동안 자신의 생각을 펼쳐보지 못하고 원치 않은 삶을 사는 자신을 자책한다. 그리고 '자아상실감'을 느낀다.

자기생각을 잘 표현하지 않는다

수줍음질은 자신의 생각을 표현하지 않는 사람들이다. '수줍음질(supine)'이라는 말은 한걸음 뒤로 물러서 있는 모습이다. 말 그대로 소극적이고 부끄러움을 많이 타는 모습이다. 따라서 이들은 자신의 생각을 상대방에게 전달하는 데에 많은 어려움을 느낀다. 특히 이성 앞에서는 얼굴이 빨개지고, 고개를 푹 숙인 채 상대의 얼굴을 똑바로 쳐다보지 못한다. 또 많은 사람들 앞에 서면 눈앞이 캄캄해지고 생각이 사라져버린다. 그 이유는 무엇일까? 여기에는 관계에서 느끼는 복잡하고 민감한 생각들이 작용한다. 이들은 자기생각에 대한 자신감과 확신이 부족해서 말하지 않는다. 그리고 나쁜 평가나 거부에 대한 두려움도 영향을 준다. 또한 반대 의견을 내면 상대방이 상처받을까봐 말하지 못한다. 수줍음질은 이렇게 여러 가지 복잡한 생각으로 인해 자기의 의견을 표현하지 못하고 상대방의 의견을 따라간다. 그러므로 이들은 대화와 의사소통에 늘 어려움을 겪는다. 이들이 자기의견을 말할 때는 매우 안전한 관계일 때이다.

타인을 존중하고 자신을 낮춘다

수줍음질은 다른 사람을 존중하고 자신을 낮추는 사람들이다. 이들은 실패에 대한 두려움이 많다. 그리고 자기능력에 대한 열등감도 많은 사람들이다. 또한 비교의식이 강하고 낮은 자존감을 가지고 있다. 그러면서 다른 사람의 의존하며 살아간다. 그러므로 사람들 앞에서 자신을 낮추면서 다른 사람을 존중하는 마음을 가지고 인간관계를 한다. 수줍음질이 어린 시절에 사랑 받으며 유복하게 성장했어도 이런 태도를 가지고 있는 사람들이 많다. 이들의 겸손함과 유순함은 여기서 흘러나온다. 그리고 남을 잘 배려하는 마음과 헌신적인 성품도 여기서 나온다. 반면에 이런 불평등한 관계방식은 인간관계에서 많은 오해와 문제를 낳는다. 따라서 수줍음질의 약점과 내적 갈등 역시 여기서 기인되는 것들이 많다. 이들은 이미 열등감과 낮은 자존감을 가지고 있기 때문에 다른 사람이 칭찬을 해도 잘 받아들이지 않는다. 그리고 거부감을 잘 느끼고 상처를 받는다. 그러나 표현하지 않기 때문에 주변 사람들은 이들이 상처받는 것을 알지 못한다. 그러면서 이들은 소외와 무관심의 상태에 있게 된다. 이로 인해 이들의 욕구는 늘 채워지지 않는 아쉬움으로 내면에 남아있게 된다. 이들은 표현을 잘하는 사람들을 부러워한다. 이들이 열등감 속에서 이렇게 다른 기질을 부러워하는 것은 무엇을 의미할까? 이것은 이들의 담즙질처럼 목표를 이루는 유능한 사람이 되고 싶고, 다혈질처럼 자신감 있게 자기를 표현해서 인정을 받고 싶으며, 우울질처럼 진리에 중심 잡힌 삶을 살기 원하고, 점액질처럼 자기를 보호하며 살고 싶다는 것을 의미한다. 이렇게 이들은 사실상 매우 욕심이 많은 사람들이다. 몸에 밴 착한 성품 속에 가려져 있어서 드러나지 않을 뿐이다. 이들이 진정으로 원하는 삶의 형태는 모든 것을 갖춘 완벽한 삶이다. 그러나 완벽하지 못한 자신을 비하하며 다른 기질을 부러워하면서 살아간다.

일대일 관계에서 잘 반응한다

이들은 일대일 관계에서 잘 반응한다. 이들은 공적인 자리에서는 경직되지만, 일대일 관계로 있으면 편안해진다. 이때는 상대방의 요구에 적극적으로 반응한다. 때로 속으로 쌓아둔 얘기를 끝도 없이 하는 경우도 있다. 이들은 일대일 관계에서는 비교적 안정감을 느낀다. 이때는 비난과 평가의 염려가 줄어든다. 상대방이 한 사람이어서 잘 맞추어 줄 수 있고 잘 반응할 수 있기 때문이다. 그러므로 수줍음질은 여러 사람들과 개인적인 관계를 맺어가며 교제한다. 초대를 받을 때에도 공적인 초대에는 잘 반응하지 않는다. 이들은 자신을 초대받을 자격이 없는 사람이라고 여긴다. 그래서 개인적으로 초대를 받을 때 비로소 자신도 초대를 받았다고 생각하고 편안한 마음으로 모임에 온다. 그러나 공적인 초대로 끝나고 개인적인 초대를 받지 못하면, 스스로 소외감을 느끼며 상처받는 경우가 많다.

(3) 수줍음질의 특별관계 영역

전형적인 현모양처이다

특별관계 영역에서 수줍음질은 전형적인 현모양처, 자상한 가장 스타일이다. 수줍음질 여자 아이들은 어릴 때부터 현모양처를 꿈꾸는 사람이 많다. 가정은 가장 안전한 관계이고, 희생하고 헌신하기에 충분히 효과적인 장소이기 때문이다. 이들은 가정에서 사랑하는 사람에게 마음껏 희생하고 헌신하며 사랑을 주고 싶어 한다. 수줍음질은 부모에게 효도하고 배우자를 존중하며 자녀들에게는 칭찬과 사랑을 듬뿍 준다. 수줍음질인 여자는 가정생활에서 살림 잘하고 자녀양육 잘하며 남편 뒷바라지를 잘하는 착하고 헌신적인 아내이며 엄마로 살아간다. 수줍음질인 남자는 가족에 대한 책임감이 강하고 아내의 말을 잘 듣는 부드러운 남편이며, 아이들에게는 매우 가정적이고 자상한 아빠로 살아간다.

기꺼이 헌신한다

이들은 사랑하는 사람들에게 기꺼이 헌신한다. 대상을 찾지 못하던 수줍음질의 헌신의 능력은 사랑하는 사람을 만나게 되면 아낌없이 부어주며 그 능력을 발휘한다. 이들은 시간과 노력과 물질을 아끼지 않는다. 그리고 자신의 헌신을 계산하지 않고 대가를 바라지 않는다. 단지 상대방이 자신의 헌신을 감사히 여기고 그 수고를 알아주기만 하면 된다고 생각한다. 그것으로 이들은 기쁘게 헌신하며 행복해 한다. 세심한 이들은 사랑하는 사람의 어떤 까다로운 요구에도 맞추어주려고 노력한다. 상대방의 만족을 통해서 자신의 헌신에 보람을 느낀다. 수줍음질은 이렇게 사랑하는 사람을 향해 완전하고 헌신적인 인간관계의 능력을 발휘한다. 헌신과 배려와 성실함 등 수줍음질의 모든 섬김의 능력은 가정생활에서 아주 잘 드러난다.

많은 사랑을 받기 원하지만 표현하지 않는다

수줍음질은 사랑하는 사람으로부터 많은 사랑을 받기 원한다. 그리고 자신의 헌신과 배려에 대하여 충분한 인정을 받기 원한다. 이들은 자신이 사랑하는 사람들에게 꼭 필요한 사람이 되고 싶어 하며, 또한 그것이 확인되기를 바란다. 그러나 이것을 표현하지 않는다. 그러므로 사람들은 수줍음질이 무엇을 원하는지, 언제 상처를 받는지, 어떤 욕구불만이 있는지 알지 못한다. 늘 친절하게 사랑하는 가족들을 배려하기 때문이다. 그러나 이들은 상대방이 자신의 마음을 알아주기를 원하고 사랑을 많이 표현해 주기를 원한다. 특히 가족들에게 자신의 헌신적 사랑을 인정받지 못하면 이들은 상처를 받는다. 그렇지만 이것을 드러내지 않고 오랫동안 마음에 넣어두기만 하기 때문에 가족들은 알지 못한다. 그러면 이들은 인정받기 위해 더욱 헌신에 몰두하게 된다. 특히 가장이 수줍음질인 경우에 가족들은 편하게 생각하고 아무렇게 대하기 쉽지만, 이들의 마음은 누구보다도 예민하고 많은 것을 원한다. 가장으로서의 권위를 인정받고 존경받기를 원하는 것이다. 그렇지 못한 것은 이들에게 상처가 되고, 이것은 잘 드러나지 않으며, 이 상처는 누적된다. 수줍음질의 이런 상처와 억압은 보통 여자들보다 남자에게 더 심하다. 대부분 수줍음질 남자들은 여자들보다 더 과묵하기 때문이다.

욕구를 억압한다

이들은 사랑하는 사람과의 관계에서 욕구를 억압하며 살아간다. 사랑하는 사람에게 헌신하면서 자신의 필요나 자신을 위한 편안한 시간 등이 희생되는 것이다. 이들은 내면에 욕구를 억압해 둔 채 괜찮다고 말하면서 사랑하는 사람들을 배려하며 희생한다. 이들은 표를 내지 않을 뿐 아니라 오히려 더욱 헌신적으로 행동하기 때문에 주변 사람들은 이들이 원하는 것이 무엇인지 알지 못한다. 그러나 이들은 언젠가는 사랑하는 사람이 자신의 마음을 알아줄 것이라고 기대한다. 그리고 사랑과 인정을 받을 것이라고 기대하며 헌신에 몰두한다. 그러다가 참을 수 없는 상태가 되어 배신감으로 돌아설 때는 억압해두었던 모든 것을 되새긴다. 따라서 이들은 매우 큰 분노를 느끼며 돌아선다. 이들이 이렇게 돌아서는 시기는 매우 오랜 시간이 흐른 뒤이다. 또 수많은 섭섭한 감정들이 누적되어 있어서 도저히 참을 수 없을 때이다. 억압되고 좌절된 욕구들은 분노로 누적되고 이것은 나중에 폭발한다. 그 대상은 가까운 가족 중에 아랫사람이 될 때가 많다. 그러나 정작 상처를 준 사람에게는 표현하지 못한다. 대부분 그들은 윗사람이기 때문이다. 특히 수줍음질 남자는 억압된 분노가 폭발할 때, 평소의 유순한 모습과는 달리 난폭한 행동으로 나타난다. 직접 상처받은 권위적인 인물에게는 등을 돌리는 형태로 나타내고, 아랫사람에게는 난폭해지는 형태로 나타나는 경우가 많다.

안전하다고 생각하면 개방적이 된다

수줍음질은 안전하다고 생각하면 개방적이 된다. 이들은 사랑하는 사람과의 관계가 안전하다는 것을 확신하게 되면, 다혈질처럼 많은 사랑을 달라고 표현한다. 즉 서로 간에 신뢰가 형성되어 어떤 말을 해도 비난받거나 관계가 깨어지지 않는다고 생각될 때이다. 그렇지만 그 요구는 다혈질처럼 충동적이거나 자기중심적이지 않다. 상대를 배려하며 원하는 것을 말한다. 또한 일단 신뢰관계가 형성되면 거절당해도 잘 받아들이고 이해한다. 수줍음질 특유의 충성심은 잘 변하지 않기 때문에 웬만한 일로는 사랑을 의심하지 않는다. 그러나 잊어버리는 것은 아니다. 마음에 기록해서 깊이 넣어둔다.

(4) 수줍음질의 일 영역

희생적이고 헌신적으로 일한다

일 영역에서 수줍음질은 희생적이고 헌신적이다. 이들은 일이 주어지면 손해를 감수하며 말없이 희생하고 봉사한다. 모임에서 궂은일을 도맡아하고, 물질과 시간과 노력을 아낌없이 바친다. 그리고 일하면서 짜증이나 신경질도 내지 않는다. 이들은 항상 상대방을 배려하는 마음을 갖고 있기 때문이다. 사람들이 서로 자기욕심을 채우고 자기생각을 주장하며 갈등과 반목을 계속할 때, 이들은 사람들이 원하는 것을 채워주는 것으로 삶의 보람을 삼는다. 집단 속에서 발생하는 사람들의 많은 갈등이 이들의 말없는 봉사와 헌신으로 잠든다. '어떻게 하면 사람들에게 도움이 될 수 있을까'를 살피고, 필요한 것이 발견되면 자신의 시간과 재물과 노력을 아낌없이 바치면서 일을 이루어 간다. 이들은 자신을 위해서는 넉넉하지 못하지만 남을 위해서는 시간과 재물을 기꺼이 내어놓으면서 일한다. 헌신과 봉사, 신실하고 충성스러움, 신뢰성 등으로 주어진 일을 책임감 있게 해낸다. 수줍음질은 관계지향적인 기질이지만 일 영역에서 이들의 강점은 매우 크다. 이들은 헌신적으로 일하면서 관계를 유지하기 때문이다. 수줍음질의 봉사 욕구와 여기서 나오는 희생적이고 헌신적인 성품은 사람들이 함께 일을 이루어 가는 데에 매우 중요한 요소가 된다.

주어진 규칙을 철저히 준수 · 강행한다

수줍음질이 가지고 있는 일에 대한 두드러진 특성은 규칙이 주어지면 철저히 준수하고 강행한다는 점이다. 이들은 관계지향적이지만 일이 맡겨지면 과업지향적인 사람처럼 일을 한다. 이 때 이들은 매우 강하고 책임감이 있다. 정해진 규칙에 따라 지시를 받은 대로 일을 한다. 또한 실수하지 않기 위해 철저하고 세심하게 원칙대로 일을 한다. 지시를 내린 사람과의 신뢰관계도 이들의 책임감에 크게 작용하는 요인이다. 따라서 수줍음질은 존경하는 사람과의 신뢰관계 속에서 명령을 받으면 강한 책임감을 가지고 일을 한다. 여기에 이들의 순종적 성향이 발휘되어 매우 성실하게 원칙대로 실행한다. 그리고 지도하는 사람의 목표에 도달한다. 이 때는 마치 담즙질이 일을 하듯 강한 실천력과 의지력을 나타낸다. 그러나 수줍음질은 스스로 결정해서 주도 하는 일을 맡지 못한다. 중요한 일을 책임지고 새로운 정책을 만들고 지시를 내리는 것은 이들에게 매우 부담스러운 일이다. 자신이 일을 잘못하여 주변 여러 사람에게 피해를 주게 될까봐 두려워한다. 따라서 이들은 규칙과 한계가 명확하고 세부적인 지침이 있을 때 일을 잘 해낸다. 이들은 세부적인 지침도 소홀하지 않는다. 그것을 지키는 실행능력은 다른 기질이 따라가지 못한다. 이 점은 다른 기질에서 잘 볼 수 없는 수줍음질만의 특성이다. 따라서 이들에게 주어진 일이 목표에 도달할 수 있도록 세부적이고 정확하다면, 이들은 그것을 성취해낸다. 충성심과 성실성과 책임감이 이들의 순종심과 함께 움직이며 일을 해낸다. 그러므로 이들의 순종심은 사람들 사이에서 약해 보이지만 수줍음질의 가장 큰 능력이다. 이들은 일 영역에서 약해 보이지만 실제로는 강하고, 무능력해 보이지만 실제로는 많은 능력이 있는 사람들이다. (다른 기질이 상처를 많이 받게 되면 수줍음질처럼 보일 수 있다. 기질이 수줍음질인 사람과 상처로 인해 수줍음질처럼 보이는 사람은 어떻게 다를까? 다혈질이 상처를 많이 받아 수줍음질처럼 보이는 경우에 '관계'보다 '일'에서 더 뚜렷한 차이를 보인다. 수줍음질은 철저히 시키는 대로 충실하게 최선을 다하는 반면, 수줍음질처럼 보이는 다혈질은 책임감과 인내심이 부족하고 지시대로 일하지 않는다. 자유분방하게 자기 스타일대로 일하는 경향을 보이며, 특히 창조적으로 일을 한다. 그리고 수줍음질처럼 보이는 담즙질은 일에 대하여 세세한 지시를 받으면 견디지 못한다. 또한 수줍음질처럼 보이는 우울질은 심각할 정도로 일을 회피하며 속으로는 무수히 비판한다.)

신실하게 일한다

이들은 신실하게 일한다. 어떠한 희생을 해서라도 주어진 일에 대한 책임을 반드시 해낸다. 따라서 중요한 일을 맡겨도 믿을 수 있고 어떠한 경우에도 신뢰를 저버리지 않는다. 이들은 한번 신뢰관계가 형성되면 책임감이 강해지고, 변치 않는 충성과 성실함을 보여주는 믿을만한 사람이다. 자신과의 신뢰관계에 있는 사람에게 먼저 등을 돌리지 않는다. 또한 다른 사람의 약점을 들추어 내지 않고 비판하지 않으며 신실하게 맡은 일을 해낸다. 특히 권위적인 위치에 있는 사람들에게는 더욱 그러하다. 수줍음질은 이렇게 일에서 책임감 있고 믿을만한 사람이다. 이런 면에서 사람들은 수줍음질과 같이 일하기를 원한다.

의존적, 종속적으로 일한다

수줍음질은 의존적이고 종속적 태도로 일한다. 의지력이 약하기 때문이다. 이들은 일생 동안 의존할 누군가를 찾는데 결혼 전에는 부모님을 의존하고, 결혼 후에는 배우자를 의존한다. 이들은 중요한 일을 다른 사람이 결정해주고 선택해 주기를 원한다. 이들은 자신의 인생 전체에 대해서도 스스로 주도하지 못하고 누군가 강력한 사람이 자신을 이끌어주고 책임져 주기를 원한다. 이 태도는 순종심이라는 강점도 가져오지만 다른 사람의 짐이 되기도 한다. 이들은 책임감과 결단력 있는 사람에게 일생을 의존하며 살아간다. 그러나 시간이 흐르면 그들은 수줍음질을 책임지는 부담에서 벗어나고 싶어 하며, 이들은 더 이상 자신을 책임져 주지 않는 사람에게 배신감을 느낀다. 이 때 수줍음질은 헌신적으로 일 해 왔기 때문에 버림받았다고 생각한다. 그러나 사실상 이들은 헌신과 봉사를 상대방에게 쏟으며 자신의 삶을 책임지도록 유도한 것이다. (특히 주도적인 담즙질과 의존적인 수줍음질은 서로 이러한 갈등관계에 놓이는 경우가 많다. 담즙질은 목표성취를 위해 순종적이고 성실한 사람을 필요로 하고, 수줍음질은 강력한 지도자를 원한다. 이렇게 이들은 서로를 필요로 하며 오랫동안 함께 일하는데, 나중에는 수줍음질은 담즙질에게 무시당함과 배신감으로 힘들어하고, 담즙질은 수줍음질을 책임져야하는 부담감으로 관계를 정리하고 싶어 한다.)

지도자에 따라 삶이 달라진다

이들은 지도자에 따라 삶이 달라진다. 수줍음질은 스스로는 비전을 따라 살지 못하지만 좋은 지도자의 가르침에 순종하여 능력 있는 사람으로 개발되며 비전을 이루며 살아간다. 이들은 지도자의 가르침과 기대에 벗어나지 않는 사람들이다. 그리고 의지하고 존경하는 사람의 모든 사고방식과 행동양식을 닮는다. 따라서 이들의 삶은 이들이 의존하는 대상이 누군가에 달려있다. 때로 수줍음질이 사람을 의존하던 것에서 벗어나 하나님을 의존하게 되면서 삶이 달라지는 사람들을 볼 수 있다. 이 때 이들은 하나님의 기대에 부응하려고 기독교 가치관과 행동양식을 배우면서 하나님이 원하는 삶을 살아간다. 이들이 삶의 지도자로 하나님을 만나게 되면 이들의 삶은 강해진다. 그리고 비로소 사람으로부터 자유로워진다. 자신의 헌신에 대하여 사람들의 인정이 없어도 분노하지 않게 되고, 하나님으로부터 오는 인정으로 진정한 충족감을 느끼게 된다. 그리고 하나님과의 깊은 신뢰관계 속에 들어감으로서 신앙이 깊어지고 충성스러운 하나님의 종이 된다. 수줍음질은 완전한 지도자를 만나면 '절대 순종'이라는 힘으로 비전을 성취하며 살아간다.

다른 사람의 부탁을 거절하지 못한다

이들은 다른 사람이 부탁하는 일을 거절하지 못한다. 다른 사람의 부탁을 기꺼이 들어주기도 하지만 무리한 부탁을 받아도 잘 수락한다. 속으로는 원치 않는 일이고 무리한 일이라고 생각해도 이들은 잘 거절하지 않는다. 이로 인해 힘에 겨운 희생을 하게 될 때가 많다. 그리고 정작 해야 할 자신의 일은 뒷전이 된다. 사람들의 부탁을 들어주면서 가족들과의 약속은 잊어버리기도 한다. 이들이 이렇게 사람들의 무리한 부탁을 수락하는 이유는 좋은 관계를 유지하기 위해서이다. 그래서 무리한 일을 떠맡게 되고, 타인에 의해 좌우되는 원치 않는 삶을 산다.

(5) 수줍음질 사례

원치 않는 삶을 살아온 한 여인

조용하고 유순한 성격의 이 여인은 알 수 없는 슬픔이 자주 밀려온다. 남편은 대기업의 중견간부이고, 아들도 잘 자라서 일찍 대학에 교수로 발탁되어 걱정할게 없다. 남들은 자식농사도 잘 짓고 남편도 성실하니 아무 문제없는 집이라고 부러워하지만 그녀는 행복하지 않다. 어렸을 때부터 하고 싶은 것을 포기하며 살아왔다. 뜨개질을 하고 있으면 엄마가 '공부나 하지 쓸데없는 뜨개질을 왜 하니?'라고 해서 뜨개질을 그만 두었다. 또 그림을 그리고 싶어 했지만 엄마가 '그런 거 하면 좋은 데 시집 못 간다'고 해서 하고 싶다는 말 한마디 못하고 공부만 했다. 대학을 진학할 때도 자신은 국문과로 가고 싶었지만 엄마가 '너는 약대를 가는 것이 좋다'고 해서 어머니 말씀대로 약대로 갔다. 결혼 한 뒤에 시어머니가 '여자가 집에서 놀면 뭐하겠나? 젊을 때 돈이라도 벌어야지'라고 해서 시키는 대로 약국에 근무했다. 남편은 아침 일찍 체력관리를 위해 수영을 가고, 회사일이 끝나면 저녁에는 벤처를 하면서 밤이 늦어야 집에 온다. 이 여인은 늘 외로워서 남편과 함께 있고 싶었지만 일찍 들어오라는 말을 한 번도 못해 보았다. 결혼생활 삼십년이 넘도록 남편에게 잔소리해 본 적이 없다. 아들은 한없이 착한 엄마가 '원래 그런 사람'이라고 생각했다. 남편도 아내가 자신과 같이 있고 싶어 한다거나 생일을 챙겨주길 원한다거나 같이 저녁을 먹고 싶어 한다고 생각하지 못했다. 오랜 세월을 이렇게 살아오면서 그녀는 자신이 원하는 것이 무엇인지조차 흐릿해졌다.

결혼 당한 총각 선생님

수줍음질인 총각 선생님은 맞선을 보는 자리에서 부끄러워 고개를 들지 못했다. 여자의 얼굴이 궁금했지만 얼굴이 빨개져서 고개를 숙인 채 앉아 있었다. 청혼을 하고 싶었지만 망설이고 있을 때에 여자가 적극적으로 청혼을 해서 결혼하게 되었다. 그렇게 일을 잘 추진해주는 여자가 총각 선생님은 내심 좋았다. 결혼식과 살림살이 장만도 여자가 알아서 다 해주니까 척척 일사천리로 진행이 되었다. 수줍음질인 선생님은 아내를 헌신적으로 사랑했다. 아내가 원하는 일이라면 무슨 일이든지 기쁘고 즐겁게 다 해주었다. 한번은 임신한 아내가 한 겨울에 수박이 먹고 싶다고 해서 시내에 있는 백화점을 다 찾아 다녔지만 수박을 살 수 없었다. 마침 서울에 볼일이 있어 다녀오는 길에, 서울에 있는 백화점을 뒤져서 엄청나게 비싼 수박을 사와서 아내에게 준 일도 있었다. (그 때는 겨울에 수박이 잘 없던 시절이었다.) 헌신적인 남편은 과일을 유난히 좋아하는 아내가 먹고 싶다고 하는 것을 사주지 않은 적이 거의 없다. 결혼한 지 이십년이 지난 지금도 남편은 아내를 위해서라면 아무리 지치고 힘들어도 뭐든지 다 해준다. 이 부부는 학교에서 금슬 좋은 부부로 소문이 나 있다.

아버지의 사업을 물려받은 막내

아버지 사업을 물려받은 남자는 오형제 중에서 막내다. 형들은 원하는 대로 출가하여 독립하였지만, 수줍음질인 그는 목재소에서 연로하신 아버지를 도와 일하였다. 그는 아버지의 뜻을 받들어 목재소를 성실하게 운영하였고, 돈 문제에서는 특히 정직하였다. 시어머니가 계시지 않는 집에서 살림을 맡은 아내는 시아버님께 생활비를 일일이 받아서 살림을 하였다. 남편이 생활비를 주지 않았기 때문이다. 아이가 학교에 입학하고 난 뒤에는 소소한 학용품 사는 것조차도 어려웠다. 아내로서는 시아버님께 일일이 돈을 받아서 아이들 양육하는 것이 매우 힘들었다. 수줍음질 남편은 아내가 힘들게 살아가는 것이 가슴 아팠지만, 그에게는 성실하고 정직하게 아버지의 사업을 해야 한다는 신념이 더 컸다. 그러나 아버지는 그렇게 생각하지 않았다. 막내아들이 자기가 필요한 돈을 다 챙기면서 또 생활비며 교육비를 받아간다고 생각하였다. 그의 형들도 그렇게 생각했다. '저렇게 오랫동안 목공소 일을 맡아서 했으니 따로 한 몫 두둑이 챙겨놓았을 거야' 라고....... 그러나 그는 아버지가 주시는 돈 외에는 한 푼도 자신의 주머니로 들어가지 않았다. 이런 정직함은 그의 자존심이었지만 형제들은 몰라주었다. 형들은 사업에 돈이 필요하다며 와서는 다 한 몫씩 챙겨가기도 했고, 이런 저런 이유로 수시로 아버지에게 돈을 받아갔다. 그리고 형들 집에 가보면 자기와는 달리 너무나 풍요롭게 살고 있었다. 섭섭하고 화가 났지만 겉으로는 표현하지 않았다. 그리고 이렇게 충직하게 일하면 아버지도 형들도 언젠가는 자기 마음을 알아주실 것이라고 생각하며 오랜 세월을 참고 지냈다. 그러는 동안 그의 아내와 자식들은 고생하면서 자랐고 형제들은 이런 사실을 알아주지 못했다. 아버지가 돌아가시자 형들과 유산을 나누었을 때에는 형들은 현금을 모두 분배해 갔고, 막내 동생에게는 목재소가 돌아갔지만 이리저리 정리를 하고 나니 남은 돈은 거의 없었다. 그는 허탈감과 배신감을 누를 수 없었다. 그러나 형들에게 아무 말도 하지 않았다. 그는 일생동안 가족을 위해서 봉사하며 충성했지만 아무것도 돌아오지 않는 자신의 삶을 후회했다. 그리고 고생시킨 아내와 자식들에게 정말 미안했다. 그러다가 얼마 후 친구가 찾아와서 돈을 빌려 달라고 하였다. 그는 유산으로 물려받은 약간의 돈까지 다 빌려주었는데, 그 친구는 결국 파산을 했고 자취를 감추어버렸다. 그 뒤에 파산한 친구가 시골에서 사슴 농장을 하고 있다는 소식을 듣게 되었다. 그러나 그는 친구에게 돈을 받으러 가지 못하고, 친구가 찾아와서 빌려간 돈을 갚아주기를 바랬다.

착한 남자

시장에서 떡집을 하는 그는 착하다고 소문 난 청년이다. 손님에게도 친절하고 인심이 후하고 화를 내는 법이 잘 없었다. 그는 한 매력적인 여자를 알게 되었다. 그녀의 형편은 참으로 어려웠지만 힘든 일들을 잘 헤치고 나가는 여장부였다. 여자에게는 공부시켜야 할 동생들이 세 명이나 있었고, 그녀도 공부하고 싶지만 엄두도 못내는 형편이었다. 그는 그녀와 동생들을 보살펴 주고 싶었다. 가족들의 반대를 무릅쓰고 그는 그녀와 결혼하였고 총각 때에 모아놓았던 돈으로 집 한 칸 마련하고 시장에서 부지런히 장사하며 처남들을 공부시켰다. 자식들도 셋이나 태어나고 대가족을 먹여 살리며 공부시키는 것은 힘들었지만, 그는 힘든 표시 한 번 내지 않고 기쁜 마음으로 일했다. 떡집을 할 때 아내를 만났지만 얼마 되지 않아서 IMF로 인해 장사가 잘 안되었다. 고민하는 그에게 아내는 "이럴 때는 길거리에서 포장마차를 하는 것이 더 낫다"고 해서 그는 곧 포장마차에서 붕어빵과 어묵을 만들어 팔았고 그 수익이 제법 좋았다. 그러나 몇 년 뒤에 그의 주변에는 너무나 많은 붕어빵 집이 생겨버렸다. 다시 아내는 "요즘 웰빙 식품이 각광을 받기 시작하니 차로 유기농 야채 배달을 하자"고 하였고, 그는 곧 아내의 말대로 유기농 야채 배달을 시작했다. 그러는 가운데 아내는 대학원을 졸업하고 전문직을 갖게 되었다. 그는 초등학교만 졸업하였으나 아내와 자녀들과 처남들을 다 대학까지 공부 시키면서 삶의 보람을 느끼며 살아온 사람이다.

회장에 당선되자 화를 내는 집사님

교회에서 모범적인 신앙생활을 하는 그들 부부는 두 사람이 다 수줍음질이다. 이들은 교인들 가운데도 충직한 봉사자로 소문이 나있고 목사님도 이들 부부를 믿음직스럽게 생각하였다. 교회에서 무슨 일이 생기면 언제나 먼저 달려와서 일을 처리하였고 교회에서 고장 난 것이 없는지 살피고, 필요한 물품이 있으면 말도 없이 어느새 만들어서 갖다 놓곤 하였다. 아내도 봉사는 물론 교회를 위해 늘 기도하는 집사님이었다. 그 부부는 교회 살림살이를 도맡아서 하다시피 했다. 교회 사람들은 이들의 이런 헌신을 잘 알고 있다. 관리집사님도 계셨지만 이 집사님 부부는 관리집사님보다도 교회 일을 더 잘 살폈다. 이들 부부는 목사님께서 하시고자 하는 일에 반대하는 일이 거의 없고, 사람들이 교회에 대해 불평해도 그저 웃으면서 듣기만 했었다. 교인들은 이분들이 화내거나 인상 쓰는 것을 한 번도 본 적이 없었다. 그런데 이들이 화를 내서 온 교회 사람들이 놀란 일이 있었다. 남전도회 회장 선거에서 사람들이 그 집사님을 회장으로 추천했다. 그는 "회장은 하지 않겠다"고 하며 밖으로 나가 버렸는데도 회장에 당선이 되어버렸다. 그 집사님은 "하지 않겠다는데 왜 이렇게 사람을 곤란하게 하느냐"고 정색을 하며 화를 냈고 사람들은 당황스러웠다. 그렇게 화를 내는 모습을 처음 봤기 때문이었다. 그 집사님의 완강한 고집으로 다시 투표를 하여 결국 다른 사람을 회장으로 선출하였다.

현모양처

집사님은 소문난 현모양처이다. 집사님의 언행에서는 유순함이 줄줄 흐른다. 그녀는 어린 시절에 아버지를 무척 좋아했고 아버지로 인해서 자신의 삶이 행복했다고 생각했다. 신앙으로 가정교육을 받았던 그녀는 착하고 순종해야 복 받고 잘 살 수 있다고 배웠다. 그런데 의지하던 아버지가 부도덕한 행동을 하는 것을 보게 되었다. 어린 그녀는 혼란스러웠다. 속으로는 아버지를 비판하며 원망했지만 겉으로는 여전히 착하고 순종적인 딸이었다. 이렇게 성장한 그녀는 능력 있는 멋진 남자를 만나 결혼했다. 그리고 남편을 왕처럼 모셨다. 남편 역시 아내가 바라던 대로 든든한 버팀목이 되어 주었고, 집사님은 남부럽지 않는 사랑을 받고 살았다. 아들에게도 물론 최고의 헌신적인 엄마였다. 그러다가 남편의 사업이 부도가 나서 많은 고생을 하게 되었다. 그래도 남편과 아들에게 친절하고 따뜻한 모습을 잃지 않았다. 형편이 어려웠지만 언제나 교회에서도 최선을 다해 섬기며 봉사했다. 생활비가 없어도 헌금만은 풍성하게 했다. 아들이 결혼 한 뒤 할머니가 되었는데 손자들에게도 역시 최고의 할머니다. 어린 손자의 질문에 따뜻하고 부드러운 말씨로 자세히 대답해주고, 할 수 있는 최선을 다해 사랑을 쏟아 준다. 며느리에게도 딸처럼 대해준다. 신경질이나 짜증을 부리거나 화내는 것이 그녀의 사전에는 없는 것 같다.

적 용

1. 자신이 수줍음질입니까? 그렇다면 어떤 것을 고민하고 힘들어하는지 말해보세요. 그리고 주변 사람들과는 어떤 점에서 힘든지도 생각해 보세요.

2. 주변에 수줍음질이 있습니까? 그렇다면 그와 어떤 점이 힘든가요? 그리고 어떻게 수줍음질을 이해하고 도와줄 수 있는지에 대하여 생각해 보세요.

5) 점액질

기질 격자판으로 본 점액질의 기본성향은 다음과 같다.

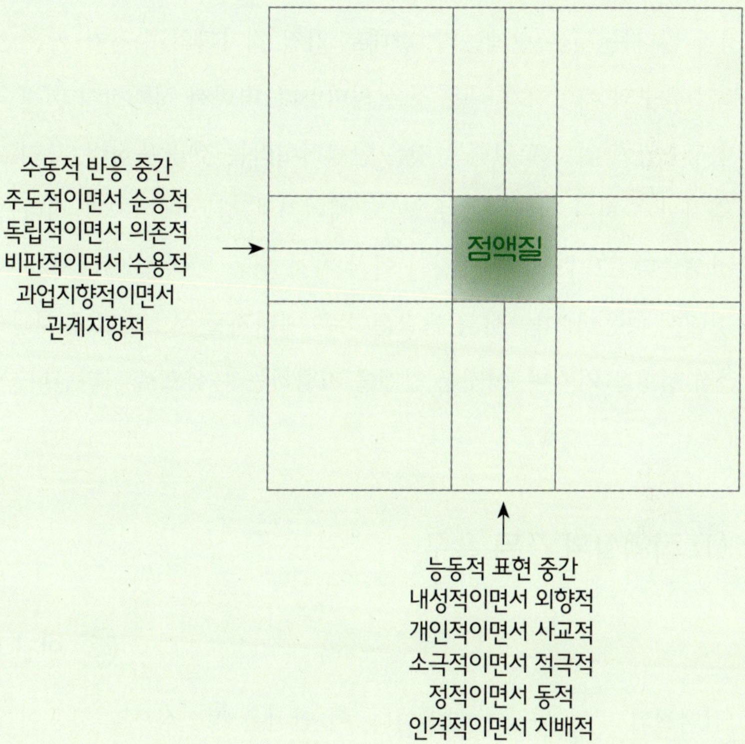

점액질을 이해하기 위해서는 이들이 기질 격자판의 정중앙에 위치한 것이 무엇을 의미하는지 그리고 기질 격자판 수치가 작다는 것이 무엇을 의미하는지 알아야한다. 기질 격자판 수치는 삶의 에너지와의 관계가 깊다. 기질 격자판의 수치가 크면 행동(또는 사고)이 크다. 그리고 행동이 크다는 것은 욕구가 크다는 것을 의미한다. 또한 욕구가 크다는 것은 에너지가 많다는 것은 말해준다. 반대로 기질 격자판의 수치가 작은 것은 행동과 욕구와 에너지가 적은 것을 의미한다. 따라서 점액질이 기질 격자판의 정중앙에 위치해 있다는 것은 안정적이라는 것을 뜻한다. 그리고 기질 격자판 수치가 작다는 것은 사고 에너지와 행동 에너지가 적다는 것을 말해준다. 그러므로 점액질의 여러 가지 행동 특성은 '에너지가 적다'는 것에서 나온다. 따라서 점액질은 적은 에너지를 보호하고 유지하려는 기질적 성향을 가지며, 이것은 안전을 지향하는 특성으로 나타난다.

(1) 점액질의 주된 욕구

안전 욕구

점액질의 주된 욕구는 안전이다. 이 안전은 정신적으로 갈등이 없고 육체적으로는 편안한 환경이다. 이들은 안전하기위해 합리적인 사고방식을 선호하며 효율적으로 생활하며 경제적으로도 안정된 생활을 원한다. 또한 에너지를 아끼며 평화로운 주변 환경을 만들어간다. 그리고 일과 관계에서 적당한 선을 유지하며 안전을 지켜나간다. 어떻게 해야 효율적으로 일할 수 있고, 어떤 것이 현실적인 이익을 주는 것인지 분석 · 비판하며 판단한다. 또한 융통성과 유연성을 가지고 사람들의 갈등을 해결하고 분쟁을 조절하며 집단에 안전을 가져다준다. 뿐만 아니라 이들은 자신의 마음도 잘 조절하며 안전을 유지한다. 잘 흥분하지 않으며 격앙되는 일이 없고, 힘든 일을 빨리 잊어버리면서 스트레스를 받지 않는다. 그리고 다른 사람으로부터 자신의 생활영역을 침해받지 않으면서 안전을 지킨다. 이렇게 안전에 집착하는 점액질은 일생을 살아가면서 점진적인 변화와 진보를 이루어간다. 급작스런 변화와 개혁은 시도하지 않는다. 그리고 다른 사람이 이들을 변화시키려고 하면 고집스럽고 완고해지면서 자신의 안전을 고수한다. 자신의 안전을 흔든다고 생각해서 완강하게 거부하며 방어하는 것이다. 그러나 피할 수 없는 상황이 되면 안전을 위해서 빠르게 적응하며 융통성과 유연성을 발휘한다.

편안함 추구

점액질의 적은 에너지와 안전에 대한 욕구는 이들로 하여금 편안한 생활을 추구하게 한다. 에너지를 적게 소모하며 정신적인 스트레스가 없는 평온한 삶이다. 그러므로 이들은 다른 기질에 비해 느리고 굼뜨며 비활동적이다. 또한 동기부여도 잘 안되고 일에 대한 의욕이 적다. 이들은 자신의 편안함에 집착하면서 이기적이 되는 경향이 있고 게으른 생활을 한다. 특히 남을 위해 에너지를 써야하는 헌신 · 봉사는 이들에게 큰 스트

레스이다. 따라서 이들은 편안히 앉아서하는 직업에 매력을 느낀다. 편안히 앉아서 온갖 정보와 지식에 들어갈 수 있는 컴퓨터 계통의 일은 이들이 매우 선호하는 직업이다. 이들은 이렇게 편안함을 추구하면서 에너지를 보호하고 안전을 지킨다.

휴식 욕구

이들은 휴식을 통해 에너지를 얻는다. 다른 네 개의 기질은 일이나 관계 등의 외적 자극이나 성취 목표에서 에너지가 나온다. 그러나 안전을 지향하는 점액질은 외부에서 에너지를 얻지 못한다. 그래서 이들의 에너지는 약하고 쉽게 사라진다. 자주 에너지 고갈을 느끼고 피로감을 느낀다. 그러므로 이들은 제 때 식사를 해야 하고 제 시간에 자야한다. 밤샘하면서 일하지 못한다. 쉬지 않고 일을 하면 금방 탈진해 버린다. 에너지가 적기 때문이다. 따라서 이들에게는 편안한 잠자리, 영양가 있는 음식, 휴식을 취할 수 있는 편안한 환경이 필요하다. 안정된 의식주는 이들이 매우 중요하게 여기는 것이다. 그러므로 이들은 돈에 집착하는 경향이 있고 현실주의자이다. (현재중심인 다혈질은 원하는 것을 지금 채우고 싶어하며, 현실주의인 점액질은 경제적 이득을 원한다.)

(2) 점액질의 일반관계 영역

조용하고 침착하며 태평스럽고 느긋하다

점액질이 일반관계에서 다른 사람들과 잘 구별되는 면은 조용하고 침착하며 태평스럽고 느긋한 태도이다. 이들의 말씨는 부드러운듯하지만 차갑고 깊이 가라앉아 있다. 그리고 감정을 잘 드러내지 않으며, 감정적으로 격앙되는 일이 거의 없고 평화롭고 일관성 있다. 점액질은 이렇게 안정적인 태도로 적절한 관계를 유지하며 은근히 농담을 잘한다.

안정되어 있고 보수적이다

일반관계 영역에서 점액질은 가장 안정적이고 보수적인 삶의 태도를 가지고 있다. 이들은 비활동적이어서 느리고 일정하게 행동한다. 따라서 이들의 가장 큰 강점은 안정된 삶의 태도이다. 이들은 안전을 위해서 무리하지 않고 규칙적이고 균형 잡힌 생활을 지향한다. 안전을 위해 현실에 잘 적응하려고 노력하면서 현실적인 사고방식을 발달시켜 나간다. 합리적인 사고방식을 좋아하며 효율적으로 생활한다. 그리고 안전을 유지하기 위해 에너지 소모를 피한다. 따라서 충동적이거나 정열적인 것과는 거리가 멀다. 때로 정열적인 점액질이 있는데 그들의 정열은 조용하면서 뜨겁다. (다혈질의 정열과는 확연히 구별된다.) 이들은 불규칙한 생활양식을 싫어하며 첨단유행에 잘 휩쓸리지 않고 군중 심리에 잘 반응하지도 않는다. 이렇게 이들은 안정되고 보수적인 삶의 태도를 가지고 있다. 기존의 생활 방식을 잘 지키며 살아가는 것이 안전하기 때문이다. (안정된 점액질과는 달리 다혈질은 활달한 움직임과 넘치는 에너지 그리고 정열적인 행동 특성을 가지고 있다. 그러므로 점액질과 다혈질의 행동은 서로 대조적이다. 반면에 우울질과 점액질은 안정적이면서 흡사한 행동들이 많다. 그러나 우울질은 사고력과 신중함에서 안정된 행동이 나오는 반면, 점액질은 평화와 안전 그리고 자기보호에서 안정된 행동이 나온다. 따라서 우울질은 냉정하게 보이지만 관계 속으로 들어가면 따뜻하고, 점액질은 부드러운듯하지만 관계 속으로 들어가면 냉정하다.)

저조한 톤으로 말하며 침체된 느낌을 준다

이들은 말을 할 때 저조한 톤으로 말하며 침체된 느낌을 준다. 에너지가 약한 이들은 격앙된 톤으로 말하는 사람이 거의 없다. 대부분 목소리가 작고 속으로 들어가는 듯하며 가라앉은 듯하다. 이들의 말은 앞으로 뻗어나가는 느낌이 없으며, 상대방에게 전달하려고 별로 애쓰지 않는다. 그래서 조금 멀리 떨어진 사람에게는 잘 들리지 않는다. (점액질은 말하는 스타일에서 다혈질과 뚜렷한 대조를 보인다. 다혈질은 고조된 톤으로 감정적으로 말하고, 점액질은 저조한 톤으로 차분하게 말한다.)

적당한 관계를 유지하려고 한다

점액질은 주변 사람들과 적당한 관계를 유지하며 살아간다. 이들은 다른 사람의 삶에 깊이 관여하지 않고, 다른 사람이 자신의 삶에 깊이 들어오는 것을 원치 않으면서 독립적인 인간관계를 갖는다. 이들은 사람들과 필요 이상 가까워지는 것을 경계한다. 이런 태도는 일반관계 영역 뿐 아니라 특별관계 영역과 일 영역에서도 나타나는 점액질의 두드러진 삶의 방식중의 하나이다. 이들은 주변 모든 것들과 적당한 거리를 유지하면서 자기를 보호하고 에너지를 관리하며 안전을 지키며 살아간다. 그러므로 다른 사람이 자신의 사생활 속으로 들어오려 하면 냉정하게 선을 그으면서 방어한다. 또한 그들의 삶에 자신이 연루되는 것도 싫어한다. 새로운 환경이나 활동을 접하는 것도 좋아하지 않는다. 새로운 환경에 들어가면 적응하기 위해 신경을 써야 하기 때문이다. 에너지를 소모해야 하는 것이다.

변화와 개혁을 원치 않는다

점액질은 변화와 개혁을 원치 않는다. 변화란 에너지를 소모해야 하는 일이며, 개혁이란 생각만 해도 피곤한 일이다. 개혁 후의 나아진 생활을 생각하면 매력적이라고 여기지만, 이들에게는 변화를 위해 계획을 세우고 실행할 에너지가 없다. 이들은 웬만하면 익숙한 삶의 방식과 습관에서 벗어나지 않으려고 한다. 늘 살아오는 생활방식대로 늘 만나던 사람들과 살아가는 것을 편안해 한다. 그러므로 이들은 고지식하고 완고하고 방어적이 된다. 따라서 케케묵은 전통을 고수하며 매너리즘에 빠져 지루하게 살아가는 점액질이 많다. 주변 사람들이 이들에게 변화를 요구하면 안전에 더욱 집착하고, 변화와 개혁을 거부하는 고집불통이 되는 경향이 있다.

평화주의자이다

점액질은 평화를 사랑하는 부드러운 기질이다. 이들은 주변 사람들과 융통성 있게 행동하며 충돌을 피한다. 또한 이들의 주변 환경도 평화롭기를 원하므로 사람들의 싸움과 갈등을 화해시킨다. 이때 개인적인 감정을 드러내지 않고 중립적인 태도로 중재역할을 한다. 평화로워야 안전하기 때문이다. 기질 격자판에서 중간에 위치한 이들은 상황을 객관적이고 정확한 눈으로 바라볼 수 있다. 반면에 필요하면 어디에도 속하여 그 색깔을 가질 수 있는 사람들이다. 또한 어떤 성향의 사람들도 이해하고 수용할 수 있는 사람들이다. 그래서 이들은 한쪽에 치우치지 않고 중립적인 위치에 설 수 있다. 사람들이 서로 상대방을 헐뜯고 욕할 때에도, 이들은 양쪽 다 이해할 수 있고 들어주고 공감할 수 있다. 그리고 서로 한걸음씩 양보한 합리적인 타협안을 제시한다. 이때 감정적이 되지 않고 흥분하지 않고 더욱 침착해진다. 그리고 갈등이 심해지지 않도록 말을 아끼면서 중재역할을 한다.

현실적이고 이재에 밝다

이들은 또한 매우 현실적이며 이재에 밝다. 이들의 삶은 현실적 이득을 주는 방향으로 움직인다. 은근히 돈 계산이 빠르고 돈 욕심을 낸다. 안전하고 편안하게 살기위해서 돈이 필요하다고 생각하기 때문이다. 이들은 돈이 없으면 안전이 무너지는 두려움을 느낀다. 그러므로 이들은 미래의 안전을 위해 돈이 저축하며 노후를 대비한다. 따라서 구두쇠 경향이 있다. 때로 점액질은 생활비가 주어지면 굴욕적인 환경에서 견디기도 한다. (각 기질들의 돈에 대한 태도를 보면, 우울질은 옳은 일에 쓰기 위해 돈을 저축하고, 담즙질은 목표성취를 위하여 필요한 자본금을 모으고 자신의 품위 유지비로 돈을 지출한다. 다혈질은 교제와 재미를 위해 돈을 쓰며 저축과는 거리가 멀다. 수줍음질은 다른 사람을 위해 헌신 · 봉사하면서 돈을 쓴다. 그리고 점액질은 미래의 안전을 위해 돈을 저축하고 편안한 의식주와 건강유지비로 돈을 지출한다.)

꾸준히 진보하는 삶을 산다

점액질의 독특한 강점을 든다면 꾸준히 진보하는 삶을 사는 것이다. 에너지가 적은 이들에게 빠른 변화는 기대하기 힘들다. 그러나 일생을 통해서 느리지만 꾸준히 전진하는 삶을 살아간다. 이들에게는 천천히 진보하는 것이 가장 안전하며 힘이 적게 드는 방식이다. 그러면서 이에 따른 또 하나의 강점은 유혹에 빠질 염려가 적다는 것이다. 에너지도 적고 효율적으로 살아가기를 원하는 이들은 노름, 도박, 성, 오락 등에 빠질 염려가 적다. 이들은 그런 중독성 있는 행동에 깊이 빠질 만큼의 에너지를 가지고 있지 않다. 비효율적이고 비생산적인 일에 안전을 위협받으면서까지 에너지를 소모하지는 않는다. 쾌락보다는 안전이 더욱 중요하기 때문이다. 그래서 사람들이 울며불며 죄를 회개하고 부흥회를 할 때, 이들은 생각한다. '왜들 야단법석이지? 뭐가 저렇게 회개할 죄가 많을까'라고...... (점액질의 변화와 다혈질의 변화는 대조적이다. 정열적인 다혈질의 변화는 어느 날 빠르게 진보하다가 다시 퇴보하고, 또 다시 빠르게 진보하고 퇴보하기를 거듭한다. 그러나 안정지향적인 점액질은 느리고 꾸준히 점진적으로 진보한다. 또한 다혈질은 에너지가 많고 정열적이어서 유혹과 쾌락에 잘 빠지는 반면에 점액질은 쾌락에 빠질 에너지가 없는 사람이다. 이렇게 삶의 에너지가 넘치는 다혈질과 에너지가 적은 점액질은 서로 반대되는 면이 많다.)

(4) 점액질의 특별관계 영역

사랑과 정을 적당히 표현하고 반응한다

점액질은 사랑과 정을 적당히 표현하고 반응한다. 이들이 특별관계 영역에서 나타나는 독특한 면은 사랑하는 사람들을 대하는 방식이나 일반관계 영역에 있는 사람들을 대하는 방식이나 비슷하다는 것이다. 이들은 가장 합리적이고 안전한 방식으로 사람을 대한다. 이 안전한 방식은 대상에 따라 조금씩 조절하는 융통성이 있지만, 집안에서나 집밖에서나 크게 달라지지 않는다. 즉 사랑과 정을 적당하게 표현하고 반응하는 것이다. 이들이 생각할 때, 사랑을 너무 표현하는 것은 에너지가 소모되는 일이고, 너무 반응하지 않는 것은 관계를 힘들게 해서 갈등이 생길 수 있다. 이것은 안전과 평화가 깨어질 수 있다. 그러므로 이들은 적장한 선에서 꾸준하고 변함없는 관계를 오랫동안 지속한다. 친구로 오랜 세월동안 사귀어도 늘 비슷하고 가족으로 수십 년 살아도 처음이나 나중이나 관계의 깊이는 비슷하다. 이렇게 이들의 관계방식은 안정적이다. 그렇지만 정지되어 있다. 이로 인해 사랑하는 사람들은 외로워한다. 그러나 이들은 별 문제가 없다고 생각하며, 사랑하는 사람들과의 이런 문제를 덮어 버린다. 실제로 이들은 그 상태가 편하기 때문에 별 문제를 느끼지 못하며, 깊은 관계를 필요로 하지도 않는다. 상대방이 화를 내고 문제를 표면화시켜도 점액질은 무시해 버린다. 그러나 관계를 발전시키고 싶어 하는 사람은 혼자서 속이 탄다. 이들은 '문제 없음' 영역에 남아 있기 때문에 관계가 더 이상 발전하지 못한다. 이로 인해 점액질과 그의 배우자는 겉으로는 평화롭지만 속으로는 냉랭한 관계 속에 있는 경우가 많다.

헌신하는 것이 힘들다

이들은 사랑하는 사람을 위해 몸으로 헌신하는 것이 매우 힘들다. 에너지가 적고 비활동적이며 무기력한 이들에게 '헌신'은 부담스러운 단어이다. 점액질은 사랑하는 사람들과의 관계에서도 헌신하지 않고 편하고자 한다. 헌신할 에너지가 없다. 이들은 자신의 안전과 평화를 위해서 몸을 사리고, 휴식과 음식섭취와 건강유지에 신경을 많이 쓴다. 이로 인해 이들은 이기적이 된다. 사랑하는 사람들은 이들을 변화시키려고 갖은 애를 쓰지만 이들은 고집스럽고 완고하다. 그리고 사랑을 원하는 주변 사람들의 요구나 감정을 무시한다. 이들이 사랑하는 사람들에게 보여주는 이런 이기적 행동은 그들을 화나게 할 때가 많다. 또한 감정적으로 차갑고 방어적이며 비연루적인 모습들은 오랫동안 관계 속에 있는 사람들을 질리고 힘들게 하기도 한다. 이들이 상대방의 마음을 모르는 것은 아니다. 점액질은 상대방의 마음을 예리하게 읽지만, 단지 편안하고 싶은 것이다. 이것을 알고 있어도 별로 고민하지 않는다. 이들은 행복하지도 않고 그렇다고 불행하지도 않다.

삶의 변화를 원치 않는다

점액질은 변화를 원치 않는다. 가정생활도 변하지 않기를 바라고 이사 가는 것도 좋아하지 않는다. 변화는 신경 쓰이는 일이고, 에너지 소모하는 것이며 피곤하고 귀찮은 것이다. 안정적인 삶과 편안함을 추구하는 이들은 생활하는 데에 큰 불편이 없다면, 그냥 그대로 있는 것이 더 낫다고 생각한다. 문제가 생겨도 자기를 보호하는 재빠른 합리화와 방어적인 문제회피로 안락하게 살아간다. 이들은 이런 자신에 대하여 문제가 있다고 생각도 하고 또 별 문제가 없다고 생각도 한다. 또 문제가 있어도 고민하지도 않고 문제시하지 않는다. 이런 상태가 이들의 특징이다. 그래서 이들은 보람 있는 삶의 발전이 없다. (대부분의 점액질은 변화를 좋아하는 다혈질의 생활 방식을 피곤해 한다. 점액질이 다혈질과 한 가족이라면 이들은 이런 점에서 서로 갈등하는 경우가 많다.)

독립된 공간을 원한다

이들은 휴식을 위한 독립된 공간이 필요하다. 사랑하는 사람과도 적당한 거리를 두며 독립적으로 살아가기를 원한다. 이들에게는 지나친 집착이나 애정을 가질만한 에너지가 없다. 그래서 사랑해도 어느 정도 거리를 둔다. 너무 많은 사랑을 요구하지 않으며, 어느 정도의 사생활을 인정해준다. 그러므로 사랑하는 사람을 적당히 지배하고 적당히 요구를 들어줌으로 서로 간에 독립적인 인간관계를 갖는다. 또한 사랑하는 사람이 지배 ·

통제를 하려고해도 이들은 그 속에 들어가지 않는다. 그리고 적당한 수준에서 그 지배 · 통제를 받아준다. 이 균형이 깨어져서 갈등하게 되는 것은 정신적 평화가 깨어지는 일이고 에너지 소모이기 때문이다. 뿐만 아니라 사랑하는 사람에게 문제가 있어도 '자기 일이니까 자기가 알아서 하겠지'라고 생각한다. 자녀에게 문제가 생겨도 '독립심을 키워줘야 해'라고 하며 혼자 해결하도록 둔다. 이로 인해 차갑고 무관심해지는 경향이 있다.

감정을 잘 드러내지 않는다

점액질은 감정을 잘 드러내지 않는다. 이들은 정서적으로 안정되어 있고, 안정되기 위해 감정조절을 잘하는 사람들이다. 이들은 감정적으로 격함이 없다. 기쁜 일이 있어도 별로 흥분하지 않으며, 위급한 일을 당해도 당황하지 않는다. 웬만해서 크게 감동 받지 않으며, 감동을 받아도 별로 표현하지 않는다. 상대방의 상황에 깊이 빠져들지 않고 속내를 드러내지 않는다. 또한 원한이나 복수심을 오래 품지 않고 다른 사람을 잘 용서하며, 분노를 겉으로 잘 드러내지 않는다. 뿐만 아니라 자기 내면의 안정과 평화로운 관계를 위해서 불행한 일들을 빨리 잊는다. 이로 인해 내면의 평화가 깨어지지 않도록 조절한다. 이들은 외부상황에 크게 영향을 받지 않는 사람들이다. 점액질은 이런 침착한 감정조절 능력이 있어서 관계를 잘 조절하며 안전하게 살아간다. 너는 너, 나는 나, 이 경계가 분명하다. 이들은 이렇게 평정을 잃지 않고 자기 조절을 잘 하기 때문에 적대적인 환경에서도 정신적 안정을 유지하는 뛰어난 적응능력이 있다.

안정된 의식주를 필요로 한다

이들은 안정된 의식주를 필요로 한다. 제시간에 영양가 있는 식사를 하고 잠을 충분히 자는 것이 이들에게는 너무나 중요하다. 회사에서 돌아오면 이들은 먼저 충분히 쉬면서 에너지를 보충하고 싶어 한다. 휴식과 편안한 잠자리와 영양가 있는 음식에서 에너지가 나오기 때문이다. 따라서 이들은 의식주에 집착하는 경향이 있다. 또한 건강에 무척 신경을 쓰며 건강식품을 잘 챙겨 먹는다. 그리고 가족에게도 이러한 배려를 받기 원한다. 이런 점을 이해하기 힘든 상대방에게는 이런 생활 태도가 이기적으로 보인다. 그러나 이들은 의식주를 통해 에너지를 공급받는다. 이들은 '금강산도 식후경'이라고 생각한다.

(5) 점액질의 일 영역

관계와 일을 조절하는 능력이 있다

일 영역에서 점액질은 관계와 일을 조절하는 능력이 있다. 이들은 외향적이면서 내성적이고, 소극적이면서 적극적이며, 주도적이면서 순응적이고, 독립적이면서 의존적이다. 이것은 어떤 상황도 어떤 사람도 수용해낼 수 있다는 것을 의미한다. 이들은 중도적인 위치에 서서 다른 기질들을 객관적으로 바라보고 또 필요하면 어떤 기질에도 적응하며 그 역할을 해낼 수 있다. 점액질은 이러한 뛰어난 융통성과 유연성과 적응력을 가지고 일과 관계를 조절한다. 이들은 무리하게 일에 매달리지 않으면서 또한 관계가 메마르지 않도록 조절한다. 그리고 관계가 깨어져서 일이 중단될 때, 어떻게 관계를 회복하여 일을 계속할 수 있는지에 대한 방법을 모색하고 그 중간 역할을 해낼 수 있다. 이들은 적대적인 환경에서도 관계를 유지하며 일을 해낸다. 따라서 이들은 외교에 탁월한 능력이 있고 평화의 중재자 역할을 잘 한다. 점액질은 주변의 갈등상황을 평화롭게 해결하기 위해, 개인적인 감정을 드러내지 않고 양쪽에게 다 유익하고 적절한 방안을 낸다. 그러면서 현실적 이익을 얻는 방향으로 타협을 볼 수 있는 타고난 외교능력이 있다. 이들은 일도 이루어 내고 관계도 유지할 수 있는 사람들이다.

합리적이고 효율적으로 일한다

점액질은 모든 기질 중에서 가장 합리적이고 효율적으로 일하는 사람들이다. 안전하고 평화로운 삶을 위해 합리적인 사고방식을 가지고 있으며, 현실적으로 유익을 주는 실용적이고 효율적인 방식으로 일한다. 이들은 에너지를 적게 소모하기 위해서 어떻게 효율적으로 일할 수 있는가'를 생각하며 일하고, 현실적으로 판단하며 일한다. 그러므로 점액질은 '느린 행동과 느린 걸음'이 특징이다. 그러나 성인이 되면서 달라진다. 대부분의 점액질은 일을 미루지 않고 제 때에 처리하며 계획성 있게 생활하는 사람이 되어간다. 일을 산더미처럼 미루어 놓고 한꺼번에 처리하는 경우는 거의 없다. 이들은 살아가면서 규칙적인 생활을 선호한다. 규칙적인 생활이 에너지가 적게 소모되고 안전한 생활이라는 것을 터득하는 것이다. 뿐만 아니라 시작한 일이 자기에게 맞고 그것이 습관이 되면 지속적으로 꾸준히 한다. 이렇게 몸에 밴 일은 거의 평생을 계속한다. 다혈질이 토끼 같다면 점액질은 거북이 같은 기질의 사람이다. 급한 것도 없고 집착하지도 않고 치우쳐 있지도 않다. 따라서 이들은 일에 깊이 관여하지 않고 상황을 객관적으로 바라본다. 그리고 문제를 분석하며 합리적이고 현실적인 적절한 해결책을 생각한다.

객관적으로 일을 바라본다.

점액질은 치우치지 않는 성향을 가지고 있어서 어느 하나에 특별한 애착을 느끼지 않는다. 어디에도 깊이 관여하지 않고, 중도적 입장에서 객관적으로 일을 바라보며 관찰 · 분석한다. 점액질은 기질격자판 중간에 위치하여 전체기질의 균형을 이루고 있으면서 일에 대한 객관적인 눈을 가지는 기질이다. 이들은 일에 있어서 문제점을 냉철하게 분석하고 파악하는 능력을 가지고 있다. 따라서 단체의 부정부패와 문제점을 잘 파악한다. 그러나 이것을 알아도 문제를 해결하기 위해 시도하지 않는다. 귀찮아서 덮어버리거나 외면하는 경우가 많다. 그러므로 이들은 열정적인 예술가 스타일은 아니지만, 다른 사람의 작품을 분석 비판하는 평론가 스타일이다.

신중하게 선택한다

이들은 일을 선택할 때 신중하다. 일정기간 동안 탐색, 관찰, 분석하며 현실적 이익이 있고 안전한지를 생각한다. 그것이 자신의 안전한 삶에 도움이 된다고 생각되거나 현실적인 유익을 준다고 생각되어야 일을 시작한다. 그리고 일단 일을 시작하면 중단하지 않고 지속한다. 한번 익숙해진 일에서 다른 일로 바꾸는 것은 또 하나의 에너지 소모이기 때문이다. 그래서 안정적이면서 지속적으로 할 수 있는 일이어야 한다. 그러므로 이들은 일을 신중하게 선택한다. (일에 있어서 신중하게 탐색, 관찰, 분석하는 성향은 우울질에게도 있다. 우울질은 그 일의 목적과 가치를 알고 자신에게 적합한 일인지 알기 위해서이다. 그러나 점액질은 유익하고 안전한가를 알기 위해서이다.)

일을 맡으면 정확하게 한다

이들은 일단 일을 맡으면 정확하고 정밀하게 한다. 그러나 일을 맡지 않으려고 한다. 비판, 판단, 분석, 관찰해서 나오는 모든 것들을 다 실행하려면 엄청난 수고와 에너지가 들기 때문이다. 이것을 예상하는 점액질은 선뜻 일을 맡겠다고 결단하지 못한다. 그렇지만 신중한 결단 끝에 일을 맡게 되면 정확하고 꼼꼼하게 일한다. 그리고 자기방식대로 꾸준하고 느리게 일한다. 따라서 이들은 에너지를 적게 소모하는 비활동적인 일을 선호한다. 여유 있고 느긋한 성격을 가진 이들은 오래 동안 앉아서 하는 일이나 세밀하고 분석적인 일을 좋아한다. 이들은 반복적이고 정확정밀한 일에 큰 능력이 있다. (우울질도 점액질처럼 정확정밀하고 문제점을 잘 찾아낸다. 그런데 우울질은 눈에 보이지 않는 동기, 진실성, 사상 등의 문제점을 잘 찾아내고, 점액질은 문자, 숫자, 서류상의 오류 등 눈에 보이는 문제점을 잘 찾아낸다.)

방어적이고 비연루적이다

점액질은 자기에게 일을 부탁하려고 다가오는 사람들을 방어한다. 그리고 그 일에 연루되지 않으려고 한다. 이들의 이러한 방어적이고 비연루적인 패턴은 점액질의 삶 전 영역에서 드러나는 특유의 방식이다. 이들은 동기를 유발하려고 다가오는 사람들을 직감적으로 알아차린다. 이때 점액질은 메마른 유머 감각을 발휘하며 방어한다. 웃으면서 농담하며 일을 거절하는 언어적 방어이다. 이들은 이러한 언어적 방어로 타인에게 상처를 준다. 그러나 그것은 관계는 유지하고 일은 거절하기 위해 이들이 선택하는 안전한 방법이다. 주로 담즙질들이 이들의 재능을 사용하고 싶어서 동기유발하려고 다가온다. 그러나 그들은 이들의 고집스런 방어를 뚫고 들어갈 방법을 찾지 못한다. 이들이 웃으면서 노련하게 방어하기 때문에 담즙질은 화를 내지도 못하고 속으로 분노한다. 안전에 집착하는 이들은 모든 기질 중 가장 동기부여가 되지 않는 스타일이다. 이렇게 점액질은 참여자가 되지 않고 관찰자로 남기 위해 방어하며 완고해진다. 주변 사람들은 이들이 쓸데없는 고집을 부린다고 답답해한다. 그러나 이들은 자신이 매우 지혜롭다고 생각하며 방어벽을 고수한다. 안타깝게도 이들은 안전에 집착하고 방어하는 것에 아까운 에너지를 소모하는 것이다. (이들은 담즙질이 목표성취를 위해 목숨 거는 일을 지나치게 피곤한 일로 생각한다. 그리고 우울질이 진리를 지향하며 고심하는 것을 비현실적인 것이라고 비판한다. 또한 다혈질이 넘치는 에너지로 정열적으로 살아가는 것을 보며 '뭐가 저렇게 신이 날까 피곤하지도 않은가' 라고 생각하며, 수줍음질의 헌신 · 봉사를 보며 '얼마나 인정받고 싶으면 저렇게 애를 쓰는가?'라고 생각한다. 그러면서 점액질은 일과 관계로 얽히고설킨 상황을 냉소적으로 관망한다.)

방관자로 살아간다

점액질은 일 영역에서 매우 재능 있고 지혜로운 사람들이지만 지식과 재능을 사용하지 않고 방관자로 살아가는 사람들이다. 성취하고자하는 의욕도 저조하고 인정받고자하는 욕구도 별로 없어서 실제로는 일에 대하여 무기력하다. 일에 대한 가치나 사람들의 인정도 이들의 의욕을 불러일으키지 못한다. 이들은 오직 안전을 위해 에너지를 아낀다. 가능하면 적게 일하고 조용히 일생을 살려고 한다. 이런 성향 때문에 이들은 재능은 있지만 사용하지 않는다. 냉철하고 정확한 분석과 관찰력을 가지고 있지만 해결책을 제시하거나 일을 시도하지는 않는다. 일에 관여하지 않고 한 걸음 뒤로 물러서서 비판 · 분석하면서 방관할 뿐이다. 이들도 자신의 재능을 알지만 계발하고 실행하는 노력보다는 묻어두는 편안함을 선택한다. 노력해서 성취하는 것은 이들에게 귀찮고 피곤한 일이다. 에너지가 약한 이들은 '알지만 귀찮다', '신경 쓰고 싶지 않다.' 라고 생각하며 그대로 지내려고 한다. 성취욕도 사명감도 이들에게는 희미하다. '개혁하면 좋겠지만, 하고 싶은 마음은 없다'라고 말한다. 그러면서 이들은 분주하게 돌아가는 세상 사람들과 성취하기위해 노력하는 사람들을 냉소적으로 바라본다. 이들은 방관자이다. 이들의 방관으로 인해 발전의 기회들은 지나가 버리고 재능도 계발되지 않는다. 점액질은 이런 상태로 세월을 보내면서 그나마 부족한 에너지를 소멸하며 무기력한 삶을 살아간다. 이로 인해 안타깝게도 점액질의 명석한 아이디어, 위대한 책, 뛰어난 작품, 사역의 역량과 재능들은 사장되고 만다. (우울질도 점액질과 같이 능력을 계발하지 못하는 약점을 가지고 있는데, 점액질은 안전에 집착하고 에너지를 소모하지 않으려고 방어하기 때문에 능력 계발이 안 되는 것이며, 우울질은 도달해야 할 목표가 너무 높고 완전주의와 부정적 사고 때문에 재능을 계발하지 못한다. 우울질은 '과연 그 일을 잘 해낼 수 있을까?' 염려하고, 점액질은 귀찮아한다.)

의식주에 안주한다

점액질의 주변 사람들은 이들의 능력을 사용하고 개발하기 위해 다가오지만 이들은 안전한 의식주에 안주한다. 이들은 자신이 선택한 안전하고 편안한 삶에서 나오고 싶은 마음이 없다. 이러한 삶의 태도 앞에서 훌륭한 비전이나 사명도 이들을 동기유발 시키지 못한다. 이들은 비전을 가질 뿐 이것을 이루려는 노력을 하지 않는다. 이를 변화시키려는 사람들은 화가 나고 몸이 달아오르지만 이들은 그저 별 문제가 없다고 생각한다. 의식주에 안주해서 편안하게 늘 살아가던 방식대로 살아간다. 따라서 이들은 질적인 삶을 위한 동기유발이 안되며 저조한 에너지로 인해 게으르고 나태한 삶을 살아간다. 즉 무기력과 무활동의 삶이다. 때로 극단적으로 게을러지거나 비위생적인 삶(노숙자와 같은)을 살게 될 위험이 있다. 점액질은 가장 동기부여가 되지 않는 기질이다. (우울질은 진리를 발견할 때 동기부여 되고, 담즙질은 목표를 세우면 동기부여 되고, 다혈질은 인정받으면 동기부여 되고 수줍음질은 헌신 · 봉사로 동기부여가 된다. 그러나 점액질은 이런 다른 기질들처럼 외부의 인정이나 목표에 의해서 동기가 부여되지 않는다.)

안전 지향적이다

점액질의 특성을 종합해 보면 이들은 안전에 대한 큰 능력을 가지고 있음을 알 수 있다. 이 안전은 변화가 적고 평화 지향적이며 감정을 잘 조절하는 능력에서 온다. 또한 합리적인 사고방식과 일에 대한 지속성에서 나온다. 이러한 면은 개인의 삶과 단체에 안전을 가져다준다. 이들은 위험한 모험을 하지 않으며 과격한 변화를 경계하면서 사람들에게 안정된 환경을 제공해 준다. 반면에 안전에 대한 집착이 많은 문제를 준다. 이들은 보기와는 달리 '안전을 잃을 것에 대한 깊은 불안'이 있다. 즉 적은 에너지로 험난한 세상을 살아가야 한다는 불안이다. 이것은 점액질이 가지는 독특한 내적 갈등이다. 이들에게 있어서 이것은 곧 '존재에 대한 위협'

이다. 이 존재에 대한 불안은 이들로 하여금 고집스럽게 안전을 지향하도록 만든다. 이들은 안전과 평화가 깨어질 것에 대한 깊은 불안 때문에 외부 세계를 받아들이고 자기를 개방하는 데에 명확한 선을 긋는다. 그리고 다른 사람이 이를 넘어서려 할 때에는 강하게 방어 한다. 또한 비전을 가지고 다가오는 사람을 냉정하게 거부한다. 훌륭한 비전이나 사명도 편안함 속에 퇴색되고, 자기개발이나 개혁도 안전 앞에 무너지며, 사랑하는 사람들과의 관계도 이 방어벽을 넘지 못한다. 이렇게 안전을 잃을 것에 대한 깊은 불안은 이들을 무활동의 사람으로 만든다. 점액질은 생명체는 움직여야 에너지가 생성된다는 사실을 간과하면서 방어벽을 두껍게 만드는 데 에너지를 소진한다. 때로 이들이 신앙을 가지면서 이런 자기방어와 무활동으로부터 벗어나는 것을 볼 수 있다. 하나님 안에서 안전이 보장되어있다는 것을 믿게 되면 이들은 든든한 안식과 편안함을 느끼게 된다. 이들이 여기서 한걸음 더 나아가 하나님께 안전을 두고 사람들에게 헌신과 봉사를 쏟으면 삶의 큰 변화가 찾아오게 된다. 헌신과 봉사로 자신의 에너지를 사용하게 되면 방관자적인 태도에서 벗어나게 된다. 그때 사람들에게 진정한 관심을 갖고 적극적으로 반응하며 자신을 개방하는 삶을 살아가게 된다. 자신의 시간과 에너지와 삶을 사람들과 공유하는 것이다. 이 때 에너지가 재생성 되는 것을 체험하면서 이들의 삶은 달라진다. 더 이상 안전에 집착할 필요가 없고, 에너지를 보호할 필요도 없다. 그리고 이제 발전을 위해 삶의 개혁을 단행 할 수 있고 자기를 기꺼이 개방할 수 있다. 점액질에게 이런 변화가 오게 되면 삶이 풍성해지면서 꾸준히 비전을 이루어 가는 삶을 살아가게 된다.

(6) 점액질 사례

새어머니께 잘 적응하는 동생

중학생인 두 형제를 남긴 채 어머니가 돌아가셨다. 그리고 새어머니가 들어오셨다. 새어머니는 세 명의 어린 동생들을 데리고 들어오셨다. 아버지께서 재혼 할 당시 집안 살림은 넉넉했지만 아버지의 사업은 점점 어려워졌다. 이로 인해 짜증이 많아진 새어머니는 두 형제에게 자주 화풀이를 하였다. 그리고 동생들 공부를 가르치고 돌보는 일을 두 형제에게 맡기고 일하러 나가기도 했다. 담즙질인 형은 새어머니가 시키는 일을 절대로 하지 않았고, 점액질인 동생은 형이 하지 않은 일까지 모두 다 해놓곤 했었다. 반항적인 형은 새어머니에게 혹독한 꾸중을 듣는 일이 많았다. 그런 날은 동생에게도 불똥이 튀었다. 저녁에 들어오시는 아버지께 두 형제는 또 한 번 더 호된 꾸지람을 들어야만 했다. 이런 가운데 점액질인 동생은 새어머니에게 어쨌든 적응하려고 집안일도 거들고 동생들 공부도 가르쳤다. 그러나 형과 새어머니의 갈등은 점점 심해졌다. 참다못한 형은 동생에게 집을 나가서 독립해서 살자고 하였다. 그러나 동생은 밖에서 고생하는 것보다는 새어머니 밑에 있는 것이 더 낫다고 생각했다. 결국 담즙질인 형은 독립을 선택하였고, 점액질인 동생은 이복동생들을 공부시키며 집에 남는 안전한 길을 선택하였다. 동생은 착실하게 이복동생들을 가르쳤고 동생들은 성적이 꾸준히 좋아졌다. 새어머니는 그에게 "대학원까지 공부시켜 줄 테니 동생들 다 대학 진학할 때 까지 집에 남아서 공부를 시켜주지 않겠느냐"고 제의했고 그는 그 합리적인 협상안을 받아들였다. 그는 서른살까지 집에 남아서 동생들 공부를 가르쳤다. 그러는 동안 대학원을 졸업하였고 안정된 직장도 가지게 되었다. 그는 막내 동생이 대학에 진학한 후에 독립하였다. 일찍이 독립해서 집을 나간 형이 고생하는 것을 보면서 자신이 그때 길을 잘 선택했노라고 생각했다.

미리 보약 먹는 봉사자

점액질인 집사님이 있었다. 이 집사님은 이박삼일의 세미나에 봉사자로 참여하게 되어 있었다. 그런데 그 집사님은 이 봉사가 부담이 되었다. '에너지도 없는 내가 어떻게 이박삼일을 잘 감당해 낼까'하는 염려 때문이었다. 집사님은 에너지를 비축하기 위하여 한 달 전부터 보약을 먹고 충분한 휴식과 수면을 취하는 등 체력관리를 하였다. 그렇게 에너지를 관리하고 세미나에 참석하였다. 세미나 기간 중에도 영양가 있는 음식을 챙겨 먹고 제시간에 잠자리에 들어서 에너지가 소진되지 않도록 노력하면서 무사히 봉사를 마쳤다.

변화가 귀찮은 목사님

점액질이신 목사님은 늘 말씀 연구에 시간을 보냈고 외출도 잘 하지 않았다. 교인들 심방하고 교회 안에서 활동하는 것으로도 이미 목사님에게는 충분히 에너지를 소모하는 일이었다. 자연히 사모님과는 외출이 거의 없었다. 집에 올 때는 사모님과 외출할 에너지가 남아있지 않았다. 그러나 늘 집에만 있는 다혈질 사모님에게는 변화가 필요했다. 사모님은 집에서 그나마 가구 위치라도 바꾸어 분위기의 변화를 주며 살아가고 있었다. 그러나 변화를 싫어하는 점액질 목사님은 가구 위치가 바뀌는 것이 못마땅했다. '이제 좀 양말 위치에 익숙해 졌는데 이번에는 또 어디로 갔담. 다시 적응해야 하니 피곤하네. 늘 같은 자리에 있으면 좋겠구만….' 이라고 생각했다.

혼자 사는 것이 편한 아내

점액질인 아내는 결혼 후부터 거의 혼자 살아 왔었다. 남편은 늘 타지로 근무하였고 한 달에 두 번 정도 집에 왔었다. 벌써 20년 넘게 남편과 떨어져 살았다. 생활비가 넉넉하지는 않았지만 꼬박 꼬박 통장으로 들어오니 그녀에게는 별로 문제될 게 없었다. 주변 사람들은 남편과 너무 오래 떨어져 사는 것은 좋지 않다며 남편을 따라 이사 다녀야 한다고 했다. 그러나 점액질인 그녀에게 이사는 참으로 귀찮은 일이었다. 더구나 남편과 떨어져 있는 것이 습관이 되어서 같이 있는 것이 오히려 부담이 되었다. 아내는 사실 이렇게 사는 것이 편해서 더 좋았다. 다소 외롭기는 하지만 생활에 별로 불편한 게 없다고 생각했다. 아이들도 이제 다 커서 알아서 살아가고 있다. 그런데 20여 년이 지난 뒤 남편이 이제 집에서 출근하게 되었다. 그동안 그녀는 쇼핑하고 친구들과 가끔 등산도 하면서 자유롭고 편안하게 살았는데… 그녀는 이 새로운 생활에 적응해서 살아가야 하는 일이 부담스럽기만 하다.

요리책을 사다 주는 남편

점액질인 남자는 늦은 나이에 결혼을 했다. 그는 젊은 날부터 혼자 밥해 먹으면서 자수성가를 한 사람이었다. 그는 대충 먹으며 피곤한 삶을 살아왔기에 그는 이제 결혼을 하면 아내가 맛있는 요리를 해줄 것이고 편하게 살 것이라고 기대했었다. 그러나 담즙질인 아내는 남편에게 기대하는 바가 달랐다. 남편이 사업을 크게 일으킬 것이라고 믿었다. 남편은 일찍부터 독립하여 사업경험도 많으니 충분히 가능성이 있다고 생각했고, 남편의 성공을 위해서 자신이 크게 조력을 하리라고 결심했다. 그런데 결혼한 뒤, 남편은 아내에게 요리책을 사다 주었다. 맛있는 요리가 밥상에 올라 올 것을 원했던 것이다. 그러나 요리가 올라오기는커녕, 아내는 "이런 것이 뭐가 필요하담" 하면서 요리책을 쓰레기통에 넣어버렸다. 그녀는 요리에 취미가 없는 사람이었다. 기다려도 맛있는 요리가 상에 올라오지 않자 남편은 또 요리책을 사다주었고, 아내는 쓸모없는 요리책을 또 갖다 버렸다. 남편은 자주 요리책을 사다주었지만 요리책은 번번이 쓰레기 통으로 들어가 버렸다. 그 해 연말 부부 모임에서, 남편은 아내를 위하여 뷔페코너에서 맛있는 음식을 접시에 담아 갖다 주었다. 그것은 사랑의 표현이었다. 그러나 아내는 '남편은 왜 먹을 것을 갖다 주는 걸까?' 생각했다. '내가 원하는 것은 남편이 새 사업을 구상하여 내게 갖다 주는 것이야. 도대체 남편은 언제까지 나를 이렇게 실망시킬 것인가?'라며 한숨을 내쉬었다.

규칙적으로 운동하는 사람

그는 어릴 때부터 매우 운동을 싫어하였다. 그에게 운동은 귀찮은 것이었고 쓸모없는 에너지 소모였다. 그는 공부하는 것, 음악 듣는 것, 컴퓨터 하는 것 등 주로 앉아서 하는 일이 좋았다. 그는 컴퓨터프로그래머로서 일찍이 성공하였다. 그러나 운동이 부족했던 그에게 성인병이 찾아왔고 의사는 "앞으로 계속 규칙적인 운동을 하지 않으면 일찍 죽습니다"라고 하였다. 그때 그의 나이는 마흔이었다. 그는 그로부터 십년이 넘도록 하루도 빠지지 않고 건강을 위해서 규칙적으로 운동을 하고 있다.

편하고 싶은 여인

점액질인 그녀는 인생은 늘 편하고 재미있게 사는 것이라고 생각했다. 어린 시절도 생각하면 즐겁고 신나게 놀았던 기억뿐이다. 아버지는 늘 같이 재미있게 놀아주는 친구 같았고 원하는 것은 무엇이든지 다 해주었다. 길을 가다가도 피곤하다고하면 아버지가 업어주었고, 귀찮아서 발 씻지 않고 자도 아버지가 물을 떠 와서 씻겨주었다. 또 머리감기 싫다고 하면 마루 끝에 눕혀 놓고 머리를 감겨 주기도 하였다. 자신을 편안하게 보살펴 주고 즐겁게 놀도록 해 주는 아버지가 정말 좋았다.

그녀는 학교에서는 늘 반장을 도맡아서 했는데, 귀찮아서 반장을 그만두고 싶었다. 방과 후에 남아서 선생님을 도와드려야하니까 친구들과 놀러 다닐 수가 없다는 것이 속상했다. 혼자서 교실에 남아 일을 하다가 창밖으로 친구들이 놀러가는 것을 보면 따라 가고 싶은 마음이 굴뚝같았다. 그녀는 여자 장관이 꿈이었고 재능도 많았지만 그것은 그냥 꿈에 불과했다. 결혼 적령기에 아버지처럼 편안하게 해주는 남편을 만나서 결혼했다. 결혼한 후에도 그녀는 편안하게 살았다.

힘든 일은 가정부가 다 해주었고 가정부가 집으로 돌아간 후에는 퇴근한 남편이 다 해주었다. 그녀는 남편이 벌어다주는 돈으로 우아하게 베풀면서 놀러 다니고 쇼핑하러 다니면 되었다. 다른 여자들이 힘들게 직장생활하는 것을 보면 이해되지 않았다. 그러나 그녀에게는 어린 시절의 꿈을 이루지 못한 아쉬움이 남아 있었다. "우리 아버지께서 나를 강하게 훈련 시켰더라면 아마도 나는 국회에서 어떤 일을 하고 있지 않았을까?"라고 생각했다 그러면서도 그녀는 편안하고 안락한 삶에 빠져들었다.

적 용

1. 자신이 점액질입니까? 그렇다면 어떤 것을 고민하고 힘들어하는지 말해보세요. 그리고 주변 사람들과는 어떤 점에서 힘든지도 생각해 보세요.

2. 주변에 점액질이 있습니까? 그렇다면 그와 어떤 점이 힘든가요? 그리고 어떻게 점액질을 이해하고 도와줄 수 있는지에 대하여 생각해 보세요.

5장 강성기질

강성기질(Compulsive needs of the Temperament)은 다섯 가지의 기질 중 점액질을 제외한 네 가지 기질- 우울질, 담즙질, 다혈질, 수줍음질-에서 강한 성향을 보이는 사람들이다. 강성기질은 새로운 기질이 추가되는 것은 아니고, 각 기질특성을 현저히 보여주는 영역의 기질을 분류한 것이다. 강성기질 격자판에 그 위치가 표시되어 있다.

강성기질 격자판

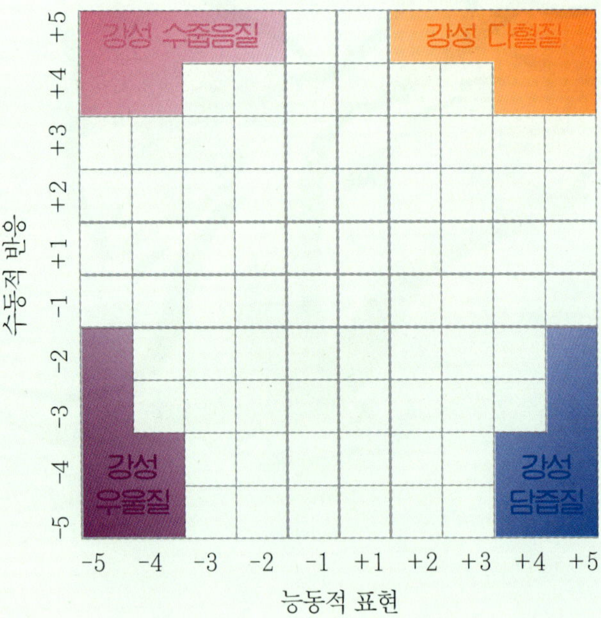

1. 강성기질의 특성

강성기질이란 기질의 특성이 강한 사람들을 말한다. 즉 기질 욕구와 기질 행동이 강한 것이다. 이들은 기질적 특성이 잘 나타나기 때문에 각 기질을 생각할 때 금방 떠오르는 '개성이 강한' 사람들이다. 과업지향적 성향인 우울질과 담즙질은 능동적 표현의 점수가 클 때 강성기질로 본다. 반면에 관계지향적 성향인 다혈질과 수줍음질은 수동적 반응의 점수가 클 때 강성기질로 본다.

강성기질은 욕구가 매우 크고 따라서 행동들이 강하다. 이 영역에 있는 사람들은 강박적으로 욕구를 채우려 하므로 그 행동들이 현저히 나타나며 극단적이다. 그 욕구와 행동들은 의지적으로 자제하거나 억압하기 힘들고, 또한 주변 환경이나 사람들로부터 채워도 충족되지 못한다. 따라서 이들은 기질적인 강점과 재능도 매우 크지만 기질약점도 매우 크다. 그리고 심리적, 정서적 안정을 갖기 힘들고 주변 사람들과의 갈등도 심하다. 또한 그 재능이 잘 발휘되어 현재 큰일을 해내고 있다 하더라도 이들의 주변에는 많은 갈등이 따라 다닌다.

여기서 한 가지 생각해 볼 것은, 내성적 성향인 강성우울질과 강성수줍음질은 외향적 성향인 강성담즙질과 강성다혈질 그 문제를 드러내는 방식이 다르다는 점이다. 내성적인 강성기질은 기질 욕구가 충족되지 않을 때에 문제의 원인을 자신에게 두고 고통을 속으로 넣어둔다. 때문에 폐쇄적이 되어 자신을 괴롭히며 학대하는 경향이 있다. 그러므로 다른 사람들은 이들이 얼마나 고통 받고 있는지 모르는 채 이들의 내면은 소리없이 상처가 깊어진다. 따라서 심각한 문제를 가진 강성우울질이나 강성수줍음질은 자세히 살펴보지 않으면 알 수 없어서 올바른 돌봄을 받지 못하는 경우가 많다. 그러나 외향적인 강성기질은 기질 욕구가 충족되지 않으면 문제의 원인을 외부에 두고 고통을 밖으로 발산하기 때문에 주변 사람들을 괴롭히는 경향이 있다. 따라서 심각한 문제를 겪게 되면 집단 전체를 휘저어놓는 경향이 있다. 심각한 문제를 가진 강성담즙질이나 강성다혈질이 한두 사람만 있어도 그 공동체는 전체적으로 힘들어진다.

2. 강성기질의 종류

강성기질	기질 격자판 수치
강성우울질	(-5,-2), (-5,-3), (-5,-4), (-5,-5), (-4,-5), (-4,-4)
강성담즙질	(+5,-2), (+5,-3), (+5,-4), (+5,-5), (+4,-5), (+4,-4)
강성다혈질	(+2,+5), (+3,+5), (+4,+5), (+5,+5), (+4,+5), (+4,+4)
강성수줍음질	(-2,+5), (-3,+5), (-4,+5), (-5,+5), (-4,+5), (-4,+4)

1) 강성우울질

강성우울질은 우울질의 모든 특성을 강하게 가지고 있는 사람들이다. 이들은 진리 추구 욕구, 지식욕과 탐구욕 그리고 완전주의를 추구하는 성향이 매우 강하기 때문에 사고에 깊이 빠져서 말이 없고 사람들과 접촉이 거의 없다. 이들의 사고는 우주를 넘나들고 과거와 미래, 근원과 결과를 넘나들며 부지런히 움직인다. 그러면서 부정적 사고가 강하기 때문에 미지의 상황에 대한 염려나 무능력으로 보일 것에 대한 두려움들이 매우 많다. 따라서 생활에 대한 통제를 지속시키려고 자신과 투쟁한다. 또한 옳고 그름, 정직과 거짓에 지나치게 민감해서 정직하지 못한 자신을 학대한다. 그리고 사람들과 사회를 불신하며 자신을 고립시켜 나간다. 이들은 오직 진리를 추구하는 데에 매달리기 때문에 다른 사람과의 경쟁심이 거의 없다. 이런 것들로 인해 열등감, 불안, 죄책감 등 부정적 감정에 시달려 표정이 어둡고 자기 파괴적인 생각과 부정적 생각에 깊이 빠진다. 여기에 한 번 빠지면 헤어 나오기 어렵다. 또한 사랑으로 다가오는 사람을 불신하기 때문에 '사랑 받고 있다'고 느끼는 것이 힘들다.

2) 강성담즙질

강성담즙질은 담즙질의 모든 특성을 강하게 가지고 있는 사람들이다. 이들은 목표성취 욕구, 지배·통제 욕구 그리고 최고를 추구하는 성향이 매우 강하다. 이들은 강력한 지도자적 자질을 가지고 있으나 인간관계에서 많은 문제점을 가지고 있기 때문에 그 자질을 제대로 펼치지 못하는 경우가 많다. 일에 있어서 이들은 강철 같은 의지력을 가지고 난관을 극복해낸다. 그리고 절대로 목표를 포기하지 않는다. 이들은 끝없이 목표를 위해 추진하며 동기유발 할 사람을 물색하고 보다 더 강한 권력과 힘을 쟁취할 방법을 모색한다. 이들은 인간관계에서 매우 당당하고 항상 다른 사람들 위에 군림하려 하며 자신을 늘 지배자의 위치에 둔다. 자신을 지나치게 과신하기 때문에 자기 망상에 빠질 위험성도 아주 크다. 또한 가까운 주변 사람들을 지배·통제하려 하기 때문에 인간관계 갈등이 심각하다. 그리고 사랑을 강요하고 조작하기 때문에 결코 사랑을 느끼지 못한다.

3) 강성다혈질

강성다혈질은 다혈질의 모든 특성을 강하게 가지고 있는 사람들이다. 이들은 인정 욕구, 자기표출 욕구 그리고 교제 욕구가 매우 강해서 행동 에너지가 넘치고 행동을 예측하기 어렵다. 마치 럭비공 같다. 매우 정열적이고 즉흥적이어서 스스로 제어하지 못한다. 이들은 주변 모든 사람들이 자신을 향해 박수갈채를 보내주기를 바라며, 어디에서든지 주인공이 되기를 바라고, 지구가 자기를 중심으로 돌아가고 있다고 생각한다. 이들은 보다 더 많은 사람과 교제하고, 보다 더 많은 사랑을 나누려고 끝없이 질주한다. 따라서 다혈질의 주변 사람은 피곤하고 지치게 된다. 강성다혈질은 정열적으로 일을 할 때에는 몇 사람의 일을 혼자서 해내며 과도한 자기희생을 한다. 그러나 그 일에 대하여 칭찬과 인정이 돌아오지 않으면 곧 시들해진다. 이들은 마치 뜨거운 불을 가슴에 품고 사는 사람들 같다. 특별관계 영역에서도 무제한적 사랑을 표현해 주기를 요구하며 이들도 매일 사랑한다고 말하지만 충분하다고 느끼지 못한다. 이들은 하나님 외에는 그 누구도 만족시켜주지 못하는 큰 욕구를 가지고 이것을 사람에게 원하면서 좌충우돌, 동분서주하면서 살아간다. 이들의 삶은 매우 불안정하다.

4) 강성수줍음질

강성수줍음질은 수줍음질의 모든 특성을 강하게 가지고 있는 사람들이다. 이들은 인정 욕구와 봉사 욕구 그리고 소속 욕구가 매우 크지만 표현하지 못하기 때문에 내면에는 엄청난 분노가 억압되어 있다. 이들은 사소한 일에도 상처를 크게 받으면서도 사람들에게는 내면의 상처를 드러내지 않는다. 또한 다른 사람의 칭찬을 거의 받아들이지 않으면서 속으로는 무제한의 사랑을 받기 원한다. 강성수줍음질은 자신이 진정으로 다른 사람에게 필요한 존재이며 인정받고 있다고 느끼지 못한다. 그러면서 언젠가는 충분히 인정받을 것이라 믿으며 욕구불만과 분노를 축적하면서, 극단적인 '예스맨'이 된다. 이들은 이용당하고 짓밟히는 느낌이 들면서도 헌신 · 봉사를 계속하며, 신의를 지키고 과도히 '착한 사람'이 되려 한다. 그러나 오랜 시간 상처받아온 억압된 깊은 분노가 충동적으로 분출 될 때는 딴사람처럼 보인다. 강성수줍음질은 억압된 분노의 수위가 매우 높다. 그러면서 극단적으로 '착한 사람'으로 행동한다.

점액질은 강성기질이 없다.

6장 융합기질

융합기질(Temperament Blending)이란 우울질, 담즙질, 다혈질, 수줍음질이 점액질과 섞여 있는 것을 말한다. 즉 능동적 표현이나 수동적 반응 중 어느 하나에서 점액질의 수치를 가지고 있는 경우이다. 융합기질은 점액질의 성향과 다른 네 개의 기질 성향이 섞여서 나타난다.

융합기질 격자판

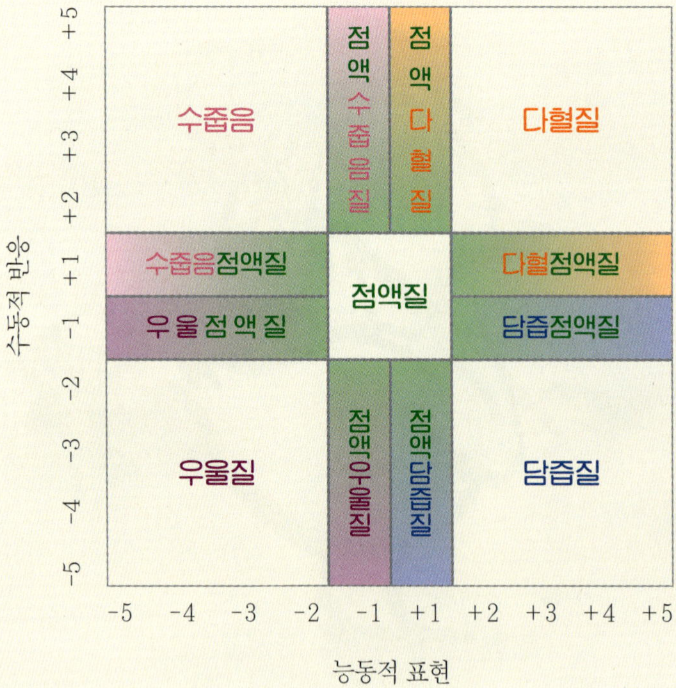

1. 융합기질의 특성

우울질, 담즙질, 다혈질, 수줍음질이 점액질과 섞이면, 각 기질의 특성에 점액질 특유의 안정적 성향이 섞인다. 그리고 점액질의 또 다른 특성인 에너지가 적은 면도 융합기질에 중요한 영향을 준다. 따라서 융합된 기질은 행동과 욕구가 감소되어 안정적이 된다. 또한 비교적 부드러운 성향을 소유하게 된다. 그리고 이들은 각 기질 고유의 특성을 갖지만 동시에 안전을 유지하면서 조금씩 기질특성을 향해 움직인다. 그러므로 점액질과 융합된 기질들은 각 기질의 성향을 갖되 강하지 않다.

융합된 기질의 사람들은 인간관계가 비교적 융통성이 있고 유연하며, 동시에 과업도 잘 감당해 낸다. 따라서 기질의 강점이나 능력은 감소하고, 약점이나 내적 갈등들은 완화되는 경향이 있다. 대부분 이들은 자신의 기질에 잘 맞지 않는 일이나 역할이 주어져도 노력하면 큰 어려움이 없이 적응하고 감당한다. 그러므로 다음과 같은 공식이 성립된다. "융합기질 = 각 기질 특성적 욕구 + 안전욕구와 적은 에너지"이다. 따라서 점액질과 융합된 각 기질들은 기질 욕구가 감소되어 다소 안정적이 된다.

각 융합기질은 우울질, 담즙질, 다혈질, 수줍음질을 중심으로 설명할 것이다. 이 네 개의기질에 점액질이 더해져서 어떻게 영향을 주는가 하는 관점에서 보는 것이다.

융합기질을 설명하는 방식

점액질을 중심으로 설명할 것인가, 아니면 점액질 외의 네 개의 기질을 중심으로 설명할 것인가를 고심하다가 후자를 선택했다. 네 개의 기질 특성에 점액질이 더해짐으로 각 기질특성이 어떻게 변하는가를 설명하는 것이 더 선명할 것이라고 생각했다. 그러므로 아래에서 우울점액질과 점액우울질은 우울질에 비교하여 설명하였고, 담즙점액질과 점액담즙질은 담즙질에 비교하여 설명하였으며, 다혈점액질과 점액다혈질은 다혈질에 비교하여 설명하였다. 그리고 수줍음점액질과 점액수줍음질은 수줍음질에 비교하여 설명하였다.

2. 융합기질의 종류

융합기질	기질 격자판 수치
우울점액질	(-5,-1), (-4,-1), (-3,-1), (-2,-1)
점액우울질	(-1,-5), (-1,-4), (-1,-3), (-1,-2)
담즙점액질	(+5,-1), (+4,-1), (+3,-1), (+2,-1)
점액담즙질	(+1,-5), (+1,-4), (+1,-3), (+1,-2)
다혈점액질	(+5,+1), (+4,+1), (+3,+1), (+2,+1)
점액다혈질	(+1,+5), (+1,+4), (+1,+3), (+1,+2)
수줍음점액질	(-5,+1), (-4,+1), (-3,+1), (-2,+1)
점액수줍음	(-1,+5), (-1,+4), (-1,+3), (-1,+2)

1) 우울점액질과 점액우울질

우울점액질이란 우울질의 능동적 표현과 점액질의 수동적 반응을 하는 기질이며, 점액우울질이란 점액질의 능동적 표현과 우울질의 수동적 반응을 하는 기질이다. 우울점액질과 점액우울질은 우울질의 진리추구 욕구와 점액질의 안전욕구를 동시에 가지고 있다. 그러므로 진리를 추구하지만 동시에 안전을 지향한다. 따라서 진리 추구 성향이 다소 경감되고 현실적인 안전을 생각하며 적당한 인간관계를 갖는다.

일반관계 영역에서 이 융합기질은 교제를 원치 않고 사교적 태도도 매우 느리다. 점액질 성향에서도 우울질 성향에서도 교제하고 싶은 욕구가 별로 없기 때문이다. 그러나 다소 현실적이 될 수 있고 약간의 융통성이 있으며, 사회 적응에 그다지 어렵지 않다. 또한 우울질의 사고 에너지에 점액질의 안전이 더해져서 행동 에너지는 더욱 감소한다. 그러므로 더욱 느려지는 경향이 있고 반면에 생각에 더욱 깊이 빠진다. 그러나 점액질의 현실적, 긍정적, 낙관적 성향의 영향으로 이들의 사고는 부정적으로 흐르지 않고, 어느 정도 사고의 평형을 유지한다. 때문에 사고에 잠기는 것을 즐기고 위대한 사상가가 될 수 있다. 또한 지식탐구와 사고에서 현실적인 결과를 얻어 낼 가능성도 커진다.

특별관계 영역에서 이 융합기질은 진실하고 충성스럽다. 그리고 부드러운 내면을 표현할 수 있고 따뜻해질 수 있다. 우울질의 깊은 인간애에 점액질의 적절한 표현력과 평화롭고자 하는 성향이 더해지기 때문이다. 그래서 점액질의 표현력이 우울질의 깊고 여린 감정을 밖으로 끌어낸다.

일 영역에서 이들은 변화를 매우 싫어하고 잘 알지 못하는 일에 도전하거나 시도해 보는 일은 거의 하지 않는다. 이 현상은 우울질이나 점액질보다 더 심해진다. 우울질의 일에 대한 신중함에 점액질의 안전지향이 더해지기 때문이다. 반면에 우울질보다는 책임과 결단을 비교적 잘 내린다. 그리고 부정적 사고방식이 줄어들며 융통성 있는 관계를 가지며 일을 한다.

또한 미지의 두려움이나 거절에 대한 두려움이 줄어들고, 우울감이나 열등감 그리고 낮은 자존감 등 부정적 사고들도 경감한다. 우울질의 부정적 성향이 점액질의 긍정적 성향의 영향을 받아서 다소 가벼워지는 것이다.

2) 담즙점액질과 점액담즙질

담즙점액질이란 담즙질의 능동적 표현과 점액질의 수동적 반응을 하는 기질이고, 점액담즙질이란 점액질의 능동적 표현과 담즙질의 수동적 반응을 하는 기질이다. 담즙점액질과 점액담즙질은 담즙질의 목표성취 욕구와 점액질의 안전 욕구를 동시에 가지고 있다. 그러므로 이들은 목표성취 욕구를 갖지만 안전을 지향하기 때문에 목표성취 욕구가 다소 경감되고 부드러운 인간관계를 가질 수 있는 기질이다. 따라서 목표를 성취하려하되 지배성향이 줄어들고, 자기주장을 적게 하며 다른 사람의 의견에 귀를 기울일 수 있다.

일반관계 영역에서 이 융합기질은 담즙질과 비교해서 지배적 성향이 줄고, 직선적 표현이나 명령조의 언어를 적게 사용한다. 또한 낙관적이고 명랑한 방법으로 요구를 표현함으로 지배적이면서도 부드러운 인간관계를 유지한다. 평화지향적인 점액질의 영향이다. 담즙질과 점액질이 융합된 기질은 독립적이지만 다른 사람의 의견을 다소 수렴한다. 또한 다른 사람을 적절하게 통제함으로 비교적 부드러운 인간관계를 유지하면서 목표를 지향한다.

특별관계 영역에서 이 융합기질은 담즙질에 비하면 가족들과 사랑을 적절하게 나눌 수 있다. 또한 밝고 낙관적이며 개방적인 관계를 유지할 수 있다. 그러나 이 융합기질은 역시 관계에 깊이 들어가는 것을 원치 않는다. 담즙질도 점액질도 깊은 관계를 갖는 자질이 없기 때문이다. 그러나 담즙질보다는 부드럽게 사랑을 나눌 수 있다.

일 영역에서 이들은 여유 있게 목표를 성취해 나간다. 담즙질의 급한 성격에 점액질의 느긋한 성격이 더해져서 이들에게 여유를 준다. 따라서 다른 사람의 실수에 대하여 화를 적게 내고 직설적 언어로 상처 주는 성향도 줄어들며 잔인할 수 있는 위험성도 감소한다. 그리고 정서적 자질들이 담즙질보다는 발달되어서 다른 사람의 사정을 헤아리며 일할 수 있다. 또한 이들은 담즙질의 미래지향적 분석력에 점액질의 현실적 분석력이 더해짐으로 정확한 분석력과 빠른 직관을 가지게 되고 현실적인 결단을 내릴 수 있다. 그리고 일을 맡기 전에 심사숙고하기 때문에 다가올 함정을 본다. 뿐만 아니라 담즙질처럼 무리한 결단을 하지 않고 안정적으로 조심스럽게 결정한다. 그리고 몸을 지나치게 혹사하지 않고 건강을 생각하며 일할 수 있다. 따라서 담즙질보다 효율적으로 책임을 분담하며 일을 완수해 낸다.

3) 다혈점액질과 점액다혈질

다혈점액질이란 다혈질의 능동적 표현과 점액질의 수동적 반응을 하는 기질이고, 점액다혈질이란 점액질의 능동적 표현과 다혈질의 수동적 반응을 하는 기질이다. 다혈점액질과 점액다혈질은 다혈질의 인정 욕구와 점액질의 안전 욕구를 동시에 가진다. 그러므로 인정받으려는 욕구를 갖지만 점액질의 안전지향의 영향으로 인해서 인정받으려는 욕구가 다소 경감된다. 이들은 교제의 범위가 줄어들고 안정된다.

이 융합기질은 일반관계 영역에서 다혈질보다 비교적 안정적인 태도로 교제를 한다. 또한 교제를 위해 지나치게 시간을 보내지 않고, 자기를 표출하는 행동이 감소한다. 다혈질에 비해서 다른 사람들에게 표현도 반응도 적어진다. 또한 이들은 다혈질처럼 순간적으로 많은 에너지를 정열적으로 쏟아내지 않는다. 그리고 즉흥적, 충동적인 행동도 줄어든다. 점액질의 영향으로 행동 에너지가 감소하기 때문이다. 따라서 이들의 태도는 따뜻함과 함께 안정감이 있다. 일반관계 영역에서 이들은 모든 기질 중에서 가장 걱정 없는 편안한 기질이다. 다혈질과 점액질은 둘 다 편안하고 싶어 하는 것과 이기적 성향 그리고 낙관적 성향과 긍정적 성향 등 비슷한 면이 많다. 이런 부분들은 이 기질 융합에서 상승하게 된다. 따라서 이들은 여유 있는 유머와 느긋하고 평화로운 분위기를 즐긴다. 반면에 '될대로 되라'식의 무책임한 삶을 살 위험성이 크다. 그리고 미래를 긍정적으로 바라보기는 하지만 문제를 해결하려 노력하지 않는다. 이들은 세상에서 가장 걱정 없는 기질이다.

또한 특별관계 영역에서 사랑과 정을 지나치게 요구하지 않는다. 그리고 현실적인 사랑을 원하고 구체적으로 표현되는 사랑을 원한다. 따라서 가족들과 편안하고 안정된 관계를 가진다. 정열과 충동성과 즉흥성이 줄어들기 때문에 부도덕한 행동에 빠질 염려도 별로 없다. 그리고 다혈질의 밖으로 돌아다니려는 행동이 줄어들어 집안에서 보내는 시간이 많아진다.

일 영역에서 이들은 일에 집중하지 않으며 여유 있게 놀면서 일하기를 원한다. 다혈질도 점액질도 일하기를 좋아하지 않는 성향이 있기 때문이다. 따라서 이 기질융합은 일 영역에서 매우 무책임해지기 쉽다. 이들은 일 영역에서 가장 약한 사람들이다. 삶을 즐기려는 성향이 강하고, 일에 대한 에너지는 감소한다. 다혈질처럼 '열정적 일과 자유분방함'이 나타나지 않지만 더욱 무책임해 진다. 점액질의 영향으로 행동 에너지가 감소하기 때문이며, 점액질도 다혈질도 삶을 편안히 즐기려는 성향이 있기 때문이다. 다혈질의 재미를 좇는 성향과 점액질의 편안함을 추구하는 성향이 더해져서 이들은 일하기를 매우 싫어하는 사람들이 된다.

4) 수줍음점액질과 점액수줍음질

수줍음점액질이란 수줍음질의 능동적 표현과 점액질의 수동적 반응을 하는 기질이며, 점액수줍음질이란 점액질의 능동적 표현과 수줍음질의 수동적 반응을 하는 기질이다. 수줍음점액질과 점액수줍음질은 수줍음질의 인정, 봉사 욕구와 점액질의 안전욕구를 동시에 가진 기질을 말한다. 그러므로 이 융합기질은 봉사로 인정받으려 하지만 안전의 영향으로 봉사하려는 성향이 경감된다. 그리고 관계에 매이는 현상도 줄어든다. 따라서 봉사를 하되 무리하지 않는다.

일반관계 영역에서 이들은 수줍음질에 비해서 어느 정도 자신의 생각이나 요구를 표현한다. 그리고 다른 사람의 접근에 편안히 반응할 수 있으며 부끄러움이 적다. 또한 인간관계에 대한 두려움이 감소하고 대화를 잘할 수 있어서 편안한 대인 관계를 가진다. 이 융합기질은 점액질의 영향으로 표현력이 증가될 뿐만 아니라 긍정적 사고의 영향도 받기 때문이다. 따라서 어느 정도의 욕구를 충족시킨다. 그리고 무가치감과 낮은 자존감 및 열등감이 경감되며 상처를 적게 받고 억압된 분노도 적다.

특별관계 영역에서는 자신의 감정을 어느 정도 표현하고 사랑을 요구할 수 있다. 수줍음질은 표현을 하지 못하지만 점액질의 적당한 표현력이 더해짐으로 이 기질 융합은 어느 정도 자기생각을 표현하며 사랑의 관계를 가질 수 있다. 그리고 안정된 태도로 가족들을 섬긴다. 또한 사랑하는 사람에게 무리하게 헌신하지 않고 희생을 제한하며 어느 정도 자신을 채워가면서 살아간다. 따라서 억압된 분노가 많지 않다. 이 융합 기질은 인정받지 못해도 안정된 태도로 가족들에게 헌신한다.

일 영역에서 수줍음질의 희생적 성향과 점액질의 안정성향이 더해져서 안정적으로 일 할 수 있다. 이들은 책임을 잘 감당하지만 무리하게 희생하지는 않는다. 그리고 무조건 일을 떠맡지도 않는다. 자신의 안전을 위해서 타인의 부탁을 거절할 수 있고, 많은 책임과 일로 무리한 헌신이 요구될 때 방어한다. 점액질의 안전과 평화 지향의 영향이다. 또한 헌신 · 봉사에 대하여 인정을 크게 원치 않으므로 타인의 평가에 그렇게 민감하지 않다. 따라서 인정받지 못하고 무리한 요구를 받아도 자기를 보호하며 일할 수 있다. 이 기질 융합의 사람들은 안정적인 봉사자들이다.

기질 격자판 종합

지금까지 살펴본 기본기질, 융합기질, 강성기질을 종합하여 기질 격자판에 표현하면 아래와 같다. 기질을 종합하면 다섯 개의 기본기질과, 네 개의 강성기질, 여덟 개의 융합기질이 있다. 그리고 기질 격자판 수치가 모두 다른 것을 생각하면 백 개의 서로 다른 성향을 볼 수 있다. 기질격자판으로 보여주는 백 개의 성향은 다섯 가지의 기본기질을 중심으로 흐르고 있다.

기질 격자판 종합

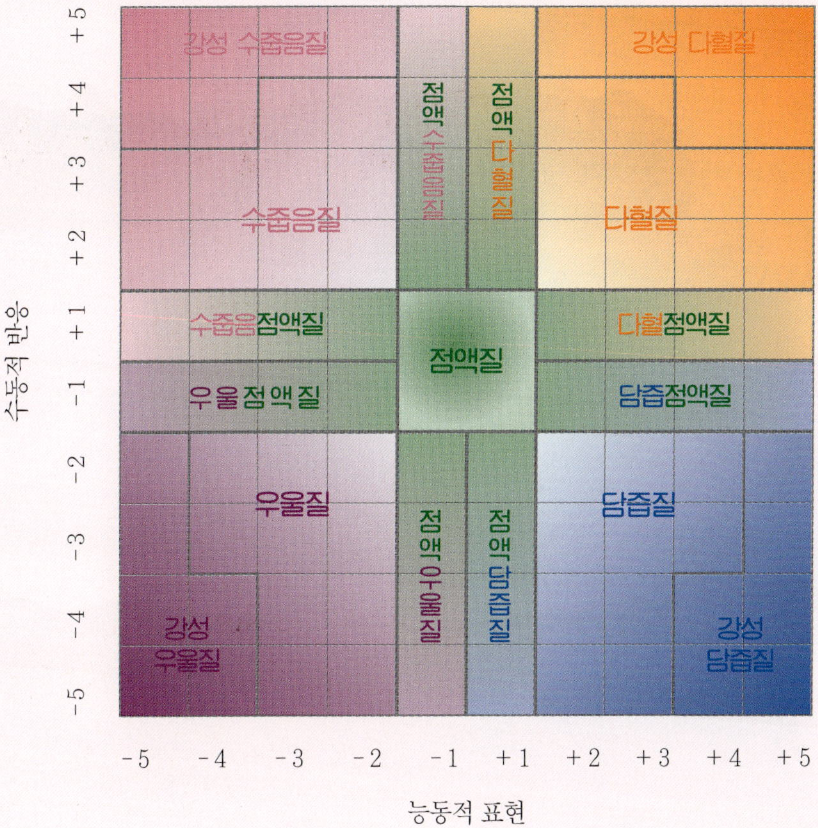
강성 수줍음질
강성 다혈질
점액수줍음질
점액다혈질
수줍음질
다혈질
수줍음점액질
다혈점액질
점액질
우울점액질
담즙점액질
우울질
담즙질
점액우울질
점액담즙질
강성 우울질
강성 담즙질
수동적 반응
+5 +4 +3 +2 +1 -1 -2 -3 -4 -5
-5 -4 -3 -2 -1 +1 +2 +3 +4 +5
능동적 표현

7장 기질의 혼합

기질의 혼합(Temperament Mixing)은 앞서 살펴본 다섯 가지의 기본 기질이나 강성기질 및 융합기질처럼 기질의 종류가 아니다. 이것은 삶의 세 영역인 일반관계 영역, 특별관계 영역, 일 영역에서 서로 다른 기질이 혼합되어 나타나는 것이다. 대부분의 사람들에게는 기질이 혼합되어 있고, 삶의 세 영역에서 한 가지 기질을 갖는 경우는 드물다. 대부분의 사람들은 환경과 훈련에 따라 적응된 형태의 기질을 갖는다.

타고난 기질은 환경의 영향으로 변화될 수도 있고, 그것은 삶의 세 영역에서 다른 행동으로 나타나기 때문에 기질을 각 영역별로 표현하는 것은 한 사람의 삶의 스타일을 말해줄 수 있다. 따라서 본 장에서 다루고자 하는 것은 기질의 혼합을 통해서 한 사람이 삶의 세 영역에서 살아가는 스타일을 보는 것이다. 이를 통해 타고난 기질이 어떻게 억압되어 있는지 볼 수 있다.

기질의 혼합이 어떻게 일어나는지를 원리적으로 살펴보고, 몇 가지 사례를 통해서 기질의 혼합 원리에 따라 삶의 세 영역으로 기질을 해석할 것이다.

1. 기질 혼합의 원리

기질의 혼합이란 일반관계 영역, 특별관계 영역, 일 영역에서 두세 가지의 다른 기질을 갖는 경우를 말한다. 예를 들어 기질 설문지 결과가 일반관계 영역이 (-3, -2), 특별관계 영역이 (+3, +2), 일 영역이(-3, +1)이라면, 이 사람은 일반관계 영역 우울질, 특별관계 영역 다혈질, 일 영역 수줍음점액질이 되는데 이런 경우를 기질이 혼합되었다고 한다.

한 사람의 기질이 삶의 세 영역에서 다르게 나타날 때, 각 기질은 상호간에 영향을 준다. 그 영향을 세 가지 원리로 설명할 수 있다. 첫째, 세 영역의 기질은 상호간에 영향을 준다. 예를 들어 특별관계 영역에서 우울질이고 일반관계 영역에서 다혈질인 사람이 있다면 이 사람은 특별관계 영역이 우울질이지만 사랑을 활발하게 주고받을 수 있다. 일반관계 영역에서 활발하게 교제하는 다혈질 특성이 특별관계 영역에 영향을 주는 것이다.

둘째, 특별관계 영역의 기질은 일 영역과 일반관계 영역에 크게 영향을 준다. 특별관계 영역의 기질은 타고난 본래의 기질일 가능성이 높기 때문이다. 예를 들어 특별관계 영역에서 담즙질인 사람이 일반관계 영역에서 수줍음질일 때, 이 사람은 일반관계 영역에서 순응적으로 보이지만 때로 강한 지배성향이 나타날 것이다. 또 특별관계 영역이 다혈질인 사람이 일 영역에서 점액질일 때, 이 사람은 일 영역에서 일을 잘 맞지 않으려 하지만 일단 일을 맡게 되면 정열적으로 큰 에너지를 가지고 일한다. 이렇게 특별관계 영역의 기질은 다른 영역에 영향을 준다.

셋째, 내성적 기질이 있는 삶의 영역 보다 외향적 기질이 있는 삶의 영역이 발달하는 경향이 있다. 내성적 기질이 있는 영역은 잘 충족되지 않기 때문에 약해지는 경향이 있고, 외향적 기질이 있는 영역은 잘 충족되기 때문에 강해지고 발달된다. 따라서 외향적인 기질 영역에 에너지와 시간을 많이 보내게 된다. 예를 들어 일반관계 영역에서 수줍음질이고 일 영역에서 담즙질인 사람이 있다면, 이 사람은 주로 일 영역에 시간과 에너지를 많이 쏟는다.

2. 기질의 혼합 사례

A씨: 남자 43세
일반관계 영역(−4, −5): 강성우울질
특별관계 영역(−5, −3): 강성우울질
일 영역(+2, −3): 담즙질

A씨는 일반관계 영역에서는 강성우울질, 특별관계 영역에서도 강성우울질, 일 영역에서는 담즙질이다. A씨는 우울질의 특성을 거의 그대로 가지고 있는 사람이다. 사랑과 지지를 많이 받으며 긍정적이고 수용적인 환경에서 성장하였다. 그러므로 부정적 성향이 감소되어 자신의 일에 재능을 잘 나타낼 수 있도록 성장한 사람이다. 이 성장과정이 A씨로 하여금 일 영역에서 약간의 담즙질 성향으로 나타나게 하였다.

A씨는 내성적이고 독립성향이 강하다. 그리고 신중하며 완전주의가 강하다. 일반관계 영역에서 거의 사람은 교제하지 않으며 고립적이다. 특별관계에 있는 사람들에게 이 사람이 신중하고 냉정해 보이지만 깊고 풍부한 감성을 가지고 있다. 그러나 특별관계 영역에 시간을 보내지 않아서 가족들은 외로워한다. A씨는 일 영역에서 담즙질로 나타나 있지만 타고난 기질이 우울질이기 때문에 우울질처럼 일한다. 단호하고 주도적으로 일하지만 그다지 강하지는 않다. 또한 완전주의가 매우 강하고 잘 타협하

지 않으며 매우 신중하다. 적절한 지시와 명령을 잘 내리면서도 타인의 여린 내면 감정을 배려한다. 또한 실천력과 결단력이 있지만 상당히 신중하고 다른 사람의 의견에 귀를 기울일 수 있다. A씨는 자신의 일에 대단한 성실과 열정을 가지고 있는 사람이다. 자기의 뜻을 실현하며 살아가고 있다고 볼 수 있다. A씨는 자신감 있고 단호한 강성우울질이다.

B씨: 여자, 28세
일반관계 영역(−3, −2): 우울질
특별관계 영역(+4, −4): 강성담즙질
일 영역(+2, −3): 담즙질

B씨는 일반관계 영역에서는 우울질, 특별관계 영역에서는 강성담즙질, 일 영역에서는 담즙질이다. B씨는 담즙질의 기질 욕구와 성향을 많이 가지고 있지만 겉으로 잘 드러나지 않는다. 특별관계 영역에서 강성 담즙질인데 일반관계영역에서 우울질이 나온 것은 매우 중요한 의미가 있다. B씨는 담즙질이지만 불행한 어린 시절을 보낸 사람이라고 볼 수 있다. 이것이 B씨로 하여금 일반관계영역에서 우울질로 나타나게 하였을 것이다. 나타난 격자판 수치로 볼 때 B씨는 인간관계에서 많은 갈등을 겪고 있을 것이라고 예상된다. 이 사람은 우울질처럼 보이는 담즙질이다.

B씨는 내성적이고 주도적이다. B씨는 일반관계 영역에서 인간관계

가 미숙하고 언어가 강하며 직설적이다. 그리고 자기주관이 매우 뚜렷한 사람이며 절대로 관계에 끌려가지 않으며 교제의 주도권을 자신이 가지고 있다. 그러나 일반관계 영역에서는 이들의 지배성은 잘 드러나지 않을 수 있다. 속으로는 강해도 조용하고 말없는 사람이다. 그러나 일반관계 영역에서의 억압으로 인한 분노가 크다고 볼 수 있다. 따라서 특별관계 영역에서 B씨는 일반관계 영역에서 받는 스트레스와 분노를 가족들에게 표출하게 될 가능성이 높다. 그리고 일반관계 영역에서 드러내지 못하는 지배성향을 가족들에게 집중적으로 드러낼 가능성도 매우 높다. B씨는 분노가 많고 정서적으로 불안정한 사람이다. 그리고 일 영역에서는 대단한 책임감과 성취욕을 보인다. B씨는 삶의 에너지를 모두 일 영역에 쏟으며 살아간다. 일반관계 영역에서 겪는 좌절로 인해 일 영역에서는 더욱 강해진다. 이 사람은 비사교적이고 일에 매진하는 강성 담즙질이다.

C씨: 여자 34세
일반관계 영역(−5, −4): 강성우울질
특별관계 영역(+2, +4): 다혈질
일 영역(−3, +3): 수줍음질

C씨는 일반관계 영역에서는 강성우울질, 특별관계 영역에서는 다혈

질, 일 영역에서는 수줍음질이다. C씨는 다혈질이지만 겉으로는 거의 드러나지 않는 사람이다. 특별관계 영역에서 다혈질인데 일반관계영역에서 강성우울질이 나온 것은 중요한 의미가 있다. C씨는 다혈질이지만 비수용적인 환경에서 성장했을 가능성이 높다. 이 사람은 우울질처럼 보이는 다혈질이다.

C씨는 관계지향적이고 내성적인 사람이다. 일반관계 영역에서 고립적이고 내성적이며 독립적이다. 그러나 대상에 따라서 매우 유순하고 순종적이며 타인의 요구에 크게 반응할 수도 있다. 이 사람은 다혈질이지만 비사교적이고 다혈질 특유의 명랑 발랄함은 퇴색되었으며, 긍정적 낙관적 사고방식이 사라졌다. 그리고 열등감이 많고 소심한 성격으로 변했다. 또한 관계에 대한 두려움이 많고 경직되어 있다. 그러나 안전한 관계에 들어가면 매우 활달해지고 정열적으로 행동하며 사랑을 많이 표현할 것이다. 일반관계영역에서 이 사람은 불안정하기 때문에 대상에 따라 매우 다양한 성향을 나타낼 가능성이 많다. 일 영역에서는 순종적이고 책임감 있게 일한다. 그러나 타고난 기질이 다혈질이므로 창의적이고 자유분방하게 열정적인 모습으로 일한다. 특별관계 영역에서 C씨는 사랑과 관심을 지나치게 많이 요구하여 가족들을 피곤하게 할 수 있다. 다혈질이면서 많은 사람들과 교제할 수 없기 때문에 이 좌절된 욕구를 특별관계 영역에 있는 사람들에게 요구하게 될 가능성이 높다. C씨는 비사교적이며 헌신적인 다혈질이다.

D씨: 남자, 41세
일반관계 영역(−1, +2): 점액수즙음질
특별관계 영역(−3, +4) 수즙음질
일 영역(+4, −2) 담즙질

D씨는 일반관계 영역에서는 점액수즙음질, 특별관계 영역에서는 수즙음질, 일 영역에서는 담즙질이다. D씨는 수즙음질의 기질 욕구와 경향성을 가지고 있다. 특별관계 영역에서 수즙음질이고 일 영역에서는 담즙질로 나온 것은 좋은 지도자를 만나 성공적으로 성장한 사람이라고 볼 수 있다. 그가 일반관계 영역에서 점액수즙음질이라는 것도 역시 긍정적인 의미를 준다. 이 사람은 담즙질처럼 보이는 수즙음질이다.

D씨는 수즙음질이지만 강하면서도 부드러운 사람이다. 그리고 원리원칙을 따지며 합리적으로 살아가는 사람이다. D씨는 일반관계 영역에서 적당한 관계를 유지하며 방어적으로 행동하고 일로 접근하려는 경향이 있다. 수즙음질에 점액질 성향이 더해져서 의존성이 줄어들고 안정적으로 관계를 유지할 수 있다. 그리고 동기유발을 목적으로 사람들에게 접근하지만 과격하지 않으며 상대에 따라서 잘 물러서기도 하는 유연함을 가지고 있다. 일 영역에서 D씨는 담즙질이다. 그러나 타고난 성향인 수즙음질의 영향으로 일 영역은 매우 강해진다고 볼 수 있다. 수즙음질의 규칙을 준수하는 성향과 담즙질의 책임감과 완벽주의가 결합하여 일하는

데 있어서 원칙이 매우 강하고 완전주의도 아주 강하다. 그리고 특별관계 영역에서는 소극적이고 내성적이며 정서적인 대화를 잘 하지 못한다. 가족들과의 관계를 가질 때에도 일로 접근할 가능성이 높다. 수줍음질의 어색함을 일로 덮으려고 할지도 모른다. 또한 자신은 사랑을 잘 표현하지 못하지만 상대가 자신의 마음을 알아주기를 원하고 인정을 많이 받기를 원한다. D씨는 여리면서도 강한 수줍음질이다.

E씨: 여자 40세
일반관계 영역(+2, +1): 다혈점액질
특별관계 영역(−1, −1): 점액질
일 영역(+2, −3): 담즙질

E씨는 일반관계 영역에서는 다혈점액질, 특별관계 영역에서는 점액질, 일 영역에서는 담즙질이다. 특별관계 영역에서 점액질이면서 일반관계 영역에서 다혈점액질로 나온 것은 인간관계가 잘 발달되어 있다는 것을 의미한다. 따라서 E씨는 적절한 훈련 속에 사랑과 지지를 받으며 안정적으로 성장한 사람이라고 예상된다.

E씨는 안정적이며 활발하고 주도적이다. 일반관계 영역에서 E씨는 활발하고 사교적이다. 그러나 관계에 끌려가지는 않는다. 이들은 인간관계에 대한 민감성이 발달되어 있어서 누구와도 능숙하게 관계를 맺으며, 사

람들에게 거부감을 주지 않는다. 다혈질보다는 부드럽게 교제를 할 수 있고, 점액질보다는 따뜻하게 교제할 수 있다. 점액질의 안정적 성향과 다혈질의 사교적 성향이 결합하여 일반관계 영역에서 큰 능력을 발휘한다. 일 영역에서 E씨는 신중하면서 추진력이 있다. 현실적인 해결책을 모색할 수 있고 성공적으로 과업을 이루어 낼 수 있다. 또한 적절한 개혁을 단행 할 수 있고 냉철한 판단을 실천에 옮길 수 있다. 이들은 주도적으로 일하고 책임감도 있지만 지배성향이 강하지 않고 지나치게 성취를 지향하지는 않는다. 점액질의 안정 성향에 담즙질의 목표추구 성향이 결합되어 있어서 이들은 안정적으로 목표를 이루어 간다. 그러나 이들은 특별관계 영역에서는 매우 무기력해질 수 있다. 점액질은 기질상 에너지가 적은 데도 많은 에너지를 밖에서 소진하고 오기 때문이다. 가정생활에서는 점액질 특유의 나태함과 이기심, 헌신 기피 현상이 드러날 가능성이 높다. D씨는 사교적이며 목표지향적인 점액질이다.

8장 기질의 종합적 이해와 적용

본 장에서는 종합적인 이해를 위해 기질특성의 흐름과 경향성을 전체적으로 살펴보고, 다섯 가지 기질이 어떻게 상호조화를 이루는지를 나타내었다. 그리고 기질 적용으로 부모의 양육태도가 자녀의 기질에 끼치는 영향을 살펴본다.

1. 기질의 종합적 이해

1) 경향성으로 이해

기질은 마치 사계절과 같다. 사계절은 뚜렷한 특징을 갖고 있지만 경계선이 분명하지는 않다. 늦가을이 있는가 하면 초겨울이 있고, 초여름이 있는가 하면 늦은 봄이 있다. 그리고 어떤 날씨는 늦가을이라고 해도 되고 초겨울이라 해도 무방하다. 또한 기질은 색깔의 명명방식으로 이해해도 좋다. 사람들은 빨주노초파남보의 일곱 가지 무지개 색을 떠올리지만 실제로는 무수한 중간색들이 있는 것과 마찬가지이다. 이처럼 기질은 다섯 개의 뚜렷한 특성으로 구별된다. 그러나 많은 경우에 기질의 경계선이 분명치 않다. 기질 격자판에서 보여주는 백 개의 기질들은 근접한 위치끼리는 비슷하면서도 뚜렷이 구별되는 다섯 기질의 경향으로 움직이고 있다. 그래서 기질을 흐름으로 정리해 보는 것은 기질을 전체적으로 이해하는 데에 도움이 된다. 즉 각 기질의 욕구와 행동들을 하나의 경향성으로 이해하는 것이다.

점액질을 제외한 네 개의 기질특성들은 외부로 향할수록 기질의 행동과 욕구가 크고 강하며, 중심으로 향할수록 행동과 욕구가 작고 약하다. 그리고 점액질은 다른 네 개의 기질에 균형과 안정을 준다. 이 경향성을 '기질특성의 흐름'으로 표현하였다.

기질특성의 흐름

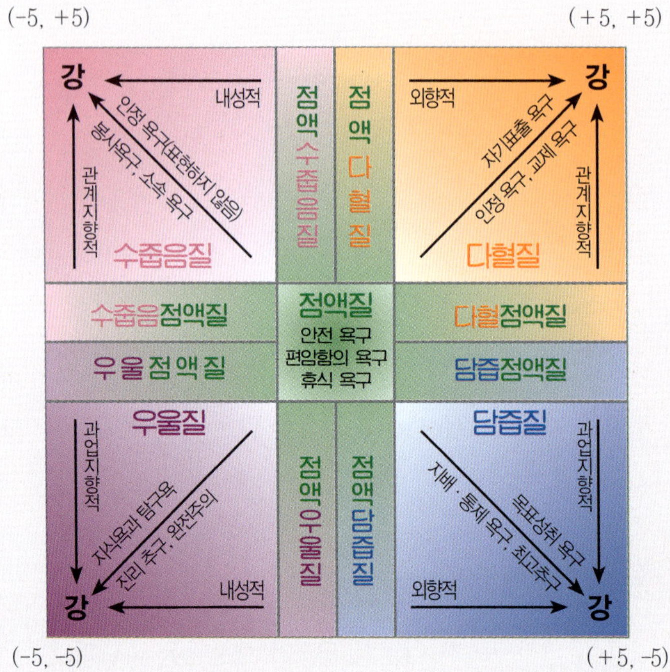

기질은 이와 같이 인간 행동의 경향성을 나타내는 것으로서 뚜렷한 다섯 개의 기질 특성을 중심으로 흐른다. 그러나 뚜렷한 기질특성을 가지고 있다고 하더라도 다른 기질 성향도 어느 정도는 가지고 있다. 우울질이 아니어도 사람은 진리를 추구하는 성향이 누구에게나 있고, 담즙질이 아니어도 목표를 성취하고자 하는 욕구가 누구에게나 있으며, 다혈질이 아니어도 누구나 인정받기를 원하고, 수줍음질이 아니어도 즐겁게 헌신하며, 점액질이 아니어도 안전과 휴식을 원한다. 이렇게 인간의 행동과 욕구는 단순하지 않아서, "나는 담즙질 성향이 조금도 없다"라고 단언 할 수 없다.

2) 전체적으로 이해

앞에서 살펴본 바와 같이 기질을 이해할 때는 각 기질의 여러 가지 내적 욕구와 행동성향의 전체적인 흐름을 알고, 삶의 전반적인 영역에서 그것이 어떻게 나타나고 있는지 보는 것이 중요하다. 기질특성의 한 단편이나 부분적인 행동특성으로 기질유형을 단정하면 오류를 범할 수 있다.

예를 들면, 목표를 가지고 계획적으로 일을 잘 추진하는 사람을 볼 때 담즙질이라고 생각할 수도 있다. 그러나 이 부분만 가지고 이 사람을 담즙질이라고 볼 수는 없다. 삶의 전반적인 영역에서 여러 가지 담즙질 성향을 가지고 있는지 살펴야 한다. 일 영역에서는 담즙질처럼 보이지만, 다른 기질이 일 영역에서 훈련을 잘 받아서 담즙질처럼 보이는 경우도 있다.

또 다른 예를 들어보면, 일반관계 영역에서 말이 없고 비사교적인 사람은 우울질이라고 생각하기 쉽다. 그러나 이 부분만 가지고 우울질이라고 볼 수는 없다. 만약에 그가 우울질이라면 일반관계 영역에서 비사교적이라는 특성 외에도 생활전반에 완전주의가 있는지, 삶의 방향이 진리로 지향하는지를 보아야 한다. 외향적인 기질도 고립적으로 성장하면 일반관계 영역에서 우울질처럼 보일 수도 있다. 그리고 올바르게 살아야한다는 종교적 가치관 속에 성장한 사람 들 중에는 진리를 지향하며 살아가는 사람이 많다. 이들은 우울질처럼 보인다. 그러나 진리를 추구해가는 과정이나 생활을 보면 우울질이 아닌 경우가 많다.

위와 같이 기질을 볼 때, 삶의 전반적인 영역을 살펴야 한다. 사람들이 타고난 기질과 다른 행동을 하는 것에는 여러 가지 요인이 있다. 부모의 양육태도를 포함한 환경이나 교육에 의한 훈련은 가장 주요한 요인이 되고, 개인이 지향하는 신념과 가치관과 신앙도 기질과 다르게 행동하는 요인이다. 그리고 자아정체성이나 자기존중감이 매우 약한 경우에도 기질과 다른 행동을 할 수 있다. 또 어떤 심리적 충격을 받았을 경우에도 기질은 드러나지 않을 수 있다. 혹은 의도적으로 자신을 어떤 이미지로 나타내기 위해 스스로 훈련하기도 한다. 이외에도 다양한 환경의 영향은 타고난 기질과 다르게 행동하는 요인이 된다. 이렇게 훈련된 행동과 타고난 기질은 쉽게 구별되지 않는 경우가 많다. 따라서 겉으로 드러나는 행동만 보고 기질을 단정할 수 없다.

또한 1장에서 기질은 '두드러진 성향'을 의미한다고 했는데, 이것은 자신의 두드러진 기질 외에 다른 기질성향도 어느 정도 가지고 있다는 것을 의미한다. 따라서 이것은 타고난 기질과 다른 행동을 할 수도 있다는 것을 뜻한다. 인간의 심리적 구조와 욕구들은 복합적이어서 우울질도 다혈질의 욕구를 어느 정도 가지고 있으며, 다혈질도 우울질의 욕구를 어느 정도 가지고 있다. 우울질이 사고적이지만 때로 열정적으로 활동할 수 있으며 다혈질이 끈기가 부족하지만 때로는 진리 추구에 꾸준히 헌신할 수 있다. 간혹 모든 행동을 기질로 해석하는 사람들도 보게 되는데, 이것은 기질이라는 틀 안에 사람을 끼워 맞추려는 잘못된 태도이다. 행동을 유발하는 원인과 과정, 그 심리적 현상은 실로 매우 다양하고 복합적이기 때문에 무리하게 기질을 단정할 수는 없다.

그러므로 한 두 개의 단편적인 행동으로 기질을 단정하지 말고 전체적인 흐름을 잘 이해한 후에, 삶의 전반적인 영역에서 기질 특성이 어떻게 나타나는지를 살피는 통찰력과 신중한 태도로 보아야 한다.

2. 기질의 조화

우리는 지금까지 각 기질의 특성을 세밀하게 살펴보았고 또 그것을 흐름으로도 정리해보았다. 하나님께서는 우리를 그렇게 서로 다른 기질로 지으셨다. 그리고 성장하면서 강점을 훈련하셨고 약한 성품들을 다듬어 오셨다. 그러면 나의 기질이 다른 사람들과 어떻게 조화를 이루며 살아갈 것인가? 우리 그리스도인들은 삶 속에서 하나님의 성품을 드러내는 각자의 자리가 있다. 하나님께서는 우리가 자기 자리를 잘 알고 서로 조화를 이루며 함께 하나님의 뜻을 이루어갈 때 기뻐하신다. 그리고 그 때 우리도 행복해진다. 이제 다섯 가지 기질이 어떻게 상호 조화를 이룰 것인지에 대하여 정리한다.

우울질은 진리를 추구하고 완전을 추구하는 면에서 하나님의 성품을 닮았고, 담즙질은 일을 성취하시고 주권적으로 목적을 이루어가는 면에서 하나님의 성품을 닮았다. 다혈질은 우리와 교제하기를 원하시고 우리에게 자신을 표현하시는 하나님의 성품을 닮았고, 수줍음질은 사랑으로 헌신적인 삶을 사신 그리스도의 성품을 닮았다. 그리고 점액질은 평화의 하나님, 우리를 늘 안전하게 인도하시는 하나님의 성품을 닮았다. 이 다섯 가지 기질이 하나님 안에서 어떻게 조화를 이루어 가는지를 그림으로 표현하면 다음과 같다. 우울질은 진리와 완전으로, 담즙질은 성취와 주권으로, 다혈질은 교제와 표현으로, 수줍음질은 사랑과 헌신으로, 점액질은 평화와 안전으로 하나님 안에서 서로 조화를 이룬다.

기질의 조화

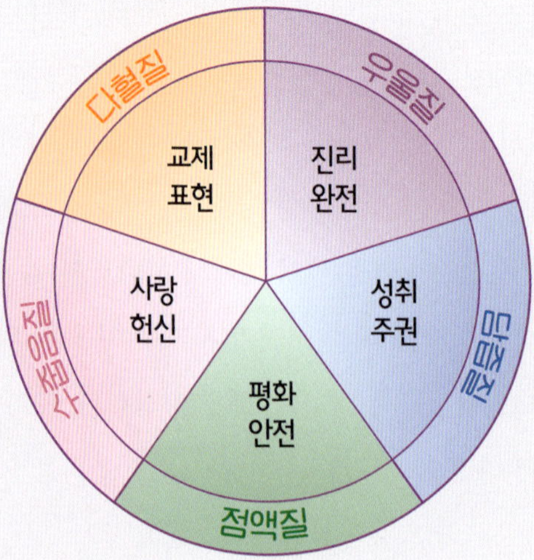

각 기질은 다른 기질의 도움 없이 독자적으로는 비전을 이루어가지 못한다. 사람들은 자신의 기질 특성 외의 영역에서 다른 사람들의 도움을 받아서 교회 안에서 하나님의 뜻을 이루어간다. 다른 사람들과 조화를 이루어야만 살아갈 수 있는 모습 속에서 우리는 하나님의 아름다운 섭리를 본다. 하나님께서는 부분적이고 부족한 각 기질들이 모여서 조화를 이루고 하나 됨을 이루어갈 때, 합하여 온전하신 하나님의 형상을 이루어 갈 수 있도록 하셨다.

이를 위해서 우리는 하나님께서 나의 기질을 사용하시도록 내어드리는 유연성과 자유함이 있어야 한다. 하나님께서 주신 자신의 기질을 있는 그대로 사랑하면서, 자신의 기질 특성이 주변 사람들을 힘들게 하고 사역에 방해가 된다면 마땅히 변화되도록 애써야 한다. 그리고 하나님께서 기질 장점들을 키우시고 훈련하시면 우리는 최선을 다해 노력해야 한다. 또한 자신의 약점에는 다른 사람들의 도움을 청하고 다른 사람들의 충고에 귀를 기울이면서 조화를 이루어가야 한다.

하나님께서는 우리의 타고난 기질과 환경으로 변화된 성격과 자신이 선택한 인격을 모두 아울러서 사용하신다. 이 모든 것은 하나님께서 하나님 나라를 이루시기위해 우리에게 주셨다. 자신이 어떤 기질을 타고났고 어떤 성격을 가지고 있던 주님께 자신을 온전히 맡겨드리면 자유하게 된다. 자기목표, 자기방법, 자기생각, 자기애착을 버린다면 우리는 주님 안에서 자신의 기질이 무엇이든지 자유해질 수 있다. 그러면 우리의 삶은 하나님의 인도하심으로 풍성해질 것이다. 그 때, 하나님께서는 우리 안에 있는 기질과 성격과 인격 및 모든 요소들을 그의 뜻에 따라 사용하시며 우리를 향한 비전을 이루어 가실 것이 분명하다. 하나님께서는 우리의 기질의 한계를 넘어서 그 위에 역사하신다.

3. 기질을 통찰하는 방법

일반적으로 사람들은 기질 설문지를 통해서 기질을 확인한다. 기질 설문지를 실시하지 않고 자신이나 주변 사람의 기질을 통찰할 수 있을까?

첫째, 가장 간단한 방법으로는 2장에서 제시한 바와 같이 능동적 표현과 수동적 반응의 크고 작음과 그 경향을 관찰하여 기질 격자판에서 그 위치를 보는 것이다.

둘째, 기질행동과 욕구의 경향성을 같이 보는 것이다. 즉 행동뿐만 아니라 그 행동을 하도록 만드는 욕구를 봄으로써 기질을 이해하는 것이다. 변화된 행동을 할 경우에도 기질적 욕구는 잘 변하지 않는다. 그러므로 행동을 통해서 욕구를 보고, 욕구를 통해서 행동을 보는 것이다. 이렇게 기질 격자판 원리에서 각 기질의 행동과 욕구를 연관성 있게 보면 기질에 대한 통찰력을 갖게 된다. 기질이 잘 드러나지 않는 경우에라도 시간을 가지고 대화하면 욕구와 가치관, 언어, 행동 등을 통해 기질을 볼 수 있다.

셋째, 특별관계 영역의 기질이 무엇인지 주목해 보는 것이다. 특별관계 영역은 '가까운 사람들과의 관계에서 사랑과 정을 어떻게 나누는가?'

하는 인간의 내적이고 정서적인 면들을 나타내 주는 영역이다. 즉 '사랑과 정'이라는 깊은 욕구부분이다. 대체로 솔직한 자기 모습은 특별관계 영역에서 잘 드러난다. 그러므로 삶의 세 영역에서 특별관계 영역이 타고난 기질을 말해준다고 볼 수 있다. 그러나 가족관계에서 사랑과 정을 경험하지 못한 사람들은 특별관계 영역에서조차 자기 기질을 드러내지 않는 경우도 있다.

이 세 가지 방법은 기질 설문지를 사용하지 않고 기질을 통찰하는 방법이다. 이 외에 기질 격자판의 정확한 수치를 알고 싶다면 기질 설문지를 통해서 기질을 알 수 있다. 이 경우는 응답자가 기질 설문지에 성실하게 응답을 해야 한다. 기질 설문지에 응답하고 있을 당시에 심리적으로 불안정하면 기질 설문지에 제대로 응답하지 못한다. 따라서 엉뚱한 기질을 자기 기질로 오해하게 될 수 있다. 또한 자신의 실제 행동을 체크해야 하는데도 자기가 좋아하는 행동을 체크하여 오류를 내는 사람들이 있다. 그리고 자신의 실제 행동을 잘 인지하기 못해서 제대로 응답하지 못하는 경우도 적지 않다. 그럼에도 불구하고 사람들은 테스트를 통해서 수치가 나오게 되면 일단 신뢰하는 경향이 많다. 이런 면에서 필자는 기질 설문지를 사용하기 보다는 기질 격자판의 흐름에서 자신의 기질을 이해하고, 기질 설문지는 참고하는 것이 더 나은 방법이라고 본다. 많은 인간관계들은 기질 설문지 없이 이루어진다. 기질 설문지에 의존하는 것보다 기질에 대한 통찰력을 갖는 것이 더 유용하다.

이 외에 일반관계, 특별관계 영역, 일 관계에서 가장 두드러진 영역,

즉 격자판 수치가 가장 큰 영역의 기질을 자신의 기질로 볼 수도 있다. 그 밖에 기질을 보는 나름대로의 방법이 있을 수 있다. 그러나 기질 격자판을 이해하고 기질성향에 대한 기본지식을 갖게 되면, 여러 사람들을 접하면서 기질을 볼 수 있는 통찰력이 생길 것이다.

4. 부모의 양육태도와 자녀의 기질

자녀의 기질이 부모의 양육태도에 따라 어떻게 반응하는지를 살펴본다. 기질은 타고난 성향이고 부모의 양육태도는 성장환경이다. 부모의 어떤 양육태도는 자녀의 기질적 강점을 잘 훈련시켜 주는가 하면, 어떤 양육태도는 자녀의 기질적 약점을 더욱 자극하여 부정적인 영향을 끼치는 경우도 있다. 이런 것을 생각해 본다.

자녀의 기질과 부모의 양육태도 관계 속에서 예상 되는 것을 원리적으로 설명하고, 어떻게 자녀에게 동기부여할지를 기질별로 살펴보았다. 주의할 점은 부모의 양육태도 외에도 자녀의 기질에 영향을 주는 요인들은 많다는 것이다. 자녀들은 부모가 알 수 없는 특별한 경험들을 많이 겪으며 자란다. 따라서 여기에 설명된 대로 행동하는 것은 아니다. 여기서는 자녀의 기질과 부모의 양육태도 관계만을 다루었다.

1) 우울질

우울질 자녀를 둔 부모는 이들이 진리를 추구하며 지식욕과 탐구욕이 많고 완전주의가 강하다는 것을 기억해야한다. 또한 생각이 깊고 질문이 많으며 인격적 관계를 원한다는 것도 염두에 두어야 한다. 이들이 부모에게 원하는 것은 이들의 생각을 이해하며 대화하는 것이다. 부모는 대화를 통해 자녀가 옳다고 생각하는 삶과 그렇지 못한 현실과의 괴리를 다루어 주는 것이 좋다. 우울질 자녀가 부모와 대화하며 이 괴리를 해결할 수 있는 지혜를 얻는다면 많은 문제를 풀어나가는 열쇠가 된다.

우울질과 부모의 양육태도

우울질 특성	진리 추구의 욕구, 지식욕과 탐구욕, 완전주의 내성적, 개인적, 소극적, 정적, 사고적, 회의적 인격적, 주도적, 독립적, 비판적, 과업지향적
부모의 양육태도	**우울질 자녀의 반응**
일, 공부, 도덕적 행동 등에 완벽 할 것을 요구할 때	더욱 강한 완전주의를 형성한다. • 자신의 실수를 조금도 용납하지 못한다. • 진리와 자아의 괴리감을 더욱 크게 느낀다. • 부정적 사고방식이 더욱 많아진다.
잔소리, 지시통제, 명령으로 자녀를 강압하며 재촉할 때	• 능력계발이 더욱 안 된다. • 더욱 신중해지고, 더욱 소심해진다. • 자신을 불신하며 의욕을 상실한다.
비판, 비난, 체벌, 욕설 등으로 인격적 모욕을 줄 때	• 죄책감과 자기정죄감이 심해진다. • 부정적 사고방식이 커진다. • 마음을 내보이는 것이 더욱 힘들어진다. • 중독증에 빠질 위험이 더욱 많아진다.
사랑, 격려, 지지하며 인격적으로 대할 때	• 부정적 사고방식이 감소한다. • 결단에 대한 두려움이 감소하고 실천력이 증가한다. • 능력이 개발 되고 의욕적이 된다.

우울질 자녀는 완전주의를 추구하는 기질적 특성을 가지고 있다. 그런데 여기에 부모가 또 완전함을 요구하면 자녀는 매우 강한 완전주의가 형성된다. 많은 부모들은 공부나 일에 완벽할 것을 요구하고 조그만 잘못도 허용하지 않고 양육하는 것이 자녀가 발전할 것으로 생각한다. 그러나 우울질 자녀에게 이것은 많은 심각한 문제들을 낳는다. 심한 부정적 사고방식을 가지게 되고 자신의 조그만 실수도 용납하지 못하는 고통스러운 삶을 살게 된다. 자신을 더욱 완전함으로 몰아 부치며 고군

분투하는 안식 없는 삶을 살게 될 가능성이 매우 높다.

우울질 자녀는 기질적으로 생각이 깊고 행동이 느리다. 그런데 부모가 이를 수용하지 못하고 잔소리하고 재촉하며 빨리하도록 다그치면 자녀는 정신적 안정감을 잃어버리게 된다. 그리고 부모가 일일이 지시하고 명령하고 행동을 통제하면 우울질 자녀는 작은 일조차도 결단을 못하며 매우 소심해지는 현상이 생긴다. 이것은 우울질 자녀에게 심각한 의욕상실을 가져온다. 이들은 독립적으로 판단하고 스스로 행동하기를 원한다. 그렇지 못하면 우울질 자녀는 자신의 능력을 개발할 수 없다. 따라서 우울질 자녀의 경우는 수용하고 지지적인 환경 속에 있는가? 질책하고 강요하는 환경 속에 있는가? 하는 것이 매우 중요하다. 우울질이 부모로부터 그들의 느린 행동, 깊은 사고력, 원리적 접근을 존중받으면 자신의 능력을 발휘하며 진리를 탐구하면서 살아간다. 그러나 재촉을 받고 비난과 질책을 받으면 자기 기량을 거의 발휘할 수 없다.

이들은 기질적으로 부정적인 사고방식이 많다. 그런데 부모가 이들에게 비판적인 말을 하고 다른 자녀들과 비교하며 비난하면 부정적 사고방식의 늪에서 나오지 못한다. 또한 폭력과 욕설을 가한다면 여기에 인격적 모욕감이 더해짐으로 자기비하에 빠지게 된다. 이런 부정적인 양육태도는 모든 자녀에게 심각한 영향을 끼치는 것이지만 특히 우울질 자녀가 이것을 견디어 내거나 극복할 가능성은 거의 없다. 죄책감과 자기정죄감, 불안, 공포 등의 심리적 고통에서 우울증으로 발전하게 된다. 부모의 부정적인 언행은 우울질의 부정적인 면을 더욱 가중시켜 정신병적인 문제들과 여러 가지 중독증을 가져 올 가능성이 높아진다. 이점은 특히 조심해야 하는 부분이다.

부모가 우울질 자녀에게 인격적으로 다가가며 사랑과 격려와 지지를 하며 양육하면 부정적 사고방식이 줄어들게 된다. 그리고 인간관계에 대한 경계심과 선택에 대한 두려움도 감소된다. 부모가 우울질 자녀의 내면 깊은 것과 진심을 공감하며 대화를 하면 이들에게 큰 위로가 된다. 특히 부모가 이들의 사고적인 성향을 존중하면 이들의 사고력과 탐구력이 개발되어 천재적인 성향을 발휘할 가능성이 높아진다.

우울질이 심리적 문제가 심각해지면 어떤 증상이 나타날까? 가장 중요한 현상은 자기 폐쇄적이 되는 것이다. 이들이 말을 하지 않고 아무도 만나지 않으려 하며 두문불출하다면 문제가 심각하다는 사인이다. 이런 현상이 장기간 계속되고 자주 일어난다면 이들의 마음이 많이 닫혀있다고 봐야한다. 이렇게 말이 없을 때는 상담도 불가능한 경우가 있다. 이들은 고통을 잊기 위해 여러 가지 중독증(알콜중독, 약물중독, 성중독 등)에 잘 빠질 수 있고 심각하면 조용히 자살을 기도할 수 있다. 이들은 아무도 모르게 철저히 준비하므로 주의 깊게 살펴야 한다.

그러면 우울질은 어떻게 동기부여가 될 수 있을까? 이들은 진리와 가치 있는 삶의 목적들을 발견할 때 동기가 부여 되며, 또한 자신이 그 일을 해 낼만한 능력이 있다고 느껴야 움직인다. 그러나 이들이 추구하는 수준이 너무 높고 또 자신에게는 그런 능력이 없다고 믿기 때문에 동기부여하기가 가장 어려운 사람들이다. 그러나 일단 옳은 일에 동기부여가 되고 나면 굉장한 에너지와 성실과 진실함으로 일생을 바친다. 또한 우울질 자녀에게는 논리적, 이성적, 합리적으로 생각할 수 있도록 진리를 제시하는 것이 동기부여에 좋고, 여기에 사실적 증거가 제시되면 더욱 좋다. 따라서 우울질 자녀와 대화를 할 때는 결과나 방법보다는 근원적, 본질적인 것에 초점을 맞추는 것이 좋다. 이들은 목적과 동기가 분명치 않은 일에는 마음이 움직이지 않기 때문이다. 우울질은 또한 인격적으로 존중받을 때 마음을 열고, 스스로의 사고의 변화로 마음이 움직여서 스스로 결정하고 선택함으로 동기부여 된다. 이들은 칭찬을 받아도 잘 믿지 않을 뿐 아니라, 요구로 받아들이고 부담을 느낀다. 따라서 우울질 자녀를 가진 부모는 이들이 스스로 동기부여 되기까지 인내심을 가지고 기다려야 한다. 생각하고 받아들이기까지는 시간이 걸리고 또 행동에 옮기는 데에도 시간이 많이 걸린다. 이들은 이 과정이 지나야 비로소 일을 시작한다.

2) 담즙질

담즙질 자녀를 가진 부모는 이들이 목표성취 욕구가 매우 크며, 사람을 지배하고 환경을 통제하려고하며, 최고를 추구한다는 점을 기억해야한다. 그리고 독립성, 주도성, 실천력 등을 가지고 있다는 점도 염두에 두어야 한다. 따라서 이들에게 가장 필요한 것은 부모로부터 독립적인 존재로 존중받는 것이다. 부모의 지나친 잔소리, 통제, 지시, 명령은 이들의 독립적인 좋은 성향을 꺾는다. 이들에게 잔소리와 강압은 독설에 가깝다. 반항적이 되어 하던 일도 멈추거나 반대로 행동하는 등 극단적이 될 수 있다. 담즙질 자녀는 자신이 부모의 도움을 필요로 할 때 옆에서 도와주기를 바라는 것이지, 부모가 목표를 세워주고 이끌어 주는 것이 아니다. 담즙질 자녀는 스스로 선택하고 움직인다.

담즙질과 부모의 양육태도

담즙질 특성	목표성취 욕구, 지배 · 통제 욕구, 최고 추구 외향적, 사교적, 적극적, 활동적, 실천적 지배적, 주도적, 독립적, 비판적, 과업지향적
부모의 양육태도	**담즙질 자녀의 반응**
일, 공부, 도덕적 행동 등에 완벽을 요구할 때	• 자신을 완전하게 여긴다. • 지나치게 성취지향적인 사람이 된다. • 다른 사람을 무시하는 경향이 심해진다. • 지배 · 통제성향이 더욱 강해진다.
체벌, 폭력, 편애를 당하거나 비교, 비난하며 인격적인 모욕을 줄 때	• 잔인해질 위험이 높아진다. • 반항심, 분노, 복수심을 품게 된다. • 더욱 거친 언어를 사용하게 된다.
잔소리, 지시, 명령하며 행동을 통제 할 때	• 더욱 반항적이 되고 삐뚤어진 성취를 지향한다. • 신경질, 화를 더욱 잘 낸다. • 난폭해질 위험이 있다.
인격적인 대화와 정서적인 교류를 할 때	• 타인의 마음을 공감, 배려할 줄 알게 된다. • 일과 관계를 조절할 수 있는 능력이 개발된다. • 반항심이 줄어들고 정서적이 된다.

담즙질 자녀는 독립심이 유난히 강하고 자존감이 높기 때문에 부모가

인격적인 모욕을 준다면 문제가 심각해진다. 이것은 반항심을 키우는 것이다. 따라서 담즙질 자녀는 심한 체벌이나 폭력, 편애나 비난 속에 자라면 잔인해지고 복수심을 품고 자라게 된다. 이 때 이들은 의지력이 강해서 좌절하지 않고 극복하는데, 이렇게 되면 이들의 성취에너지는 복수심으로부터 나오게 되고 성공을 위해 불물을 가리지 않는 사람이 된다.

기질적으로 이들은 정서가 메마르다. 그런데 부모관계에서도 정서적 교류가 없다면 더욱 메마르고 냉정한 사람이 되어 일과 성취에 몰두하는 일벌레가 되기 쉽다. 담즙질에게는 부모의 부드러운 사랑이 매우 필요하다. 따뜻한 대화를 해주며 시와 예술 등을 접하게 하면서 정서적인 환경에서 양육하면 마음이 따뜻한 담즙질이 될 수 있다. 그러면 다른 사람들의 마음을 공감하고 배려할 줄 알게 된다. 또한 다른 사람들을 존중하는 마음을 갖게 하고, 부드러운 언어를 사용하는 훈련을 하고, 타인의 입장을 이해하고 배려하는 태도를 갖도록 해주는 것이 좋다. 장벽에 부딪치면 문제의 원인을 타인에게 두지 말고 먼저 일손을 놓고 자신을 살피는 것 또한 이들이 배워야할 부분이다. 이렇게 성장하면 목표 지향적이면서 반항심이 적고 감성 있는 사람으로 성장한다.

부모가 담즙질 자녀에게 일과 공부에 완전을 요구하며 양육하면 자신을 '완전한 사람'으로 착각할 수 있다. 여기에 부모가 지나치게 허용적이 되면 담즙질 자녀의 자기중심적 성향이 더욱 심해진다. 기질 자체가 자아상이 매우 높아서 매우 불평등한 인간관계를 가지게 된다. 따라서 부모는 담즙질 자녀의 요구에 한계를 분명히 긋되 인격적인 존중과 함께 될 수 있는 지혜가 필요하다. 인간에게는 불완전함과 한계가 있고, 하나님께서 허락하시지 않으면 목표를 성취할 수 없다는 것을 어렸을 때부터 가르치는 것이 중요하다. 따라서 담즙질 자녀를 가진 부모는 올바른 목표와 가치관을 갖도록 어렸을 때부터 교육시키는 것과 올바른 비전을 품게 해주는 것 그리고 정서를 계발해 주는 것, 이 세 가지가 중요하다. 이것이 담즙질 자녀의 일생을 좌우하게 된다.

담즙질은 심리적 문제가 심각해지면 어떤 증상이 나타날까? 이들은 의지가 강해서 정신질환을 잘 겪지 않지만 문제가 생기면, 다른 기질에 비해서 훨씬 더 심각한 형태로 나타나게 된다. 즉 문제의 원인을 다른 사람에게 돌리는 경향, 지배욕, 최고가 되려는 것, 성취욕 등의 성향이 문제를 심각하게 만든다. 이런 기질적 욕구들이 오랫동안 심각하게 좌절되면 비정상적인 지배욕을 드러내게 된다. 이에 더하여 심각한 인격적 멸시나 학대를 받게 되면 때로는 잔인한 행동으로 다른 사람을 괴롭히며 복수를 계획할 수 있다. 이들은 안하무인의 태도로 사람들을 대하거나 심각하게는 수단 · 방법을 가리지 않고 복수하려고 할 수 있다. 그리고 다른 사람의 삶을 송두리 채 지배하려고 할 수 있다. (이것의 극단적인 형태가 이단교의 교주들이다. 그들은 자기를 찬양하고 높이도록 사람들을 협박하며 병적인 지배욕을 드러내는 사람들이다.)

그러면 담즙질이 어떻게 동기부여가 될 수 있을까? 담즙질은 스스로 동기유발 된다. 자신이 성취할 만한 목표를 발견하게 되면 스스로 세부목표와 절차를 단계적으로 세우고 하나씩 실천하며 자발적으로 움직인다. 담즙질 자녀는 부모로부터 인정과 칭찬 등을 받는다고 해서 동기가 부여되는 것이 아니다. 인정과 칭찬을 받는 것은 단지 기분 좋은 것, 당연한 것 정도로 여길 뿐이며 중요한 일을 결정하고 행동에 옮기는 것에 영향을 크게 미치지 못한다. 이들에게 동기를 부여하려는 부모는 담즙질은 다른 사람의 지시나 명령에 반항한다는 것을 반드시 기억해야 한다. 독립적 성향이 강한 이들은 다른 사람을 지배하려 하지만 다른 사람의 지배 · 통제는 받지 않으려 한다. 결정을 강요하거나 지시, 명령을 받으면 하려했던 일도 던져버리는 경향이 있다. 또한 담즙질이 매력을 느끼며 동기부여가 될 때는 사람들을 결집, 훈련, 조직화하여 자신의 비전을 실현시킬 수 있는 지도자적 자리가 주어질 때이다. 이들은 강력한 영향력을 끼칠 수 있는 일에 매료된다. 즉 다른 사람의 일생을 바꾸어 놓는 일이나 경제, 사회, 정치, 역사적으로 큰 영향력을 줄 수 있는 일, 획기적인 변화를 줄 수 있는 일 등에 동기유발 되어 자신의 역량을 발휘한다.

3) 다혈질

다혈질 자녀를 가진 부모는 이들이 인정받고 싶어 하고 자기 표출을 원하며 교제에 대한 욕구가 크다는 점을 기억해야한다. 그리고 외향적이고 적극적이며 관계지향적이면서 에너지가 많고 불안정하다는 점도 염두에 두어야 한다. 따라서 부모는 다혈질 자녀에게 인정과 칭찬을 주면서 사랑의 관계를 형성하는 것이 무엇보다도 중요하다. 다혈질 자녀는 관계욕구가 크기 때문에 부모와 좋은 관계가 형성되지 않으면 부모의 통제를 받지 않는다. 그리고 밖으로 돌게 된다. 이렇게 되면 교육이 매우 어려워진다.

다혈질과 부모의 양육태도

다혈질 특성	인정 욕구, 자기표출 욕구, 교제 욕구 외향적, 사교적, 적극적, 활동적, 실천적, 지배적 순응적, 의존적, 수용적, 관계지향적
부모의 양육태도	**다혈질 자녀의 반응**
무절제한 사랑을 주고 요구대로 제공해 줄 때	• 유아적, 즉흥적, 자기중심적 성향이 강해진다. • 과소비, 무절제, 충동적, 즉흥적 성향은 증가하고 인내심, 성실성, 책임감은 감소한다.
잔소리, 지시, 명령으로 행동을 통제 할 때, 비난, 체벌 등으로 인격적인 모욕을 줄 때	• 밖으로 돌고 눈치를 많이 본다. • 훈련과 교육이 불가능해진다. • 거짓말과 변명이 많아진다.
일, 공부, 도덕적 행동 등에 완벽을 요구할 때	• 책임감, 성실성, 인내심이 길러진다. • 불안정하고 충동적인 성향이 감소한다.
사랑, 격려, 지지, 수용하면서 엄한 교육을 할 때	• 부모의 요구에 부응하려고 한다. • 더욱 사랑스럽고 따뜻해진다. • 동기유발이 잘 된다.

다혈질 자녀가 부모와의 든든한 관계가 형성되면, 완전을 요구하며 교육하는 것이 좋다. 꼼꼼하고 성실하게 생활하고 공부하도록 훈련시키는 것이다. 여기에는 반드시 칭찬과 인정이 동반되어야한다. 이렇게 양육받으면 다혈질의 여러 약점들이 보완 된다. 그리고 긍정적인 방향으로 큰

에너지를 쏟을 수 있다. 이들은 부모로부터 끈기 있고 지속적인 훈련과 정확한 규율을 지키도록 교육받으면 불안정하고 충동적인 성향을 고쳐 나갈 수 있다. 그리고 책임감과 성실성이 길러지면서 정열적으로 일하는 사람이 될 수 있다.

그러나 부모가 지나치게 사랑을 많이 주고 요구대로 다 들어주는 것은 좋지 않다. 그것은 다혈질의 유아적, 즉흥적 성향을 심하게 만든다. 그리고 자기중심적이 되어 인내심, 성실성, 책임감과는 더욱 거리가 멀어진다. 또한 물질을 지나치게 많이 공급해주면 과소비, 무절제, 충동적 성향이 커진다.

반면에 부모의 지나친 속박과 잔소리와 강압이 있으면 견디지 못한다. 다혈질의 자유분방한 성향에 잔소리는 숨 막히는 것이 된다. 또한 부모가 지나친 체벌을 가하거나 비교와 비난을 하면 부모와의 관계가 깨져버린다. 그렇게 되면 훈련과 교육이 불가능해지고, 부모의 꾸중과 훈계에 대하여 거짓말과 변명을 늘어놓으며 위기를 모면하려고 한다.

다혈질은 지속적인 교육이 잘 안 되는 아이들이다. 지겹고 재미없는 일을 한다는 것은 도망가고 싶은 고역이다. 따라서 공부와 독서는 기쁘고 즐거운 것이며 흥미로운 경험이 가득한 것으로 인식한다면 공부에 집중할 수 있다. 또한 건강한 가치관을 가진 친구들과 어울리게 되면 좋은 가치관을 형성하며 바르게 자란다. 그러면 다혈질은 유혹을 이길 수 있다.

다혈질 자녀는 부모의 사랑을 많이 받고 수용적인 환경 가운데 자라면 부모의 요구에 부응하며 사랑스럽고 따뜻하고 감성이 풍부한 아이가 된다. 그러나 거절당하고 사랑받지 못하면 눈치를 많이 보는 아이가 된다. 그리고 자기표현을 잘 못하고 타인의 평가에 매우 민감해진다. 다혈질은 부모의 충분한 칭찬 속에 동기유발이 되고 관계가 든든히 형성되므로 칭찬 속에서 약점을 고쳐나간다. 따라서 부모는 다혈질 자녀에게 사랑과 인정과 칭찬을 많이 주어야 한다. 사랑만이 치료제이며 에너지이다. 이들은 특히 자제력이 약하므로 좋은 환경과 지속적인 돌봄을 필요로 한다. 자제력이 생길 때까지 이들에게서 눈을 떼면 안 된다.

다혈질은 심리적 문제가 심각해지면 어떤 증상이 나타날까? 이들은 욕구가 심각하게 좌절되면 병적인 거짓말이나 거창한 계획을 늘어놓기도 하고, 관계와 일에서 좌충우돌하며 충동적으로 행동하고 심한 무책임감을 드러낸다. 또한 여러 가지 계획을 동시에 세우고 무산시키며, 여러 사람과 동시다발적으로 약속한다. 그리고 다른 사람의 부추김이나 영웅 심리에 의해 충동적으로 행동하며, 심하게는 '자살'이라는 영웅적인 행동(?)을 하기도 한다. 또한 친구들과 어울리고 인정받기 위해 또는 그들의 부추김에 의해 여러 가지 중독증에 빠지기도 한다.

그러면 다혈질이 어떻게 동기부여가 될 수 있을까? 다혈질 자녀는 사랑을 듬뿍 받을 때 동기부여 된다. 칭찬, 관심, 인정 등을 통해 사랑 받고 있다고 여길 때에 사랑하는 사람이 원하는 것을 해주려고 한다. 그리고 다른 사람보다도 더 특별한 관심과 배려, 인정, 칭찬을 받는다고 생각할 때에 에너지가 솟아난다. 이들은 마치 칭찬과 인정을 받기 위해 살아가는 사람들 같다. 반면에 잘못을 질책하는 것은 동기유발에 별로 도움이 안 된다. 질책은 특별한 경우에 가끔 사용해야한다. 이들은 동기가 부여되면 빠른 반응을 보이지만 지속적이지 못하다. 이들은 어제의 칭찬으로 만족하지 못한다. 오늘 또 칭찬을 들어야한다. 다혈질은 관심, 칭찬, 인정을 계속 받으면서 지속적으로 동기부여가 된다. 또한 높은 수준의 칭찬을 들으면 동기유발이 된다. 할 수 있다고 생각하고, 부모가 인정하는 그 수준에 도달하려고 노력한다. 다혈질 자녀는 부모에게 강점을 크게 칭찬 받으면 에너지가 솟아난다. 그 칭찬 속에서 잘못된 점까지도 고친다. 그리고 다혈질 자녀는 공부가 즐겁고 신나는 것이라고 느낄 때에 동기부여 된다. 이들은 자신의 현재 능력을 넘는 어려운 과제가 부과되어도 재미있다고 느끼면 의욕적으로 해내고 큰 능률을 보여준다. 그러나 쉬운 일도 힘들고 골치 아프다고 생각되면 형편없는 결과를 나타낸다. 며칠씩 미루며 나태해진다. 이런 현상이 다른 기질에 비해서 매우 뚜렷하다. 이들은 책임과 성실로 살아가는 사람들이 아니고 호기심과 재미로 살아가는 기질이기 때문이다. 이 외에도 다혈질 자녀는 자신이 독특하고 특별한 사람임을 느끼면 동기가 부여된다. 그래서 자주 발표를 시키거나 무대에 서게 해 주는 등의 자기 표출의 기회를 주는 것이 좋다. 뿐만 아니라 감수성이 풍부하고 개방적이므로 대형 집회나 감동적인 분위기에서도 동기부여가 잘된다. 다혈질 자녀는 동기부여가 될 때 얼굴에서 금방 표가 나고 행동으로 즉시 옮긴다. 그래서 부모는 동기유발되는 것을 쉽게 알 수 있다.

4) 수줍음질

수즙음질과 부모의 양육태도

수줍음질 특성	인정 욕구(표현하지 않는다.), 봉사 욕구, 소속 욕구 내성적, 개인적, 소극적, 정적, 사고적, 회의적, 인격적 순응적, 의존적, 수용적, 관계지향적
부모의 양육태도	**자녀의 반응**
비난, 체벌, 욕설로 인격적인 모욕을 할 때	• 표현하지 못하고, 자존감이 더욱 낮아진다. • 심한 두려움과 공포를 가지게 된다. • 공격적 질환, 정신 질환이 오기 쉽다.
잔소리, 지시, 명령으로 통제하면서 지나친 사랑을 줄 때	• 의존적, 소극적, 수동적인 성향이 심해진다. • 표현을 점점 더 못하게 된다. • 결단력이 더욱 약해진다.
일, 공부 ,도덕적 행동 등에 완벽할 것을 요구할 때	• 부모의 요구에 부응하려고 노력한다. • 책임감, 성실성, 충성심이 더욱 증가한다. • 더욱 세심해지고 완전주의가 형성된다.
사랑, 지지, 격려하며 인격적으로 존중할 때	• 욕구억압이 감소하고 표현력이 증가한다. • 낮은 자존감이 감소한다. • 대인관계의 두려움이 감소한다.

수줍음질 자녀를 둔 부모는 이들이 인정받기를 원하고 순응적이며 소속되기를 원하는 아이들이라는 것을 기억해야 한다. 그리고 표현하지 못하고 의존적인 성향이라는 것도 잊지 말아야 한다. 따라서 이들에게 가

장 중요한 것은 좋은 부모, 좋은 선생님이다. 이 기질은 가르침을 그대로 따르는 성향을 가지고 있기 때문에 부모는 존경하고 신뢰하고 따를 만한 모델이 되어주어야 한다.

따라서 부모가 완전주의로 교육하면 이들은 부모의 요구를 충실하게 이루려고 노력하며 정진한다. 그러면 책임감과 성실성이 증가하여 더욱 착하고 모범적인 아이로 자랄 것이다. 그러나 강한 완전주의가 형성되고 작은 일에까지 완전하려고 신경을 쓰며 살아가게 된다.

반면에 부모가 명령, 지시, 잔소리, 강압을 많이 하면 더욱 수동적이고 의존적인 자녀가 된다. 또한 거부, 무시, 비교, 비난 속에서 자라게 되면 그나마 희미한 자신감이 사라질 것이며 열등감이 구석구석 몰려와서 스스로는 아무것도 선택할 수 없고 결정할 수 없는 상태가 되어 버린다. 그리고 자기 생각을 부정하고 심하게 억압해서 더욱 표현을 못하는 무기력한 자녀가 된다. 또한 부모의 무관심과 무교육 가운데 자라게 되면 대화에 많은 어려움을 느끼고 반응이 느리며 고립적이 된다. 삶의 모델이 필요한 이들은 어떻게 살아야 할지 막막해지고 삶에 대한 두려움을 느끼게 된다.

수줍음질 자녀에게 가장 치명적인 것은 지나친 체벌과 폭력으로 대하는 것이다. 기질상 반항하지 못하기 때문에 여기서 벗어나는 것이 거의 불가능하다. 심한 두려움과 대인공포증, 심한 열등감과 자괴감으로 그대로 무너질 가능성이 많다. (수줍음질은 워낙 순종적인 기질이어서 부모가 이들에게 심각한 체벌을 하는 경우는 잘 없지만, 부모 자신이 인격적 문제를 가지고 있을 때 무차별적으로 자녀에게 폭발하는 경우도 있다. 외향적 기질은 부모에 대한 반항심이 에너지로 변하여 어떤 일을 이루기도 한다. 그러나 내성적인 수줍음질은 그런 현상이 거의 없다.)

수줍음질 자녀는 사랑을 많이 받아도 '버릇없는 아이'가 될 염려는 크게 없다. 기질상 순종적이고 겸손하기 때문이다. 충분한 사랑과 함께 올바른 교육이 병행한다면 관계에 대한 두려움은 약해진다. 그리고 의존성과 수동성이 감소하여 다소 독립적이 될 수 있다. 자신감도 길러지고 자아상도 높아진다. 그러므로 당당하고 순종적이며 모범적인 아이가 된다. 또한 부모에게 사랑을 받아서 마음이 든든하다면 다른 사람의 부탁을 거절하는 것이 어렵지 않게 된다. 그러나 부모가 수줍음질 자녀를 지나치게 과보호하며 힘든 일을 대신해 준다면 수줍음질의 의존성은 심해지고, 좋은 강점인 성실성과 책임감마저도 약해진다.

수줍음질 자녀는 자신의 생각을 잘 표현하는 것을 배워야 한다. 또한 "아니요" 라고 말할 때 지지가 필요하고, 자신을 사랑하고 존중하는 훈련이 필요하다. 사람을 의식하지 말고 하나님의 인정을 받는 삶을 살아가도록 교육하면 어떤 기질보다도 강하고 안정된 아이로 성장한다.

수줍음질은 심리적 문제가 심각해지면 어떤 증상이 나타날까? 이들은 욕구가 장기간 심하게 좌절되면 분노가 축적되어 공격적 질환이 나타난다. 그래서 폭주족 중에는 의외로 수줍음질이 많다. 이들은 유순한 성격 때문에 불행한 환경에서 그 피해를 고스란히 받는 희생타가 된다. 만약에 평소에 유순하다가 자제력이 없어졌을 때 극단적인 난폭한 행동을 한다면 이는 억압된 분노가 매우 많은 것이다. 이는 치료가 필요하다. 이때 이들이 자기 문제를 누군가에게 털어놓을 때, '그가 누구인가' 하는 것이 매우 중요하다. 의존적인 이들은 자신의 마음을 읽어주고 위로해주는 사람의 말대로 행동 할 확률이 높다. 그가 만약에 비도덕적인 사람을 만나 위로를 받는다면 수줍음질은 위험한 상태에 이를 수 있다. 다른 사람의 부추김에 의해 자살을 기도하는 경우가 있고, 이것은 때로 자살사고(accident suicide)로 이어지기도 한다. 또한 그의 권유를 거절하지 못해서 중독증에 빠질 수도 있다.

그러면 수줍음질이 어떻게 동기부여가 될 수 있을까? 부모가 이들에게 동기를 부여하기 위해서는 자녀와 개인적인 시간을 자주 갖는 것이 좋다. 이것은 이들에게 부모의 특별한 사랑으로 받아들여진다. 개인적인 신뢰관계가 든든히 형성되면 이들 특유의 유순함과 성실함으로 자신을 믿어주는 사람이 원하는 것을 이루어 주려고 최선을 다한다. 특히 선생님, 목사님과 같이 중요한 직책에 있는 사람이 개인적으로 관심을 표현하고 자주 전화를 걸어주는 것은 동기유발에 매우 도움이 된다. 그리고 수줍음질은 관계지향적이어서 다혈질과 같이 인정, 사랑, 칭찬을 듬뿍 받을 때에 동기유발 된다. 부모는 이들이 요구하지 않고 괜찮게 보여도 사랑과 칭찬과 인정을 많이 주어야 한다. 이때 이들에게 들려주는 칭찬은 매우 구체적이어야 한다. 수줍음질은 어떤 태도나 행동이 어떻게 도움이 된다는 식의 구체적이고 실제적인 말을 들을 때에 받아들인다. 즉 "잘했다", "고맙다"라는 막연한 표현들이 아닌, "네가 엄마를 잘 도와주어서 일을 빨리 마칠 수 있게 되었네. 고맙다" 등과 같은 구체적인 칭찬을 원한다. 이들은 열등감과 낮은 자존감의 많아서 그 사고방식이 설득될 때 비로소 칭찬을 받아들이는 타입이다. 또한 이들은 무엇을 어떻게 해야 할지에 대한 구체적인 지시와 방법이 주어져야 동기유발이 잘된다. 구체적이지 못하면 무엇을 어떻게 해야 할지 몰라서 막막해 한다. 뿐만 아니라 모임에서도 구체적인 역할이 주어져야 동기가 유발된다. 그리고 관계에 민감한 이들은 고개를 돌려 외면하는 것, 약간의 불편한 말, 불쾌한 표정들만으로도 하나의 징벌이 되어 '착한 행동'을 하도록 자극 받는다. 수줍음질은 신뢰 관계를 유지하기 위해서 움직이기 때문이다. 이들은 상대방의 표정 변화에 매우 민감하고 또한 상대방이 원하는 것이 무엇인지도 잘 안다. 시간이 오래 걸리지도 않는다. 이들은 즉시 행동을 수정한다. 그리고 이들은 인격적 관계에서 존중받고 있다고 생각하면 동기유발 된다. 이것은 이들을 지속적으로 동기 유발하는 중요한 요인이며 가장 바람직한 방식이다.

5) 점액질

점액질 자녀는 중간 성향을 가지고 있어서, 부모가 부정적인 교육태도로 대하면 자녀는 부정적인 성향으로 흐르고, 긍정적인 양육태도로 대하면 긍정적인 성향으로 흐른다. 이것은 다른 기질에 비해서 부모의 교육의 영향이 크다는 것을 의미한다. 부모가 살아가는 모습과 이들을 대하는 태도, 대화하는 내용들은 이들의 삶이 어느 방향으로 흘러가게 되는지에 대한 중요한 요인이 된다.

점액질과 부모의 양육태도

점액질 특성	안전 욕구, 편안함 추구, 휴식 욕구 외향적이면서 내성적, 사교적이면서 개인적, 적극적이면서 소극적 활동적이면서 정적, 지배적이면서 인격적, 순응적이면서 의존적 수용적이면서 비판적, 관계지향적이면서 과업지향적
부모의 양육태도	**자녀의 반응**
체벌, 욕설, 거부, 비난 등으로 인격적인 모욕을 할 때	• 더욱 방어적이고 냉정해진다. • 관계에 민감해지고 심한 불안을 느낀다. • 행동이 급해진다.
잔소리, 지시, 명령으로 행동을 통제할 때	• 행동이 더욱 느리고 완고해진다. • 더욱 방어적이 된다. • 교육에 반응하지 않는다.
사랑, 보호, 물품을 지나치게 제공할 때	• 실천력이 더욱 부족해진다. • 행동이 더욱 느려진다. • 무활동, 무반응, 이기심, 자기보호경향이 심해진다.
일, 공부, 도덕적 행동 등에 완벽을 요구할 때	• 실천력, 의지가 강해진다. • 나태함을 고치고 부지런해진다. • 합리적 성향이 더욱 개발된다.

점액질 자녀를 둔 부모는 이들이 편안함과 안전을 원하고 휴식이 매우 중요하며, 에너지가 적다는 점을 기억해야한다. 따라서 점액질 자녀에게는 기본적인 의식주를 잘 공급해주는 것이 무엇보다도 중요하고, 여기

에 정신적 안정을 누릴 수 있는 편안하고 독립적인 공간을 제공해 주는 것이 좋다. 이 기본적인 제공 위에 부모의 지속적인 교육과 훈련이 필요하다. 생활태도와 공부에 강도 높은 훈련을 하고 올바른 가치관과 도덕심을 갖도록 교육하면 좋은 결과를 얻을 수 있다. 실천력이 강해지고 나태함을 고치고 부지런해져서 능력을 잘 개발하게 된다.

그러나 부모가 지나친 잔소리를 늘어놓고 강압하면 귀를 닫고 듣지 않으며 방어하고, 교육에 반응하지 않는 완고한 아이가 되기 쉽다. 그마나 있던 적은 에너지를 자기를 방어하는데 써버릴 것이며 더욱 무능해질 것이다. 또한 부모의 지나친 보호와 배려도 이들을 무능하게 만든다. 부모가 해주기 때문에 힘들게 노력할 이유가 없어지는 것이다. 기질적으로 에너지도 적고 편안하고 싶은데, 이들이 이 좋은 제공을 마다할 이유가 없다. 이들은 실천력이 부족해지고 행동이 더욱 느려지며 무활동, 무반응, 이기심, 방어, 자기 보호적 본능이 심해져서 무능하고 게으른 아이가 된다.

뿐만 아니라 점액질 자녀에게 부모가 체벌, 욕설, 거부, 비난 등으로 인격적인 모욕을 하면, 이들 특유의 정서적 안정감은 사라지고 불안한 아이가 된다. 또한 일과 관계의 중도적인 성향에서 관계에 민감해지는 성향으로 기운다. 그리고 불안으로 인해서 행동이 급해진다. 그러나 이 징벌의 강도가 그 도를 넘으면, 자기보호방식으로 꼼짝도 하지 않는 아이가 될 가능성이 높다.

점액질의 부모들은 이들이 안전을 위해 방어한다는 것을 기억해야한다. 이들은 이 방어적 행동으로 인해서 변화와 발전을 하지 못하는 사람들이다. 지나친 자기애와 방어로 인해 고집스럽고 완고해지는 것이 점액질 자녀의 문제이다. 그러나 또한 이들에게는 뛰어난 적응력이 있다는 것을 유념할 필요가 있다. 따라서 점액질을 훈련하기 위해서는 자기개방과 실천에 초점을 두는 것이 좋다. 자신의 삶을 개방하고 타인의 삶에도 깊게 관여하며 깊은 인간관계를 형성하도록 해야 한다. 점액질은 또한 아는 바를 실천하는 훈련을 해 나가야 한다. 알고 있는 것을 실천하지 않는 것이 이들을 무력하게 하는 요인이다.

점액질은 심리적 문제가 심각해지면 어떤 증상이 나타날까? 이들은 모든 기질 중에서 정신 질환이나 우울증이 가장 적은 기질이다. 심각한 고민 속에 빠지거나 중독증에 빠질 만한 에너지가 없다. 그러나 심각하게 안전이 침해받으면 지극히 완고하고 절대로 변화하지 않으려는 고집불통이 된다. 그리고 무활동, 무반응, 무에너지의 상태로 들어갈 수 있다. 이들의 문제는 변화를 절대 거부하는 무활동의 상태로 들어가는 것이다. 이들에게는 매우 심각한 상태이며 이것의 극단적인 형태는 노숙자나 걸인이 되는 형태이다. 이렇게 되면 교육이나 동기유발은 불가능해진다.

그러면 점액질이 어떻게 동기부여가 될 수 있을까? 점액질은 교육에 가장 잘 반응하는 사람들이다. 이들은 인간으로서 윤택하게 잘 살아가도록 교육받을 때 서서히 동기유발 되어 지속적으로 변한다. 이들은 좋은 교육을 통해 현실적인 결과를 예측할 수 있을 때에 스스로 동기유발 된다. 따라서 점액질의 부모는 무엇이 실제적으로 유익한가 하는 것과 무엇이 올바른 가치관인가 하는 것을 꾸준히 교육함으로 이들의 삶을 가치 있게 만들어 줄 수 있다. (순종적인 수줍음질도 교육에 잘 반응하는 사람들인데 교육을 시키는 사람에게 반응을 하는 것이고, 점액질은 합리적인 교육내용에 반응을 한다. 반면에 다혈질은 교육에 가장 반응하지 못하는 사람들인데, 순간적으로 크게 반응하나 곧 자유분방하게 살고 또 다시 교육을 받지만 지속적으로 실천하지 못한다.) 그리고 이들은 안전과 평화가 위협받게 되면 동기유발이 된다. 안전과 평화를 유지하기위해 주어진 환경에 적응하며 자신의 능력을 개발해 나간다. 또한 적절하고 균형있게 부과되는 상과 벌을 통해서 동기유발 되어 행동을 수정해 나가고 긍정적인 방향으로 변화된다. 그리고 현실적으로 유익하다고 여기면 동기부여가 된다. 경제적으로 유익한 결과를 예측할 수 있고 의식주가 보장된다고 생각하면 자신의 안전과 평화를 위해서 움직인다. 그러나 이들은 스스로 선택하고 결정해야 한다. 꼼꼼히 따져 볼 시간이 필요하다. 이들은 부모가 강압으로 동기유발 시키려 하면 완고해지고 방어적이 된다.

점액질은 모든 기질 중에서 가장 움직이지 않으려 하기 때문에 동기부여 하기가 쉽지 않다. 앞에 제시된 몇 가지의 동기부여는 모두 서서히 일어나며, 변화를 시작해도 느리게 발전한다. 따라서 부모는 이들을 꾸준히 규칙적으로 교육하여 어느 정도 습관이 들도록 해주는 것이 필요하다. 일단 습관이 되고 칭찬과 보상이 주어지면 스스로 동기 유발되어 지속적으로 유지된다. 이때까지 부모는 일관적인 태도로 대해주며 기다려주어야 한다. 이들은 서서히 변화된다. 기질적으로 급진적인 진보가 힘든 사람들이다.

부록

기본기질의 특성 요약

우울질

주된 욕구

- 진리 추구의 욕구
- 지식욕과 탐구욕
- 완전주의

일반관계 영역

- 조용하고 차분하며 단호하다.
- 신중히 생각해서 말한다.
- 직선적으로 말한다.
- 마음을 잘 드러내지 않는다.
- 고립적이다.
- 근검절약하며 모범적인 삶을 산다.
- 올바른 삶을 살기 위해 노력한다.
- 비현실적이고 이상적인 삶을 추구한다.
- 다양한 지식을 접하려 한다.
- 부정적 사고방식으로 자신과 주변 세계를 바라본다.
- 열등감도 많고 동시에 강한 자존심이 있다.

특별관계 영역

- 완전한 사랑을 원한다.
- 인격적 관계를 잘 갖는다.
- 깊고 여리고 부드러운 마음을 가지고 있다.
- 사랑하는 사람에게 성실하다.
- 사랑하는 사람이 겪는 고난을 함께 감내한다.
- 혼자 있는 시간을 필요로 한다.
- 배우자와 자녀에게 완전하기를 원한다.
- 질서 있고 정돈된 가정생활을 원한다.

일 영역

- 인생을 일로 보는 과업지향주의이다.
- 완전주의로 일한다.
- 일에 대한 부담감이 크다.
- 일을 잘 맡지 않는다.
- 일에 대한 자기철학이 뚜렷하다.
- 느리고 신중하게 자기방식으로 일한다.
- 높은 기준을 세우고 원리원칙적으로 일한다.
- 일을 근원적, 종합적으로 살피고 검토한다.
- 독립적인 환경에서 일하기를 원한다.
- 질서와 체계적인 환경에서 일하기를 원한다.
- 신용과 신뢰, 인격적인 관계 속에서 일하기를 원한다.
- 감정이입 능력이 있다.
- 천재적 성향이 있다.
- 올바른 가치를 지키는 능력이 있다.

강점

- 삶의 진정한 목표와 가치를 발견하려고 한다.
- 자신의 삶을 가치 있게 여긴다.
- 삶의 태도가 진지하다.
- 언행에 신중하고 신뢰감을 주며 영향력이 있다.
- 합리적, 논리적, 이성적, 지적인 대화를 한다.
- 다른 사람들이 놓치는 문제점을 본다.
- 일에 있어서 옳고 그름을 잘 분별한다.
- 일을 종합적으로 분석, 비판, 검토한다.
- 주어진 일에 대한 예리한 분별력이 있다.
- 일의 과정과 결과를 동시에 본다.
- 일을 할 때 숨겨진 함정을 예측할 수 있다.
- 매우 심사숙고해서 일을 맡는다.
- 좋은 결단을 내리고 예리한 조언을 한다.
- 맡은 일에는 책임감이 강하다.
- 신중, 성실, 꼼꼼하게 일한다.

- 자기 통제를 하며 일한다.
- 합리적, 이성적, 논리적 사고방식으로 일한다.
- 창조적이고 예술가적 자질이 있다.
- 삶을 바칠 만한 일을 만나면 열정적이 된다.
- 사려가 깊고 공감을 잘한다.
- 상대방의 마음을 잘 읽는다.
- 민감하고 풍부한 감수성으로 일한다.
- 여리고 진실한 마음을 가지고 있다
- 성실하고 양심적, 도덕적으로 살아간다.
- 어려운 사람을 도와준다.
- 사람을 존중하고 잘 수용한다.
- 풍부하고 민감한 감수성이 있다.
- 사랑하는 사람을 깊이 이해한다.
- 사랑하는 사람의 아픔을 잘 읽어준다.
- 사랑하는 사람에게 책임감이 크다.
- 사랑하는 사람에게 성실히 헌신한다.
- 힘들어도 잘 드러내지 않는다.
- 사랑하는 사람의 삶을 통제하지 않는다.

약점

- 진리 추구와 자아의 나약함에 대한 괴리감으로 괴로워한다.
- 인생을 성취해야 할 무거운 짐으로 본다.
- 삶의 무의미함과 무기력함으로 인해 방황한다.
- 비생산적, 비현실적인 사고방식을 가지고 있다.
- 유연성, 융통성, 표현력이 부족하다.
- 냉정하고 독선적으로 보인다.
- 경계심을 갖고 사람을 대한다.
- 자신을 무능하게 여긴다.
- 자신의 실수, 실패가 드러날 때 방어한다.
- 죄책감이 크고 자기학대의 경향이 많다.
- 염세적, 비관적 생각에 빠진다.
- 자살충동 및 여러 가지 중독증에 빠질 위험이 있다.
- 대인관계가 방어적이고 경직되어 있다.
- 대인관계를 기피하는 경향이 있다.
- 대화가 유연하지 못하다.
- 고지식하고 융통성 없게 일한다.
- 사회생활에 잘 적응하지 못한다.
- 결단을 지연하면서 책임을 거부한다.
- 새로운 일을 시도 할 때 지나치게 신중하다.
- 비관적, 염세적, 부정적 사고방식으로 인해 무기력해진다.
- 능력을 발휘하지 못하고 사장시킨다.
- 인생의 중요한 기회를 놓치고 후회한다.
- 권위적인 사람이 일을 강요할 때 힘들어 한다.
- 주어진 시간 내에 일을 해야 할 때 힘들어 한다.
- 사회생활에 부적응감과 거부감을 느낀다.
- 권위적 지배와 사회적 통제로부터 벗어나려고 한다.
- 재정적인 무능함을 자책한다.
- 마음이 여리고, 상처받을 것을 두려워한다.
- 사랑을 잘 표현하지 않는다.
- 깊은 사랑을 채우지 못하여 외로워한다.
- 사랑하는 사람에게 칭찬과 인정을 하지 못한다.
- 성실하지 못한 배우자나 자녀와 갈등이 크다.
- 사랑하는 사람의 이별, 사별의 고통이 매우 크다.

담즙질

주된 욕구

- 목표성취 욕구
- 지배 · 통제 욕구
- 최고 추구

일반관계 영역

- 목표를 위해, 동기부여를 위해 교제한다.
- 주도적이고 자기중심적인 인간관계를 형성한다.
- 선택적으로 교제한다.
- 귀족적인 이미지를 풍긴다.
- 여유 있게 행동한다.
- 강한 인내심으로 감정을 잘 조절한다.
- 속을 쉽게 드러내지 않는다.
- 자신감 넘치고 사람을 압도한다.
- 단호하고 명령조로 말한다.
- 존경받는 위치, 최고의 자리에 있기를 원한다.

특별관계 영역

- 정서가 계발되어 있지 않다.
- 사랑과 정을 중요하게 생각하지 않는다.
- 의도적으로 사랑을 표현한다.
- 사랑하는 사람들을 동기유발시켜 훈련한다.
- 사랑하는 사람들과 인격적 관계를 갖지 못한다.

일 영역

- 목표를 이루어내는 능력이 있다.
- 목표에 대한 확신과 결단력이 있다.
- 목표를 강행한다.
- 비전을 가지고 일한다.
- 완벽주의로 일한다.
- 뛰어난 지도자이다.
- 진취적 사고방식을 가지고 있다.
- 개척 정신과 모험심으로 도전한다.
- 자기능력을 과신하고 자기 확신에 차있다.
- 독립적으로 일한다.
- 사람들 위에 군림하고 지배하며 일한다.
- 사람을 선택하고 훈련시킨다.
- 목표를 위해 냉정해진다.
- 인정에 끌리는 것을 경계한다.
- 성취할 목표가 없으면 움직이지 않는다.
- 순종적이고 유순한 사람과 함께 일한다.
- 일에서 성공하지만 관계에서 실패하기 쉽다.

강점

- 지도자적 자질이 있다.
- 성취능력, 지도력이 매우 크다.
- 목표 지향적, 미래 지향적, 성공 지향적이다.
- 새로운 계획을 비전화 한다.
- 전체 그림을 가지고 일한다.
- 명확한 목표, 주도성, 책임감, 결단력으로 일한다.
- 일을 잘 기획하고 대단한 추진력이 있다.
- 빠르게 결단하며 기회를 포착한다.
- 이성적 현실적 합리적으로 판단한다.
- 확신과 자신감으로 일한다.
- 열악한 환경에서 더욱 강해진다.
- 강한 의지력을 가지고 일한다.
- 긍정적, 낙관적 사고방식으로 일한다.
- 자발적, 적극적으로 일을 추진한다.
- 새로운 일을 잘 시도한다.
- 사람을 선택하는 능력이 있다.
- 뛰어난 교제술과 설득력이 있다.
- 동기유발을 잘 시킨다.

- 선택한 사람의 마음을 사로잡는다.
- 지적 능력으로 사람들을 사로잡는다.
- 비전을 제시하며 사람들을 이끌어간다.
- 개방적, 낙관적, 매력적이고 품위 있는 태도로 교제한다.
- 필요하다면 아낌없는 칭찬과 격려를 준다.
- 일에 적합한 사람을 선택한다.
- 적재적소에 사람을 배치하고 조직한다.
- 잠재된 능력, 자질, 성품 등을 본다.
- 재능을 개발, 훈련시킨다.
- 아낌없는 칭찬과 격려로 동기를 부여한다.
- 어떠한 굴욕과 수치도 참아낼 수 있다.
- 필요하다면 어떤 사람도 용납한다.
- 필요하다면 사랑과 정을 크게 표현한다.
- 사랑하는 사람들을 책임진다.
- 사랑하는 사람을 동기유발 시키며 훈련한다.
- 슬픔이나 절망감에 빠지지 않는다.
- 감정을 잘 조절하며 일한다.

ı 약점

- 다른 사람을 지배 · 통제하려고 한다.
- 최고의 위치가 다른 사람에게 옮겨가면 견디지 못한다.
- 목표를 무리하게 강행하여 주변 사람들을 지치게 한다.
- 강압적으로 일을 시킨다.
- 다른 사람들을 아래에 두고 군림한다.
- 명령조의 어투와 직선적인 말로 상처를 준다.
- 무시하고 매도하는 언어를 잘 쓴다.
- 잔소리, 통제, 지시에 반항적이 된다.
- 자기주장이 강한 사람들과 잘 부딪친다.
- 사람들의 충고에 귀를 기울이지 않는다.
- 자기 확신에 빠져서 다가올 문제점을 보지 못한다.
- 자신을 돌아보지 못한다.
- 문제의 원인을 타인에게 돌린다.
- 일이 뜻대로 되지 않으면 화를 낸다.
- 자신에게 관대하고 타인에게는 엄격하다.
- 사람을 수단화하는 경향이 있다.
- 수단과 방법을 가리지 않는 경향이 있다.
- 의도적으로 조작하는 경향이 있다.
- 의도적으로 사람들에게 접근한다.
- 사랑하는 사람의 삶을 지배 · 통제한다.
- 사랑하는 사람을 자신의 기준에 맞추려고 한다.
- 사랑하는 사람에게 과도한 훈련을 강행한다.
- 개인적인 사정을 봐주지 않는다.
- 타인의 입장, 상황을 배려하지 못한다.
- 희생을 강요하며 목표를 강행한다.
- 사무적이고 메마른 관계를 가진다.
- 정서가 메마른 경향이 있다.
- 사랑의 감정을 이용하는 경향이 있다.
- 사랑을 강요, 유도하여 받아낸다.
- 자기방식의 사랑을 강요한다.
- 진정한 사랑을 느끼지 못한다.
- 건강을 돌보지 않고 일에 매진한다.

다혈질

주된 욕구

- 인정 욕구
- 자기표출 욕구
- 교제 욕구

일반관계 영역

- 교제능력이 크다.
- 사람을 좋아한다.
- 삶을 즐기며 자유분방하게 살아간다.
- 생동감이 있고 밝고 명랑하다.
- 독특한 표정과 언어로 사람들의 관심을 끈다.
- 대화의 중심이 되려하고 주목받기를 원한다.
- 모임을 좋아하고 자주 참여한다.
- 새로운 사람과 빨리 친해진다.
- 솔직하고 개방적이다.
- 현재 중심적이다.('지금, 여기서')
- 변화를 좋아하고 호기심이 많다.
- 즉흥적, 충동적인 경향이 있다.
- 정열적으로 살아간다.
- 주변 사람들의 가치관을 따라 산다.
- 상황윤리로 살아간다.
- 교제에 많은 돈을 쓴다.
- 속마음을 다 드러낸다.

특별관계 영역

- 사랑과 정을 많이 나누기를 원한다.
- 스킨십을 원한다.
- 사랑스럽게 행동한다.
- 감정이 풍부하다.
- 자기중심적, 유아적 경향이 있다.
- 불행한 상황에서 빨리 벗어난다.

일 영역

- 인정받기 위해 일을 한다.
- 일보다는 관계를 중요시한다.
- 자유분방하게 일한다.
- 새로운 것과 변화를 좋아한다.
- 즐기면서 신나게 일을 한다.
- 일에 재미를 느끼지 못하면 무성의해진다.
- 현재 중심적, 즉흥적, 충동적으로 일한다.
- 열정적 일과 자유분방함을 반복한다.
- 긍정적, 낙관적으로 일을 바라본다.
- 과거의 실패를 깊이 생각지 않는다.

강점

- 사람들을 좋아하고 교제를 잘한다.
- 사람들의 좋은 점을 본다.
- 인생을 재미있게 즐기면서 살아간다.
- 적극적인 인간관계를 갖는다.
- 삶을 긍정적, 낙관적으로 바라본다.
- 다정다감하고 사랑스럽게 행동한다.
- 생동감 있고 활력 있게 삶을 살아간다.
- 순발력과 유머가 있다.
- 분위기 메이커이다.
- 무대체질이다.
- 사람들을 즐겁게 해준다.
- 많은 사람과 풍부한 교제를 한다.
- 여러 모임과 단체에 가입한다.
- 모임에 적극적으로 참여한다.
- 새로운 모임에 잘 적응한다.
- 새로 온 사람에게 친근하게 다가간다.
- 모임을 활성화하고 촉진자 역할을 한다.
- 기쁘게 사람들을 대접한다.
- 감화력, 설득력, 전달능력, 표현력이 있다.
- 다른 사람에게 감동을 주고 동기를 부

여한다.
- 인정받을 때 일에 대한 에너지가 솟는다.
- 창의력 있게 일한다.
- 일을 잘 떠맡고 쉽게 한다.
- 빠른 속도로 순발력 있게 많은 일을 해내는 정열가이다.
- 일에 추진력을 준다.
- 일의 난관을 이겨내는 힘을 준다.
- 사랑과 정을 풍부하게 표현한다.
- 인정과 지지를 받으면 사랑스럽게 행동한다.
- 사랑하는 사람으로부터 인정받으면 기대에 부응하려고 한다.
- 사랑하는 사람에게 감정을 잘 표현한다.
- 사랑하는 사람을 잘 이해하고 공감한다.
- 사랑하는 사람의 이별, 사별의 아픔을 빨리 잊는다.
- 새로운 현실에 빨리 잘 적응한다.

약점

- 삶에 대한 진지한 태도가 부족하다.
- 관계 때문에 일을 분명하게 처리하지 못한다.
- 인정을 받지 못할 때 일에 대한 에너지가 사라진다.
- 심각한 일이나 지루한 반복 등을 견디지 못한다.
- 일을 할 때 심사숙고하지 않는다.
- 즉흥적, 충동적으로 일을 떠맡고 벌린다.
- 일에 대한 책임감, 성실성이 부족하다.
- 끈기, 인내, 지속성이 결여된다.
- 약속을 하고 지키지 못할 때가 많다.
- 같은 실수를 반복하는 경향이 있다.
- 실패를 예견하지 못한다.
- 실패를 잘 한다.
- 확대해석, 과장하는 경향이 있다.
- 연극조의 행동을 하는 경향이 있다.
- 책망 듣는 것을 못 견뎌 한다.
- 과장해서 말하는 경향이 있다.
- 거짓말로 위기를 넘기려 한다.
- 신뢰도가 떨어진다.
- 감정의 기복이 심하고 안정감이 부족하다.
- 독점욕, 시기, 질투, 경쟁심이 많다.
- 사랑과 관심이 다른 사람에게 옮겨 가면 시기, 질투를 느낀다.
- 사랑받지 못하면 밖으로 돈다.
- 사랑하는 사람의 인정과 지지가 부족하면 의기소침해진다
- 모임에서 주목받지 못하면 의기소침해진다.
- 험담, 소문을 잘 퍼뜨리는 경향이 있다.
- 지나치게 자신을 개방하고 나중에 후회한다.
- 지나치게 많은 모임과 관계로 삶이 불안정하다.
- 문제 많은 사람으로 지목되는 경향이 있다.
- 유혹에 빠지기 쉽다.
- 유혹에서 잘 헤어 나오지 못한다.
- 돈을 계획적으로 지출하지 못한다.
- 충동구매, 낭비벽이 있다.
- 교제에 필요한 돈이 없을 때 의기소침해진다.

수 줍음질

주된 욕구

- 인정 욕구(표현하지 않는다.)
- 봉사 욕구
- 소속 욕구

일반관계 영역

- 순종적인 모범생 스타일이다.
- 순응적이고 반항심이 없다.
- 유순한 언어를 사용하고 겸손한 태도를 가지고 있다.
- 자기생각을 잘 표현하지 않는다.
- 인간관계에 매우 민감하다.
- 사람을 많이 의식한다.
- 수동적, 의존적 관계를 형성한다.
- 원치 않는 삶을 살아간다.
- 타인을 존중하고 자신을 낮춘다.
- 다른 기질을 부러워한다.
- 개인적인 초대 받으면 편안한 마음으로 모임에 나온다.
- 일대일 관계에서 잘 반응한다.
- 신뢰관계가 형성되면 의사를 표현한다.

특별관계 영역

- 현모양처 스타일이다.
- 헌신적으로 사랑하는 사람을 섬긴다.
- 주는 것으로 기뻐한다.
- 필요한 존재라는 확인을 원한다.
- 헌신과 배려에 대하여 인정받기를 원한다.
- 많은 사랑을 받기 원하지만 표현하지 않는다.
- 인정받고 싶은 욕구를 간접적으로 표현한다.
- 욕구를 억압한다.
- 안전하다고 생각하면 개방적이 된다.
- 사랑을 신뢰한다.

일 영역

- 희생적이고 헌신적으로 일한다.
- 주어진 규칙을 철저히 준수 강행한다.
- 주어진 일에 대하여 책임감이 강하다.
- 원칙대로 일한다. (메뉴얼 맨이다.)
- 신실하게 일한다.
- 의존적, 종속적으로 일한다.
- 주어진 일에 대하여 실수하지 않는다.
- 지도자에 따라 삶이 달라진다.
- 다른 사람의 부탁을 거절하지 못한다.
- 중요한 일을 결정할 때 참석하기를 원한다.

강점

- 지대한 봉사와 헌신의 능력이 있다.
- 완벽한 섬김의 능력이 있다.
- 완전한 인간관계의 능력이 있다.
- 강한 책임감으로 일한다.
- 주어진 정책을 강행하는 능력이 있다.
- 충성되고 성실하며 신뢰할 수 있다.
- 주어진 일의 목표에 도달한다.
- 순종적으로 일한다.
- 남을 잘 돕는다.
- 착하고 친절하다.
- 예의 바르고 모범적이다.
- 세심하게 사람들을 배려한다.
- 겸손하고 유순한 태도가 흘러나온다.
- 남을 잘 배려하고 희생적, 헌신적이다.
- 윗사람의 마음을 편안하고 기쁘게 해준다.
- 윗사람의 기대에 부응한다.
- 부단히 노력하고 훈련한다.
- 지도자를 통해 비전을 이룬다.
- 다른 사람을 존중하고 높여준다.

- 다른 사람을 배려하며 표현한다.
- 다른 사람의 강점을 칭찬하고 약점은 덮어준다.
- 다른 사람의 의견에 잘 따른다.
- 남에게 피해를 주지 않는다.
- 짜증이나 화를 내지 않는다.
- 말없이 희생하며 사랑하는 사람을 섬긴다.
- 사랑하는 사람에게 헌신하며 행복해한다.
- 자녀들에게 사랑과 칭찬을 듬뿍 준다.
- 어른을 공경하고 배우자를 존중한다.
- 가정을 충실하게 책임진다.
- 사랑을 잘 의심하지 않는다.
- 친절한 얼굴로 사랑하는 사람을 섬긴다.
- 사랑하는 사람을 편안하게 배려하고 양보한다.
- 사랑하는 사람의 잘못을 넉넉하게 수용한다.

약점

- 원치 않는 삶을 살아간다.
- 결단력이 부족하다.
- 의지가 약하다.
- 다른 사람이 중요한 일을 결정, 선택해 주기를 바란다.
- 다른 사람이 자신을 책임지도록 유도한다.
- 중요한 일을 결정할 때 제외되면 상처받는다.
- 무리한 희생을 하며 일한다.
- 자신의 건강을 돌보지 않는다.
- 기꺼이 희생하면서 속으로 억압한다.
- 표현하지 않아서 주변사람이 알 수 없다.
- 스스로 상처받고 자책한다.
- 열등감, 낮은 자존감이 많다.
- 의사를 분명하게 전달하지 못한다.
- 의사소통과 자기표현능력이 결여되어 있다.
- 모임에 소속되기를 원하지만 표현하지 않는다.
- 다른 사람에게 선택되기를 기다린다.
- 다른 사람이 다가오지 않으면 소외된 채로 남아있다.
- 소외와 무관심 속에서 상처받는다.
- 공적인 초대에 응하지 않는다.
- 지나친 헌신으로 자기를 혹사한다.
- 사소한 일에도 거부감을 느낀다.
- 자신감이 부족하고 평가에 매인다.
- 사소한 일에도 스스로 상처를 받는다.
- 사람을 지나치게 의식하고 소심하다.
- 타인에 의해 좌우되는 삶을 산다.
- 자신감 부족한 자신을 자책한다.
- 자아 상실감을 느낀다.
- 욕구가 좌절된다.
- 원하는 사랑을 받지 못해 상처받는다.
- 희생과 헌신을 인정받지 못하면 상처받는다.
- 사랑하는 사람은 이들이 상처받는 것을 모른다.
- 억압된 분노로 인해 순간적으로 난폭해진다.
- 정작 상처를 준 사람에게 분노를 표현하지 못한다.

점액질

주된 욕구

- 안전 욕구
- 편안함의 욕구
- 휴식 욕구

일반관계 영역

- 안정되고 보수적인 삶의 태도를 가지고 있다.
- 적당한 관계를 유지하려고 한다.
- 다른 사람의 삶이나 문제에 깊이 관여하지 않는다.
- 독립적인 인간관계를 갖는다.
- 변화와 개혁을 원치 않는다.
- 꾸준히 진보하는 삶을 산다.
- 평화주의자이다.
- 조용하고 안정, 침착, 태평, 느긋하다.
- 저조한 톤으로 말하고 침체된 느낌을 준다.
- 현실적이고 이재에 밝다.

특별관계 영역

- 사랑과 정을 적당히 표현하고 반응한다.
- 사랑하는 사람과도 적당한 거리를 둔다.
- 안정된 의식주를 필요로 한다.
- 사랑하는 사람을 위해 몸으로 헌신하는 것이 힘들다.
- 삶의 변화를 원치 않는다.
- 독립된 환경을 원한다.
- 감정적으로 안정되어 있고 격함이 없다.
- 감정을 잘 드러내지 않는다.
- 사랑하는 사람이나 다른 사람이나 비슷한 방식으로 대한다.

일 영역

- 안전 지향적이다.
- 일에 대한 의욕과 에너지가 저조하다.
- 일에 관여하지 않는 방관자이다.
- 관계와 일을 동시에 관련시키는 능력이 있다.
- 안전에 집착하여 재능을 개발하지 않는다.
- 현실적 이익이 있고 안전할 때 일한다.
- 객관적으로 관찰, 분석한다.
- 일을 맡으면 완전주의로 일한다.
- 합리적, 현실적, 실용적, 효과적으로 일한다.
- 비활동적인 일을 선호한다.
- 관계를 유지하면서 일은 거절한다.
- 방어적이고 비연루적이다.
- 의식주에 안주하는 경향이 있다.
- 자기 방어가 강하다.

강점

- 안전을 지키는 능력이 있다.
- 평화의 중재자 역할을 잘한다.
- 갈등해결능력, 외교능력이 있다.
- 삶의 기복이 적고 안정적이다.
- 뛰어난 융통성, 유연성, 적응력을 가지고 있다.
- 자기를 잘 지키고 보호한다.
- 느리고 꾸준하게 자기방식으로 일한다.
- 객관적인 관점에서 상황을 본다.
- 일의 문제점을 냉철하게 분석하고 파악하는 능력이 있다.
- 경제적으로 활동하고 생활에 유익을 준다.
- 분석적, 객관적, 합리적으로 문제를 바라본다.
- 부정부패, 문제점을 잘 본다.
- 현실적인 해결책을 제시한다.

- 일을 신중하게 선택하고 결정한다.
- 한번 시작한 일은 잘 중단하지 않는다.
- 모험을 하지 않는다.
- 실수를 잘 하지 않는다.
- 반복적이고 정확정밀한 일에 능력이 있다.
- 합리적, 현실적, 효율적으로 생각하고 판단한다.
- 융통성 있는 태도로 중재역할을 한다.
- 유머 감각이 있다.
- 이해심과 수용력이 크다.
- 사람들과 안정적인 관계를 갖는다.
- 사랑하는 사람의 삶을 지배 · 통제하지 않는다.
- 사랑하는 사람에게 집착하지 않는다.
- 적대적 환경에서도 잘 적응한다.
- 감정 조절을 잘한다.
- 변화의 기복이 적고 잘 흥분하지 않는다.
- 원한이나 복수심을 품지 않는다.
- 불행한 일을 빨리 잊는다.
- 휴식을 잘 취하고 건강에 신경을 쓴다.
- 유혹에 빠질 염려가 적다.

약점

- 삶의 변화와 발전이 없다.
- 능력 계발이 잘 되지 않는다.
- 타성에 젖어 살고 무기력하다.
- 동기유발이 잘 되지 않는다.
- 부정부패, 문제점을 잘 알지만 해결하지 않는다.
- 일에 연루되지 않으려고 방관자가 된다.
- 문제와 해결책을 알지만 개혁을 시도하지 않는다.
- 평화와 안전을 지키기 위해 방어한다.
- 안전을 지키기 위해 에너지를 소모한다.
- 변화나 개혁을 귀찮아하고 기피한다.
- 변화되지 않으려고 방어적이 된다.
- 변화와 개혁을 강요하면 완고해진다.
- 비활동적이고 무기력하다.
- 에너지 보호하려고 방어적, 비연루적이 된다.
- 고집스럽고 완고하다.
- 이기적인 경향이 있다.
- 언어적 방어로 상처를 준다.
- 게으르고 나태한 생활을 한다.
- 무활동, 무기력한 삶이 되기 쉽다.
- 안전을 잃을 것에 대한 깊은 불안이 있다.
- 적은 에너지를 소모해 버릴 것에 대한 염려가 많다.
- 사생활이 침해받을 때에 선을 긋는다.
- 관계에 깊이 들어가지 않으려고 방어한다.
- 방어하기 위해 에너지를 소모한다.
- 관계의 발전이 잘 안 된다.
- 무관심해지고 차가운 경향이 있다.
- 감정적으로 냉랭하다.
- 사랑하는 사람들이 외로워한다.
- 사랑하는 사람에게 헌신을 기피하고 이기적이다.
- 가정에 문제가 있어도 문제시하지 않는다.
- 자신에게 별 문제가 없다고 생각한다.
- 합리화하며 문제를 회피한다.
- 돈이 없을 때 안전이 무너지는 두려움을 느낀다.

※ 디자인 감수 | 화가 겸 수필가 김영애
그림 | 신문섭

기질과 인간이해

너와 나 우리가 통하는 길

2010년 12월 1일 | 초판1쇄 인쇄
2010년 12월 10일 | 초판1쇄 발행

저자 | 신진, 김경찬
펴낸이 | 신일희

주간 | 박해근
책임편집 | 김명애
기획편집 | 김영애, 정재만
외서기획 | 이상영, 오정은(동아종합인쇄)
마케팅 | 정윤상
관리 | 방현희

펴낸곳 | 계명대학교출판부
등록번호 | 제347-1998-1호
등록일자 | 1970. 9. 1

대구시 달서구 달구벌대로 2800
대표전화 | 053-580-6233 팩스 053-583-5213
홈페이지 | www.kmupress.com

ISBN 978-89-7585-523-8

값 19,000원